루소 사상의 새 지평

문명과 자연

루소 사상의 새 지평

문명과 자연

박호성 지음

서광사

루소 사상의 새 지평
문명과 자연

박호성 지음

펴낸이 | 이숙
펴낸곳 | 도서출판 서광사
출판등록일 | 1977. 6. 30.
출판등록번호 | 제 406-2006-000010호

(10881) 경기도 파주시 회동길 77-12 (문발동)
대표전화 (031) 955-4331   팩시밀리 (031) 955-4336
E-mail : phil6161@chol.com
http://www.seokwangsa.co.kr | http://www.seokwangsa.kr

제1판 제1쇄 펴낸날 ─ 2023년 3월 20일

ISBN 978-89-306-2214-1   93160

인류 최초의 지구 방어 전략을 실험하기 위해 2021년 11월 말 발사된 미국의 쌍(雙)소행성 궤도 수정 실험(DART) 우주선이 2022년 9월 26일 소행성 디모르포스(Dimorphos)에 충돌했다. 자판기 크기 우주선을 지름 160m 소행성에 충돌시켜 원래 궤도가 바뀌는지 파악하는 실험이다. 이처럼 오늘날 과학기술의 발전은 인류 공동의 집인 지구별을 넘어 우주를 향해 나아갈 정도이다. 현시점에서 오랜 기간 초강대국 지위를 유지해 온 미국에 맞설 정도로 국력이 커진 중국도 우주 개발에 상당한 노력을 기울이는 중이다.

인류가 살고 있는 지구에서는 자동차 관련 기술이 지속적으로 향상되어 머지않아 운전자 없이 운행되는 자율 주행 차량이 등장하고 전통적 에너지인 기름이 아닌 수소를 충전하여 달리는 전기수소차가 널리 보급되어 운행될 예정이다. 예측하기 힘들 정도인 기후 변화와 나날이 심각해지는 환경오염에 대응하는 친환경 모빌리티, 신·재생에너지 개발을 위한 연대와 협력도 적지 않다.

예컨대 2022년 9월에 대한민국 서울에서 개최된 '기후정의행동'은 기후 문제가 윤리나 경제 문제가 아니라, 인류의 생존 및 청년 세대와 자녀의 생명에 관한 문제라며 많은 시민들이 집회에 참여하여 그 심각성을 알렸다. 국제연합은 2050년까지 '탄소배출 0'을 선언하고 전 세계에서 매년 1경 3000조 원을 투입할 예정이며, 기후테크(Climate Technology)로서 온실가스를 감축하는 기술을 개발하거나 사업화하는 기업에 본격적으로 투자하는 실정이다.

2022년 현재 초등학교에 도입된 인공지능 프로젝트에서 모델 학습을 활용하여 플라스틱, 유리, 종이를 자동으로 분류하여 햄스터 로봇을 만든 '분리수거 로봇', 수많은 식물을 자동으로 분류하고 사진을 찍으면 이름과 설명이 나오는 'AI식물도감', 자율 주행 인공지능의 윤리 문제를 토론하고 직접 스마트시티를 만들어 광고하는 '자율 주행차 광고' 등 놀랄 만한 결과물이 도출되었다. 더욱이 20세기 말부터 등장하기 시작하여 급속도로 발전한 인공지능과 협력하여 새로운 인간의 탄생일지도 모르는 가상 인간이 출현하여 점차 활동 영역을 넓히고 있다. 현대 문명은 일찍이 근대 서양에서 출발한 과학기술 혁명이 지속적으로 발전해 온 결과이며, 향후 어디까지 진행될지 짐작하기 힘들 정도이다. 이처럼 급변하는 현실에서 과연 21세기 미래 세대에 적합한 교육은 무엇이고 그들을 가르칠 교육자는 누구인가?

일찍이 18세기 계몽주의 시대의 사상가 중 한 사람인 루소는 근대문명의 놀라운 업적에 힘입어 인류의 미래에 대한 낙관적인 전망이 지배적인 시기에 강한 반론을 제기했다. 루소의 사상은 근대문명에 대한 찬사와 비판의 분기점을 이룬다. 첫 번째 저작인『학문예술론』과 두 번째 저작인『인간불평등기원론』으로 당대에 널리 알려지기 시작한 이래 루소는 근대문명을 비판한 최초이자 가장 강력한 비판자로 알려져 있다.

루소는 두 저작에서 문명의 발전이 초래하는 온갖 폐해를 지적하면서
근대문명을 강력하게 비판했다. 이런 비판은 루소의 저작 곳곳에서 나
타난다. 그러나 다른 한편으로 루소는 다른 저작을 통하여 근대문명의
모순을 극복할 수 있는 새로운 문명 질서의 수립 원리를 적극적으로 제
시한다.

루소의 해법은 두 가지 차원에서 이뤄진다. 하나는 사회적 차원에서
사회계약 원리에 따른 정치 질서를 수립하는 것이고, 다른 하나는 개인
적 차원에서 자유의지의 주체로서 참된 자유인을 형성하는 것이다. 다
만 두 가지 해결책이 별도로 작용하는 것이 아니라 서로 긴밀히 연관되
어 있다는 점에 주목해야 한다. 전자의 대표 저작이 『사회계약론』이라
면, 후자의 대표 저작은 『에밀』이다.

루소는 『에밀』에서 문명과 자연의 조화를 통한 사람의 실현이라는
목표로, 새로운 사회를 구축할 새로운 인간형을 제시한다. 루소는 플라
톤의 『국가』를 공교육의 이상에 관한 모범적인 저술이라고 평가하며
『에밀』은 사교육에 관한 저술일 뿐이라고 밝히고 있지만, 교육의 목표
와 내용에 대해서는 두 저술 사이에 공통점이 적지 않다. 플라톤과 마
찬가지로 루소 역시 인간을 만드는 교육과 시민을 만드는 교육 가운데
가장 중요한 원칙을 함께 살아가는 이웃들에게 훌륭한 존재를 양성하
는 데 두고 있기 때문이다. 이 점에서 플라톤의 『국가』와 마찬가지로
루소의 『에밀』은 교육에 관한 저작일 뿐 아니라 정치에 관한 저작이기
도 하다. 루소가 제시하는 자연 교육에 입각한 '에밀'의 탄생은 오늘날
정치의 핵심 쟁점 곧 새로운 정치의 주역으로서 시민을 형성하는 과업
과 직결되어 있기 때문이다.

1

근대사회와 근대인

루소가 살았던 18세기는 유럽 사회에서 근대적인 학문과 과학의 진보가 두드러진 시기이다. 당시 수많은 문인과 학자들은 놀라운 성취에 힘입어 인류의 미래를 낙관적으로 전망하기에 주저하지 않았다. 비록 중세 이후 오랫동안 시달려온 전쟁과 크고 작은 분쟁은 끊이지 않았지만, 새로운 과학기술과 생산력의 발전으로 인해 근대 세계는 머지않아 모든 어려움을 극복하고 인류의 낙관적인 미래를 보장할 것으로 보였다. 심지어 근대사회의 놀라운 발전이 근대인의 도덕적 향상으로 이어지리라는 견해조차 등장했다.

　　그러나 루소에게는 근대사회의 외적인 진보가 바로 이상적인 미래를 보장하는 것으로 보이지 않았다. 루소가 보기에 근대 세계의 놀랄 만한 성취는 그 이면에 참으로 비극적인 결과를 동시에 내포하고 있었다. 실상 크고 작은 분쟁이 끊이지 않은 유럽 사회의 현실은 이성의 발전에 입각한 계몽주의 사상가들의 낙관적인 전망을 무색하게 만들 정도였다. 더욱이 날로 위세를 더해 가는 근대적 시민사회의 발전이 근대인의 삶을 직접적으로 위협하게 되리라는 것을 예감한 루소는 근대사회를 근본적으로 재검토하기에 이르렀다.

　　더 나아가 루소는 당시의 18세기 프랑스 사회를 비판하는 데 그치지 않고 당대의 유럽 사회와 근대사회, 더 근본적으로 근대문명의 토대가 되는 핵심적인 요소들을 전면적으로 비판한다. 이러한 비판은 구체적으로 근대 유럽의 시민사회와 근대인에 대한 비판에서 정점을 이룬다. 여기에서는 루소가 비판한 근대사회의 근본 문제가 무엇이며 근대사회가 근대인에게 미치는 영향은 어떤 것인지 살펴보고자 한다.

1

근대사회의 양면성

루소의 근대사회에 대한 비판은 두 가지 종류의 사회 결속에 관한 논의에서부터 시사된다. 이를테면 사람들을 함께 결속시키는 데는 공통의 관심사 혹은 필요가 요구된다. 하지만 공통의 관심사나 필요를 충족시키는 방식은 사람에 따라 다른 동기에서 비롯된다.

루소는 어떤 사람이 다른 사람에게 관심을 갖기 위한 전제로 두 가지 상이한 동기를 들고 있다.[1] 하나는 자연스러운 친애 감정의 발로에서 순수한 호의나 존경으로 다른 사람들과 어울리게 되는 경우이다. 다른 하나는 이기적인 추론에서 비롯되어 자기 이익이나 필요를 충족시키기 위한 수단으로 다른 사람을 대하게 되는 경우이다.[2] 이런 상반된 동기

---

1 Arthur M. Melzer, "Rousseau and the Problem of Bourgeois Society," *American Political Science Review*, Vol. 74(Dec. 1980), p. 1028.
2 물론 루소는 양자의 차이를 중요하게 생각하면서도 근본적인 차이라고 생각하지 않는다. 두 가지 동기는 모두 자애심이라는 공통된 원천에서 기인하는 것이기 때문이다. 그러나 주목해야 할 점은 양자가 상당한 정도까지 상호 배타적이고 때로는 극적으로 상반된 결과를 가져온다는 사실이다. Ibid.

에 기초하여 루소는 두 가지 상이한 사회 결속을 구분한다.

첫째는 상호 존경과 호의 혹은 사회에 대한 애착을 바탕으로 하는 사회 결속이며, 둘째는 계몽된 이기심 곧 상호의존 혹은 개인적 이익을 바탕으로 하는 사회 결속이다. 그런데 양자는 서로 반대되는 것으로 어느 하나의 결속은 다른 것의 비결속을 상정하지 않고서 더 이상 강해질 수 없다는 특징을 갖는다.[3]

첫 번째의 사회 결속은 역사적으로 두 유형의 사회에서 찾아볼 수 있다. 하나는 가장 원시적인 야만 사회의 경우이다. 여기에서는 아직 재산권의 발달이나 이성의 진보가 이루어지지 않고 위선이나 이기적 욕구 등이 미처 등장하지 않은 상태이므로 상호 친애가 파괴되지 않은 사회이다. 하지만 때로는 문명화된 사회에서도 상호 친애가 유지되는 사회가 있을 수 있다. 아주 드문 사례이지만 완벽한 입법 기술로 덕과 애국심에 의해 통합된 진정한 사회가 창출될 경우이다.[4]

두 번째의 사회 결속은 원시사회가 타락함에 따른 필연적인 결과로서 불완전한 사회가 성립되었을 때 찾아볼 수 있다. 또한 문명화된 시대에서는 어디에서나 흔히 보게 되는 결속이다. 사실 루소가 사회라고 말할 때는 대체로 이 두 번째 사회를 의미하며, 루소가 비판하는 사회는 이기적인 사회 결속이 자연스러울 정도로 지나치게 지배하는 사회이다.

루소는 이기적 동기에 기초한 사회에서 사람은 자유로울 수 없고 철

---

3 Jean-Jacques Rousseau, "Narcisse ou l'amant de lui-même," éd., Bernard Gagnebin et Marcel Raymond, *Oeuvres complètes*, Vol. II(Paris: Bibliothèque de la Pléiade, 1978)[이하 *OC* II로 약기함], p. 968n.

4 Ibid., p. 969n.; "Lettre à Christophe de Beaumont," éd., B. Gagnebin et M. Raymond, *Oeuvres complètes*, Vol. IV(Paris: Bibliothèque de la Pléiade, 1980)[이하 *OC* IV로 약기함], pp. 936-37.

저히 타락할 수밖에 없다고 주장한다. 더 나아가 루소는 사람이 타락하고 불행하게 된 일차적 원인은 사회에 있다고 역설한다.[5] 따라서 루소는 사람이 아니라 사람 사회라는 새로운 책임 주체를 찾아내었다.[6] 실로 루소의 모든 독창적인 사고는 다음과 같은 유명한 명제에서 비롯된다.[7]

> 자연은 사람을 행복하게 선하게 만들었으며, 사회는 사람을 타락시키고 비참하게 만들었다.[8]

위의 글을 문자 그대로 해석하면, 루소는 자연이란 이름하에 전반적인 사회생활에 대해 강력히 비판하는 것으로 보인다. 그러나 루소가 비판하는 책임의 소재가 모든 사회에 해당되는 것은 아니다. 드라테(Robert Derathé)의 다음 글은 루소의 비판이 어디를 향하는지를 지적한다.

---

5 Lucio Colletti, trans. by John Merrington and Judith White, *From Rousseau to Lenin: Studies in Ideology and Society*(New York: Monthly Review Press, 1972), p. 145; Ernst Cassirer, *The Question of Jean Jacques Rousseau*(New York: Columbia University Press, 1954), p. 75.

6 이 문제와 관련해서 루소가 이를 최초로 발견했다는 카시러의 주장이 대체로 인정된다. 다만 카시러의 주장에 대해 버만은 영국과 프랑스의 초기 정치경제학자들의 유사한 사례를 들어 반론을 제기한다. Marshall Berman, *The Politics of Authenticity: Radical Individualism and the Emergence of Modern Society*(New York: Atheneum, 1970), p. 156, n.27.

7 Melzer, "Rousseau and the Problem of Bourgeois Society," p. 1024.

8 J.-J. Rousseau, "Rousseau Juge de Jean Jacques," éd., B. Gagnebin et M. Raymond, *Oeuvres complètes*, Vol. I(Paris: Bibliothèque de la Pléiade, 1980)[이하 *OC* I로 약기함], p. 934.

우리가 악을 근원으로부터 추적하기를 원한다면, 일반적인 사회생활을 연구하는 것만으로 충분하지 않다. … 실상 루소는 사회를 비판하는 데 있어서 그가 『고백록』에서 '우리의 어리석은 시민 제도'[9]라고 부른 특정한 사회질서에 대한 자신의 시각을 갖고 있다.[10]

주의해야 할 점은 루소가 전반적인 사회로부터 근대 혹은 부르주아 사회를 구분하고 있다는 사실이다. 루소가 비판의 대상으로 삼는 것은 전반적인 사회 모두를 의미하는 것이 아니라 특정 형태의 사회이다. 그 것은 분업과 교환 및 사유재산 등에 기초한 사회로 후에 '부르주아사회'(bourgeois society)라고 불리게 된 사회이다.[11] 달리 말하자면 루소가 비판하는 사회는 부르주아사회 곧 근대의 소산인 시민사회이다.[12]

루소는 근대사회가 근대인의 필요 충족에 필수적인 동시에 근대인을 타락시키고 있는 이중적 측면에 주목했다. 루소는 이런 인식 아래 근대

---

9   J.-J. Rousseau, "Confessions," *OC* I, p. 37.

10   Robert Derathé, Introduction, éd., B. Gagnebin et M. Raymond, *Oeuvres complètes*, Vol. III(Paris: Bibliothèque de la Pléiade, 1985)[이하 *OC* III라 약기함. 또한 이하 루소의 전집에 수록된 저작은 작품명, 권수로 약기함], p. xciv.

11   Patricia Springborg, "Rousseau and Marx," Ross Fitzgerald ed., *Comparing Political Thinkers*(Sydney: Pergamon Press, 1980), p. 225.

12   루소의 시민사회 개념이 루소 이전 정치 공동체의 개념 등과 대비해 어떤 의미를 갖는가는 별도의 논의를 필요로 할 것이다. 고전적 의미에서 시민사회는 정치학적 전통 개념, 즉 정치 세계의 중심적 근본 범주라고 말할 수 있다. 고전적 전통을 이어받은 근대에서도 시민사회와 국가는 여전히 동일시된다. 홉스는 이를 다음과 같이 표현한다. "… 이와 같은 방식으로 이루어진 연합체가 국가 또는 시민사회라고 불린다." Thomas Hobbes, ed. by C. B. Macpherson, *Leviathan*(Middlesex: Penguin Books Ltd., 1968), p. 227. 그러나 루소는 시민사회와 국가를 분리하여 인식한다. 시민사회 개념과 역사적 기원에 관해서는 다음을 참조하라. Manfred Riedel, *Studien zu Hegels Rechtsphilosophie* (Frankfurt am Main: Suhrkamp Verlag, 1969); 만프레트 리델 지음, 황태연 옮김, 『헤겔의 사회철학』(서울: 한울, 1983), 특히 제2장 43-105쪽.

사회의 형식과 내용에 대한 철저한 분석을 여러 곳에서 표현한다. 물론 시민사회에 관한 분석이 루소에 의해서만 이뤄진 것은 아니다. 이 점에서 루소가 살던 시대에 전반적으로 논의된 지적 관심사를 살펴볼 필요가 있다.

　루소가 살던 당시는 계몽[13]의 시기로서 소위 계몽주의 시대로 알려져 있다.[14] 루소 당시의 18세기 사상가들, 특히 프랑스의 계몽주의 사상가들 가운데 이뤄진 놀라울 정도의 광범위한 의견 일치는 인류 역사상 유례를 찾아보기 어려울 정도였다. 실로 계몽주의만큼 인간의 사고를 도야시키고 행동 지침을 형성하는 데 깊은 영향을 끼친 것은 역사상 거의

---

13 ‘계몽’이라는 명칭은 당시의 사람들이 붙인 것이다. 계몽에 해당되는 말은 영어의 Enlightenment, 독일어의 Aufklärung이다. 기타 계몽에 해당하는 용어에 대해서는 한국철학사상연구회 편, 『철학대사전』(서울: 동녘, 1989), 73쪽을 참조하라. 그런데 프랑스어에는 이에 직접적으로 해당하는 말이 없다. 한편 어원적으로는 다르지만 계몽에 해당하는 불어로는 ‘illumination’과 ‘eclaircissement’을 들 수 있으며, 간혹 ‘lumières’가 계몽의 뜻으로 사용되기도 한다. Ernst Cassirer, traduit par Pierre Quillet, *La philosophie des lumières*(Paris: Fayard, 1966) 참조. 헤겔(G. W. F. Hegel)은 독일어 Aufklärung과 같은 의미로 Eclaircissement이라는 표현을 사용한다. G. W. F. Hegel, Prefaces by Charles Hegel, trans. & intro. by J. Sibree, new intro. by C. J. Friedrich, *The Philosophy of History*(New York: Dover Publications Inc., 1956), p. 441. 한편 루소가 ‘lumiéres’를 계몽의 의미로 사용한 예는 “Discours sur l’origine et les fondemens de l’inégalité,” *OC* III, p. 125를 참조하라.
14 계몽주의의 정의와 그 의미를 묻는 문제는 또 다른 연구 과제를 필요로 하는 매우 광범위한 주제이다. 계몽이란 무엇인가에 대해서 지금까지 많은 논의가 있었지만, 칸트의 정의는 이를 가장 압축적으로 표현한 것으로 알려져 있다. “계몽이란 인간 자신이 부과한 미성년으로부터의 탈출이다. 미성년은 다른 사람의 지도 없이 자신의 오성을 사용할 수 없다. 그 원인이 오성의 결핍이 아니라 다른 사람의 지도 없이는 자신의 오성을 사용할 결단과 용기가 없는 미성년은 자신에 의해 부과된 것이다. 따라서 계몽의 격언은 다음과 같다. 현명해지거라!(Sapere aude!) 담대히 당신 자신의 오성을 사용하라!” I. Kant, *Was ist Aufklärung?*(1784); Wesley D. Camp ed., *Roots of Western Civilization(Vol. II): From the Enlightenment to the 1980’s*(New York: John Wiley & Sons, 1983), p. 1에서 인용.

없다.[15]

이른바 백과전서파라고 알려져 있는 계몽주의 사상가들은 세부적으로는 서로 상충되고 의견을 달리하는 부분이 있기도 했으나 전반적으로 거의 일치되는 공통의 전제와 기본 가치들을 공유하고 있었다. 계몽주의 사상의 모든 기본 범주는 당시 발전을 거듭하던 시장경제의 구조와 유사한 기본 가치를 가졌다. 계몽주의가 추구한 가치들은 주로 개인의 자율, 자유, 모든 사람의 평등, 법률의 보편성, 관용, 계약, 사유재산권 등이었다.[16]

요컨대 이성에 대한 신뢰와 진보에 대한 낙관적인 확신을 특징으로 하는 계몽의 시기에 근대사회는 근대인에게 무한한 기대를 품게 만드는 새로운 삶의 터전으로 간주되었다. 이런 경향은 역사에 관한 견해에 반영되어 거의 모든 계몽사상가들은 인류의 미래에 대해 낙관적으로 확신하기에 이르렀다. 심지어 볼테르(Voltaire) 같은 사상가는 확고한 신념으로 당시의 문명[17]을 기준으로 모든 시대에 적용되는 보편적 도덕법칙을 제시할 정도였다. 볼테르는 야만적인 귀족이 누렸던 것보다도

15   Edward McNall Burns, *Western Civilizations: Their History and Their Culture*, Vol. 2(New York: W. W. Norton & Company, Inc., 1963), pp. 549-50.

16   Lucien Goldmann, trans. by Henry Maas, *The Philosophy of the Enlightenment: The Christian Burgess and the Enlightenment*(London: Routledge & Kegan Paul Ltd., 1968), pp. 15-36. 이런 가치들은 계몽사상의 공통분모로서 때로 극단적 계몽사상가들에 의해 도전받은 사유재산권 등만이 예외였다. Ibid., p. 24.

17   문명의 개념과 의미를 파악하는 것은 너무 큰 과제이므로 여기서 논의할 여유는 없다. 다만 오늘날 사용되는 문명의 개념은 18세기, 그중에서도 특히 프랑스 계몽주의의 산물이다. 물론 그때까지 예술, 과학, 산업, 법체계 등의 분야에서 이뤄진 발전은 훨씬 이전부터 기울인 지속적인 노력의 결과가 분명하지만, 과거와는 뚜렷이 구분되는 당시의 새로운 업적의 총체를 문명이라고 불렀다. J. Y. Ra, "Concept of Civilization as a Political Ideology: Toward the Unity of Civilization and of Mankind," *The Reconstruction of Human Society*, Vol. 4, No. 1(Oct. 1979), p. 42.

훨씬 더 많은 것을 제공하는 문명은 그때까지 일찍이 존재한 적이 없었다고 확신했으며, 이후 더 나아지리라고 상상하지도 않았다.[18]

그러나 계몽주의 사상가들의 신념에 대해 루소는 강력히 반발했다. 물론 계몽주의의 신념에 대한 비판은 루소에게 특유한 것이라고 할 수 없다. 루소와 마찬가지로 디드로 역시 계몽주의의 낙관적인 신념에 대해 비판하였다. 루소와 디드로는 다른 계몽주의 사상가들과 대조적으로 계몽주의의 부정적 양상과 내적 모순을 인식했다는 점에서 주목할 만하다.

그러나 양자 사이에는 중요한 차이가 있다. 디드로가 계몽주의 자체의 모순과 부정적인 양상을 강조한 반면, 루소는 부르주아사회의 모순과 부정적 측면을 강조한다는 점이 다르다.[19] 루소의 계몽주의에 대한 비판은 디드로의 비판에서 한 걸음 더 나아가서 계몽주의가 표방하는 제반 가치들이 싹트게 된 토대 곧 부르주아사회의 근거 자체와 결부시켜 문제를 제기한다.

루소는 분명히 계몽주의 시대의 사상가이지만, 계몽이 초래하는 이율배반적인 결과를 심각히 인식했다. 물론 다른 계몽주의 사상가들과 마찬가지로 루소도 근대사회의 장점을 부인하지 않는다. 루소는 개인적 의존과 자기 이익에 기초한 결속을 통해서 개인을 사회에 일정 부분 결합시킬 수 있다고 본다. 루소는 허황됨과 탐욕이라는 비열하지만 견고한 동기 위에 구축됨으로써 풍속과 덕에 의존하는 정치 공동체의 상대적으로 취약한 결속력을 피할 수 있는 사회체제의 정교함을 인식한다.[20]

18 시드니 폴라드 저, 이종구 역, 『진보란 무엇인가 — 진보사관과 진보적 사회사상』 (서울: 한마당, 1983), 59–63쪽.

19 Goldmann, *The Philosophy of the Enlightenment*, p. 41.

20 Melzer, "Rousseau and the Problem of Bourgeois Society," p. 1028.

근대사회가 근대인의 더욱 탁월한 능력들을 발달시켰음에는 의심할 여지가 없다. 근대사회는 사람의 미, 가치, 선, 도덕성의 관념들을 낳게 하며 근대인에게 서로 간의 의사소통과 연합, 이해하고 느끼며 사랑하는 것을 가르쳐준다. 학문과 예술의 진보는 시민사회의 진보와 사람의 행복 증대의 충분한 조건으로 생각될 수도 있다. 편견은 지식에 의해서 사라지고, 풍속은 예술에 의해서 부드러워지며, 자연은 학문에 의해 정복될 것이기 때문이다.[21]

근대사회는 정치로부터 불관용과 광신주의 및 다른 교의적이고 공상적인 종교의 해악을 제거하는 데 유용하다. 더 나아가 풍속과 덕을 유지시키려는 필요에서 벗어난 부르주아 질서는 경제적 자유기업의 진흥에 도움이 될 수 있다. 예술과 학문의 자유로운 발전이 보장됨에 따라 지적이고 재능이 있는 사람들은 높은 문화를 창조할 수 있다.

그러나 근대사회가 지닌 온갖 장점은 근대인에게 전혀 낯선 것일 뿐이다. 근대사회는 근대인이 자유롭게 자기 능력들을 사용하고 감정을 표현하며, 자기 방식대로 삶을 살아가지 못하도록 만든다. 근대사회는 뛰어난 문명의 성취를 자랑할지 몰라도 결과적으로 근대인을 불화하고 적대하도록 만들 뿐이다. 근대에 사는 사람들은 탐욕스런 경쟁적 사회체제에 의해 형식과 내용에서 모두 제한받기 때문이다.[22] 이런 모순은 근대적 대도시, 특히 근대적인 업적을 칭송하는 학문과 예술이 성행하는 수도에서 가장 극단적인 형태에 달한다.[23]

더 나아가 루소는 학문과 예술의 진보가 도덕성을 향상시킨다는 관념을 거부할 뿐만 아니라 그런 진보는 언제나 도덕적 타락으로 귀착됨

---

21   "Discours sur les sciences et les arts," *OC* III, pp. 5-30.

22   Berman, *The Politics of Authenticity*, pp. 150-52.

23   "Projet de constitution pour la Corse," *OC* III, pp. 911-12.

을 주장한다. 학문과 예술이 번영하기 위해서는 사치와 여가의 분위기를 요구한다. 그것들은 정신의 악덕으로부터 생긴다. 기껏해야 게으른 호기심이 학문과 예술의 원천이다. 학문과 예술은 사람들을 약하게 만들 뿐 아니라 대부분 불필요한 필요를 충족시키는 안락에 대한 욕망으로부터 생긴다.

> 학문과 예술의 탄생은 우리들의 악덕에 힘입고 있다. … 예술을 비옥하게 만드는 사치가 없다면, 우리는 예술로 무엇을 하겠는가? … 학문은 … 게으름에서 태어나고 … 학문과 예술이 없이는 사치가 거의 발달하지 못한다. 사치가 없이는 학문과 예술도 결코 발달할 수 없다. … 설령 사치가 부의 확실한 표식임을 인정하더라도 … 재능의 구별과 덕의 타락에 의해 사람들 사이에 도입된 재앙을 초래하는 불평등이 없었다면, 무엇이 이 악폐들을 생기게 할까?[24]

학문과 예술이란 고귀한 신분의 사람들이나 학자들이 생각하는 것처럼 바람직하거나 훌륭한 가치를 지닌 것이 아니다. 학문과 예술의 발달은 부의 불평등과 밀접한 관련을 맺고 있다.

> 악의 최초의 원천은 불평등이다. 부는 불평등으로부터 온다. 왜냐하면 가난과 부유라는 말은 상대적이고 사람들이 평등한 곳에서는 어디든 부유하거나 가난함이 없을 것이다. 사치와 게으름은 부에서 태어났다. 세련된 예술은 부에서 왔고, 학문은 게으름에서 왔다.[25]

---

24 "Discours sur les sciences et les arts," *OC* III, pp. 17-19, 25.
25 "Observations de J.-J. Rousseau, sur la Réponse à son Discours," *OC* III, pp. 49-50.

더욱이 학문과 예술의 발달은 사치와 밀접한 관련을 맺고 있다. 사치
란 부의 결과이거나 부를 필요로 하기 때문이다. 사치는 부자와 빈자를
동시에 타락시킨다. 부자는 부를 갖고 있기 때문에 부패하고, 빈자는
부를 선망하기 때문에 타락한다. 그 결과 사람들은 허영과 편견의 노예
가 된다.[26]

따라서 근대사회는 학문과 예술 및 그 성과를 유지하는 것으로 변형
되며, 바로 이런 변형이 헛된 자존심과 부정의로 가득한 생활을 창출한
다. 루소는 더 나아가 고도로 문명화된 사회에서 학문과 예술의 발달이
일종의 예속 상태를 지향하고 있음을 보여준다.

정부와 법률이 성원들의 안전과 복지를 제공하는 반면 덜 전제적이면서도
아마 더욱 강력한 학문, 문학, 예술은 인간을 얽어맨 쇠사슬 위에 꽃의 화환
을 전파시키고 사람들이 태어난 목적으로 생각되는 원초적 자유에 대한 감
정을 억제시키며 예속을 사랑하게 만들고 문명화된 사람들로 변화시킨다.[27]

근대사회는 근대인의 구체적인 삶 자체보다도 추상적인 화폐와 교환
관계의 확장에 관심을 갖고 있다. 그 이유는 학문과 예술을 추구하는
데 필요한 재능이 사람들을 차별하는 근거가 되는 동시에 그것을 유지
하는 데 막대한 액수의 돈이 필요하기 때문이다. 따라서 근대 부르주아
사회에 있어서 '화폐는 사회의 진정한 유대'[28]로 변형됨으로써 근대사

---

26 "Du contrat social ou principes du droit politique," *OC* III, p. 405.
27 "Discours sur les sciences et les arts," *OC* III, pp. 6-7. 또한 "군주는 그 신하들
사이에 즐겁고 지나친 예술에 대한 취미가 확산됨을 항상 기쁨으로 바라본다. … 군주
는 예속 상태에 적합한 정신적인 저열함으로 조장시키는 것 외에도 대중이 스스로 창출
한 모든 욕구들이 그들을 묶는 매우 많은 사슬임을 대단히 잘 알고 있다." Ibid., p. 7n.
28 "Emile ou de l'éducation," *OC* IV, p. 461.

회의 중심은 상업과 돈의 문제로 환원된다.

> 고대의 정치가들은 끊임없이 풍속과 덕에 관해 이야기하지만, 지금의 정치
> 가들은 상업과 돈만 따질 뿐이다.[29]

학문과 예술에 의해 지배되는 근대사회는 불평등으로 가득 찬 사회
이다. 루소는 근대사회에서 사치와 타락이 근본적으로 부의 불평등에
서 비롯되었음을 지적한다. 루소의 학문과 예술에 대한 비판은 근대사
회에서 비롯된 불평등의 산물에 대한 비판이다. 루소의 계몽주의 가치
에 대한 비판은 그 물적 토대라고 할 수 있는 근대사회의 불평등한 구
조에 대한 비판과 밀접하게 연관된다.

루소는 부르주아사회의 근본적인 문제점이 무엇보다도 불평등한 사
회제도에서 비롯된 것이라 비판한다. 루소의 저술에서 두드러진 것 가
운데 하나는 불평등에 대한 치열한 고발이다. 이 점에서 근대사상가로
서 루소는 앞선 이들과 구별된다.

루소는 불평등을 크게 문제시함과 동시에 예전부터 전해 내려온 중
세의 논의를 뒤바꿔 놓았다. 중세적 관점에서 본다면 불평등은 사람의
타락된 본성에서 나타나는 것이지만, 루소의 관점에서는 타락이 불평
등에서 기인한다.[30] 불평등의 중요한 원천은 부의 불평등이다.[31] 또한

---

29 "Discours sur les sciences et les arts," *OC* III, p. 19.

30 John Plamenatz, *Man and Society*, Vol. 1(Burnt Mill: Longman House, 1963),
pp. 418-20.

31 다만 이와 관련해서 주의할 점이 있다. 그것은 루소가 비판하는 불평등의 한계이
다. 이 문제는 볼페의 저술을 통해 크게 부각되었다. Galvano della Volpe, trans. by
John Fraser, *Rousseau and Marx*(London: Lawrence and Wishart, 1978), pp.
21-70을 참조하라. 또한 볼페의 입장을 비판적으로 계승한 입장이 콜레티의 해석이다.

시민사회에서 빚어지는 최대의 악은 사회적 불평등의 폐해이다. "보호
받아야 할 빈자와 견제되어야 할 부자가 있게 될 때, 최대의 악은 이미
발생했다."[32]

　루소는 인간의 타락을 사유재산의 소산이자 초기의 불평등의 분리할
수 없는 결과로 귀속시킨다.[33] 사유재산은 시민사회의 참된 토대이다.[34]
사유재산의 확립이야말로 시민사회의 출발점이 되었다.[35] 사유재산의
차이에서 비롯되는 불평등은 자기 생존을 위해 각자를 타인에게 의존
하도록 만들어 예속시키는 중요한 이유이다. "예속의 유대는 사람들의
상호의존과 사람들을 결합시키는 상호 필요가 없이는 형성되지 않았
다."[36]

콜레티의 주장을 요약하면, 루소는 개인적 '장점'의 사회적 인정에 대한 필요를 강조하
는 반면, 마르크스는 개인적 '필요'의 사회적 인정에 호소한다. Colletti, *From Rousseau to Lenin*, pp. 187-93을 참조하라.

32　"Discours sur l'économie politique," *OC* III, p. 258.

33　루소의 사유재산에 관한 관념은 논란이 많은 개념이다. 루소는 단순한 점유에 의
한 소유와 권리로서 재산권을 구별한다. "Du contrat social ou principes du droit
politique," *OC* III, pp. 365-67. 루소는 『인간불평등기원론』의 곳곳에서 사유재산을
강력히 비판한다. "… 한편에서 경쟁과 적대, 다른 편에서 이익 관계의 대립이 생겼다.
언제나 타인을 희생으로 하여 자신의 이익을 얻으려는 욕망도 일어났다. 이 모든 악은
재산의 첫 번째 효과이며, 갓 태어난 불평등에 불가분하게 동반되었다." "Discours sur
l'origine et les fondemens de l'inégalité," *OC* III, p. 175. 하지만 『정치경제론』에서
는 사유재산에 대한 권리 곧 소유권을 모든 권리 가운데 가장 신성한 것으로 묘사한다.
"Discours sur l'économie politique," *OC* III, p. 263. 그 외 『에밀』에서도 루소의 소
유권에 대한 생각을 엿볼 수 있다. "Emile ou de l'éducation," *OC* IV, pp. 332-33. 그
러나 일반적으로 재산권에 대한 루소의 결정적인 입장은 『사회계약론』에 나타난 입장
으로 알려져 있다. "Discours sur l'origine et les fondemens de l'inégalité," *OC* III,
p. 173, n.4-p. 1348 참조.

34　"Discours sur l'économie politique," *OC* III, p. 263.

35　"Discours sur l'origine et les fondemens de l'inégalité," *OC* III, p. 164.

36　Ibid., p. 162.

부자는 그들[가난한 자들]의 봉사를 필요로 한다. 가난한 자는 부자의 도움
을 필요로 한다. 또한 [중간의] 평범한 사람들도 그들[부자와 가난한 자
들]이 없으면 해나갈 수가 없었다.[37]

루소가 보기에 '극단적인 부와 빈곤은 서로 불가분리하며, 도덕적 타
락과 정치적 자유의 상실을 초래할'[38] 수밖에 없다. 시민사회에서 재산
의 불균형이 심화되면 부자는 사회를 공동체가 아닌 '자기 것'으로 보
고, 자기 요구가 정의의 기준이 되도록 강제할 것이다. 그 반면에 빈자
는 자기가 희생자라고 느끼며, 사회에 대해 아무런 소속감도 느끼지 못
하게 될 것이다.[39] 따라서 부의 극심한 불평등은 시민사회의 존재 이유
를 의문시할 정도로 위험한 결과를 초래한다.
　루소에 의하면 근대에 들어와 과거에 볼 수 없었던 극단적인 불평등
이 존재하게 된 까닭은 근대 부르주아사회 자체에서 비롯된다. 근대 부
르주아사회의 물적 토대는 사유재산과 분업에 기초한 교환관계이다.
부르주아사회의 사유재산과 교환관계는 사회의 존립 근거가 되는 물적
토대이다.[40]

기술 사회는 산업의 교환으로, 상업 사회는 사물의 교환으로, 은행 사회는
수표와 화폐의 교환으로 성립된다. … 교환이 없으면 어떤 사회도 존재할 수
없고, 공통의 척도가 없으면 어떤 교환도 존재할 수 없다.[41]

37　Ibid., p. 175.

38　"Du contrat social ou principes du droit politique," *OC* III, p. 367.

39　"Dicours sur l'économie politique," *OC* III, p. 258.

40　Yoav Peled, "Rousseau's Inhibited Radicalism: An Analysis of His Political
Thought in Light of His Economic Ideas," *American Political Science Review*, Vol.
74(Dec. 1980), p. 1044.

루소는 사유재산과 교환을 시민사회의 도덕적, 정치적 타락의 주된 원천으로 판정한다. 루소는 시장에 의존하는 근대사회의 교환관계가 화폐 중심으로 이뤄짐으로써 야기되는 폐해를 지적한다. 루소는 교환관계가 발달한 상업경제하에서 화폐의 유통이 필수적이며, 화폐는 결국 축재의 수단이 된다는 점에서 불평등을 제도화시키는 주된 원인이라고 비판한다.[42]

부르주아사회에서 교환관계는 사회를 지탱하는 필수적인 요소 가운데 하나이다. 부르주아사회는 교환을 통한 분배와 협동이 불가피하고, 사회에서 생활하는 전 성원의 상호의존을 전제로 한다. 이런 상호의존은 시장에 대한 모든 사람의 의존으로 나타난다.[43]

부르주아사회에서 시장 관계가 확대됨에 따라 사람들 사이에는 근본적으로 대립과 갈등이 불가피한 상황이 초래된다. 곧 사적 이익의 분화와 대립, 한 인간의 성공이 다른 사람의 파멸을 초래하는 경쟁, 살기 위해서 모든 사람이 자신의 이익을 위해 다른 사람을 파멸시킬 필요가 있는 기만적 상황이다.[44] 따라서 루소는 '사적 악덕은 공적 이익'이라는 맨더빌(B. Mandeville)의 명제가 부르주아사회에 전혀 맞지 않는다고 비판한다.[45]

인간 사회를 찬미하고 싶으면 얼마든지 찬미해도 좋다. 그래도 사회는 필연적으로 사람들의 이해관계가 얽힘에 따라 사람들이 서로 미워하고 표면적으

41   "Emile ou de l'éducation," *OC* IV, p. 461.
42   "Projet de constitution pour la Corse," *OC* III, p. 916.
43   Colletti, *From Rousseau to Lenin*, pp. 163-64.
44   Ibid., p. 161.
45   맨더빌과 스미스(A. Smith)의 기본 입장과 루소의 차이에 대해서는 Ibid., pp. 195-216을 참조하라.

로 서로 생각해 주는 체하며 실제로는 상상할 수 있는 한도 내에서 온갖 해를 서로 가하려 하는 것도 진실일 것이다. 공공의 이성이 사회집단에 가르치는 것과 정반대의 격률을 개인의 이성이 각자에게 강요하여 각자가 타인의 불행 속에서 자기 이익을 발견한다는 상업에 대해 어떻게 생각하면 좋을까? … 누가 나를 향해 사회는 각자가 타인에게 봉사함으로써 이익을 얻을 수 있도록 구성되어 있다고 대답할 때, 나는 각자가 타인에게 손해를 줌으로써 더 많은 이익을 얻는 것이 아니라면 몹시 훌륭한 일이라고 반론하겠다. 적어도 정당한 이익인 이상 부당한 수단으로 얻을 수 있는 이익을 상회하는 일은 절대 없다. 이웃 사람에 대해 가할 수 있는 손해는 언제나 봉사보다 돈이 된다. 처벌을 면할 확실한 수단을 발견하는 일이 문제가 될 뿐이다. 이를 위해 강자는 모든 힘을 사용하고 약자는 모든 책략을 사용한다.[46]

근대사회의 불평등 구조는 시장 관계에서 확고히 결정된다. 일찍이 시민사회는 사유재산의 확립과 더불어 토대를 마련하였다. 부르주아사회에서 분업과 교환관계의 발달은 모든 사람을 시장이라는 틀 속에서 상호의존하게 만든다. 여기에 그 자체가 분업의 산물이라 할 수 있는 학문과 예술의 발달은 모든 야만적인 요소를 점차 순화시키는 역할을 세련되게 수행한다. 물론 이런 과정이 역사의 진행 과정에서 순차적이고 필연적으로 일어난다고 볼 수 없다. 하지만 근대사회의 현실은 결과적으로 불평등한 구조를 확인케 한다.

사유재산에 근거한 사회에서 개인의 사적 이익과 사회의 보편 이익 사이에는 불가피한 갈등이 존재한다. 루소는 경제적 협력이 발생한다

---

46 "Discours sur l'origine et les fondemens de l'inégalité," *OC* III, p. 142, n.IX, pp. 202-203.

면 사유재산과 교환이 불가피하고 사회의 초석과 문명화된 삶의 선행
조건이 된다고 간주한다. 더 나아가 사람들이 상호 협력 관계를 맺게
될 때, 불평등에 대한 잠재성이 불가피하게 초래될 수밖에 없는 것이
경제 관계의 본질이다.[47] 이것은 사람들이 함께 모여 사회를 형성하면
서 생겨나는 분업에서 찾아볼 수 있다.

　루소는 『인간불평등기원론』에서 사회적 분업의 대두를 묘사할 때 분
업을 교환 관념과 동일시한 것으로 보인다.[48] 루소는 '한 사람이 두 사
람에게 충분한 식량을 갖는 때'와 '어떤 사람이 다른 사람의 도움을 필
요로 하기 시작하는 때'를 동일한 순간으로 표현한다.[49] 한 사람이 두
사람에게 충분한 잉여 식량을 갖지 않으면 남의 도움을 확보할 수 있는
가능성은 발생하지 않았다. 따라서 분업이 부르주아사회에 가져온 특
정한 역사적 형태 곧 사유재산과 교환은 사회적 분업이 생길 수 있는
유일한 가능성이다.[50]

　다만 사유재산과 분업에 관한 루소의 태도에 주의할 점이 있다. 루소
는 불평등과 착취의 뿌리라고 간주한 사유재산과 분업을 비판한다. 하
지만 루소는 여전히 사유재산과 분업이 경제적 협력의 본성 자체에 본
질적이고 필수불가결한 것으로 간주한다. 루소는 상호의존에 입각한
부르주아사회를 비판하지만, 시민사회에서 직무의 전문화와 상호 협력
은 상호 이익이 됨을 인정한다.

47　Peled, "Rousseau's Inhibited Radicalism," p. 1035.

48　Ibid., p. 1043. 이와 관련해서 콜레티에 의하면, 루소와 스미스가 공유하는 오류,
곧 분업과 교환을 동일시하는 것에 주의를 기울여야 한다. 콜레티는 노동 분업과 교환
간의 관계에 대한 불확실성은 마르크스에게서도 발견된다고 주장한다. Colletti, *From
Rousseau to Lenin*, p. 164, n.67.

49　"Discours sur l'origine et les fondemens de l'inégalité," *OC* III, p. 174.

50　Colletti, *From Rousseau to Lenin*, p. 164, n.67.

자연적인 기술의 실행은 한 사람으로 충분히 할 수 있지만, 산업 기술의 수
행은 많은 사람의 협력을 필요로 한다. 육체적 필요에 관한 한, 각 사람은 자
신이 충족시킬 수 있다. 여분의 것이 도입되면, 노동의 분할과 배분이 반드
시 필요하게 된다. 혼자 일하는 사람은 한 사람의 생활수단만을 얻을 수 있
지만, 1백 명의 사람이 협력하여 일하면 2백 명의 생활에 필요한 것을 얻을
수 있다.[51]

루소는 분업의 장점과 불가피함을 인정한다.[52] 하지만 루소는 동시에
분업이 초래하는 폐해를 지적한다. 여기서 주의할 점이 있다. 그것은
루소가 비판하는 것이 분업 자체인가, 아니면 분업으로 불가피하게 야
기되는 불평등인가 하는 점이다. 루소는 분업을 불가피하게 인정하고
그것 자체가 악이라고 표현하지 않는다.[53] 다만 역사의 진행 과정에서
필요에 따라 생긴 분업의 확대가 불평등한 직업에 종사하는 결과를 초
래함을 비판한다. 따라서 루소는 사유재산과 분업 자체를 거부한다기
보다 사유재산과 교환에 기초한 경제체제[54]를 비판한다.
　루소의 시민사회 비판은 상호의존에 기초한 교환관계와 그것을 직접

51　"Emile ou de l'éducation," *OC* IV, p. 456.
52　루소에 의하면 최초의 분업은 남성과 여성 간의 분업이었다. "Discours sur
l'origine et les fondemens de l'inégalité," *OC* III, p. 168.
53　"Emile ou de l'éducation," *OC* IV, pp. 466-67. 매스터즈는 분업의 전문화에 따
른 상호 이점에 대한 루소의 주장은 플라톤의 『국가』에서 분명히 정형화되었다고 본다.
Roger D. Masters, *The Political Philosophy of Rousseau*(Princeton : Princeton Uni-
versity Press, 1976), p. 177. *The Republic of Plato*, trans. by Francis MacDonald
Conford(New York : Oxford University Press, 1964), Part II, Ch. VI, 369b, p. 56
과 J.-J. Rousseau, "Emile ou de l'éducation," *OC* IV, p. 1438, n.1을 대조해 보면 매
스터즈의 주장은 타당하다.
54　펠레드는 이를 시장경제라는 용어로 부른다. Peled, "Rousseau's Inhibited Radi-
calism," p. 1034.

적으로 산출하는 부르주아사회의 근본적인 모순을 지적한다. 부르주아
사회에서는 교환을 통한 분배와 협동이 필수 불가결하고, 사회에서 생
활하는 전 성원의 상호의존을 전제한다. 부르주아사회에서 상호의존은
모든 사람의 시장에 대한 의존으로 나타난다. 여기서 사람 관계는 기본
적으로 각 개인이 다른 사람의 도구로 간주된다.[55] 다음 글은 루소가 개
인적 이해관계와 상호의존에 기초한 근대 부르주아사회의 핵심을 어떻
게 파악하는지를 표현한 구절이다.

… 가장 놀랍고도 가장 잔인한 것이 여기에 있다. 우리의 작가들은 모두 학
문, 예술, 사치, 상업, 법률과 다른 유대들을 우리 세계의 정치적 걸작들로
간주한다. 그것들은 사람들 간에 개인적 이해관계에 기초한 사회적 유대를
강화시킴으로써 모든 사람을 상호의존하게 만들고 공동의 필요를 제공하며,
각자가 자기 것을 성취하기 위해 어쩔 수 없이 타인들의 선에 합류하게 만든
다. 이런 생각들은 의심할 여지 없이 즐겁고 호의적인 모습으로 표현된다.
  그러나 그것들을 주의 깊게 편견 없이 살펴보면, 처음에 드러내 보이는
장점들을 수정하는 많은 결점을 발견할 수 있다. 사람들이 끊임없이 경계하
고 서로의 지위를 강탈하며, 서로를 속이고 배반하며, 파멸시키지 않고 함께
사는 것을 불가능하게 만든다는 것은 얼마나 놀라운 사실인가! 지금부터 우
리는 그렇게 보이는 것으로부터 자기를 보존해야 한다. 왜냐하면 두 사람이
이해관계를 같이할 때, 수많은 사람이 그들과 반대되는 이익을 갖게 될 가능
성이 있으며 성공할 유일한 방법은 모든 사람을 속이거나 파멸시키는 것이
기 때문이다. 이것이 폭력, 반역, 사기, 모든 증오의 불행한 원천이다. 그것
은 재산 혹은 타인의 평판을 위해 짐짓 일하는 척하는 각자가 다른 사람들을

---

55 Colletti, *From Rousseau to Lenin*, pp. 163-64.

희생시켜 남의 것 위에 자기 것을 쌓기를 추구할 수밖에 없는 사물의 상태에서 필연적으로 야기된다.[56]

시민사회는 위와 같은 결과를 초래하는 결정적 원인이다. 근대사회는 사회 자체가 갖는 모순 외에도 직접적으로 근대인의 삶을 분열시킨다. 시민사회는 원천적으로 갖고 있는 모순으로 말미암아 부정의와 부자유의 직접적인 원인이다. 시민사회의 불평등 구조는 새로운 지배 예속 관계를 성립시킨다.

따라서 루소의 근대사회에 대한 비판은 이제 내면의 원리를 해명하는 단계로 이행한다. 실제로 루소는 시민사회에 있어서 예속의 고삐가 되는 상호의존관계를 강력히 비판하는 한편, 근본적으로 부르주아적 원리에 기초한 시민사회의 지배 예속 관계를 해명한다.[57]

---

56 "Narcisse ou l'amant de lui-même," OC II, pp. 968-69.

57 淺野 淸, 「프랑스계몽사상과 루소」, 平田淸明 엮음, 장하진 옮김, 『사회사상사 ― 비판적 사회인식의 발생사』(서울: 한울, 1982), 112쪽.

2

근대사회의
주인과 노예 관계

루소의 근대사회에 대한 분석은 근대인에 대한 분석과 따로 떼어 생각
할 수 없다. 근대사회는 근대인의 삶을 직접적으로 규정하는 중요한 계
기이기 때문이다. 하지만 근대사회는 이미 과거의 공동체적 이상을 상
실했을 뿐 아니라, 그 자체 내에 또 다른 분리 요소를 배태하고 있다.

　루소는 고대인이 전 인류의 공동체라는 더 넓은 '일반적인 사회'에서
분리된 이유로 고대인이 '특수한' 공동체에 유기적으로 통합되어 있기
때문임을 지적했다.[1] 고대사회에서는 개인과 공동체의 삶이 서로 떼어
놓기 힘들 정도로 직접적으로 결부되어 있었다. 따라서 개인이 공동체
로부터 독립한 실존 및 공적인 생활로부터 분리된 사적인 생활을 갖지
못하는 것처럼, 공동체도 개인과 분리된 실존을 갖지 못한다. 고대사회
에 있어서 개인과 공동체의 유기적인 관계는 아리스토텔레스의 글에

1　Lucio Colletti, trans. by Lawrence Garner, *Marxism and Hegel*(London : NLB,
1973), XII, "The Idea of 'Bourgeois-Christian' Society," p. 257.

잘 나타나 있다.

> ··· 폴리스(polis)는 자연적으로 존재하는 것들의 일종이며, 사람은 본래 폴
> 리스에서 살도록 예정된 동물이다. 폴리스가 없이 존재하는 자는 사람보다
> 열등하거나 우월한 존재자이다. ··· 폴리스는 자연의 질서로 가족과 개인에
> 앞선다. 그 이유는 전체가 마땅히 부분에 (본성에서) 앞서기 때문이다. ···
> 폴리스는 자연적으로 존재하며 개인에 우선한다. ··· 모든 개인은 고립될 때
> 자족적이지 않으며, 유일하게 자족적일 수 있는 전체에 동등하게 의존하는
> 부분이다. 정치적 결사체의 제반 이익을 공유할 수 없거나 이미 자족적이기
> 때문에 함께 살 필요를 느끼지 않는 고립된 사람은 폴리스의 일부가 아니며
> 짐승이거나 신이어야 한다. ··· 따라서 사람은 자연적으로 정치적 전체의 일
> 부가 되도록 예정되었다.[2]

고대세계에서 사람을 공동체에 결속시키는 유대는 특수하나 실제적
이다. 이런 유대는 사람을 전 인류에 결속시키지 않고 단지 특수한 종
족 집단일지라도 정치 공동체에 결속시킨다. 개인과 공동체, 공적인 삶
과 사적인 삶은 통합되어 있었다. 사람은 폴리스에서 살도록 운명 지어
져 있다. 또한 전체가 부분에 필연적으로 앞서는 것과 마찬가지로 폴리
스는 가족과 개인에 앞선다. 개인은 필수적으로 공동체의 윤리에 구속
되어 있으면서도 서로 실제적 유대를 갖고 있었다.

그러나 고대 도시의 유기체적 성격은 근대의 변화된 상황에서 철저
히 전복된다. 근대적 상황하에서는 고대적 상황과 정반대이다. 고대세

---

2   *The Politics of Aristotle*, trans. by Ernest Barker(New York: Oxford University Press, 1962), 1253a, pp. 5-6.

계에는 하나였던 것이 근대에 들어와 둘로 분열된다. 신적인 것과 세속
적인 것이 서로 독립되어 무관하다. 사람들을 서로 연관시키는 사회적
유대는 피안적인 것이 되었다.[3]

루소는 이런 분열을 과거의 고대 공화국에서 전혀 찾아볼 수 없었던
새로운 근대 현상이라고 보았다. 시장경제를 통한 교환, 상업, 화폐의
급격한 증대로 인한 근대사회의 성격은 고대 공화국의 응집성에 파괴
적인 결과를 가져왔다. 루소는 이런 결과를 더욱 심화시키는 근본 이유
가운데 하나로 기독교의 보편화를 지적한다.

가장 큰 사회 곧 인류 사회는 전반적으로 인류애와 보편적인 덕행에 근거한
다. 나는 기독교가 이러한 사회에 호의적이라고 말하고 항상 말해 왔다. 그
러나 특정 사회 곧 정치적, 시민적 사회들은 전혀 다른 원리를 갖고 있다. 그
사회들이 순전히 사람의 설립체가 됨으로써, 참된 기독교는 모든 세속적인
일과 마찬가지로 그것[특정한 정치사회]으로부터 우리를 분리시킨다.[4]

루소는 고대세계에서 세속적인 유대로 나타났던 것이 근대사회에서
기독교와 함께 피안적인 유대로 나타난다는 사실을 인식했다. 루소는
양자의 상호 보완성을 파악함으로써 고대 폴리스의 세속적인 유대와
기독교의 피안적인 유대에 함축되어 있는 통일과 다양성, 공동체와 개
인 사이의 상이한 관계를 명확히 밝혔다.[5] 루소가 보기에 기독교 정신

---

3 요하임 리터 지음, 김재현 옮김, 『헤겔과 프랑스혁명』(서울: 한울, 1983), 52쪽.
4 "Rousseau au ministre Leonhard Usteri," le 18 Juillet, 1763, R. A. Leigh, éd. *Correspondance complète de Jean-Jacques Rousseau*, Tome XVII(Oxfordshire: The Voltaire Foundation, 1972), p. 63.
5 Colletti, *Marxism and Hegel*, p. 261. 콜레티는 이런 관계를 이해하지 않고는 마르크스 저작의 의미를 결코 파악하지 못할 것이라고 강조한다. 콜레티는 마르크스의 『유

은 근대인이 몸담고 살아가는 정치 공동체 곧 조국에 대한 귀속감과 원
천적으로 상반된다. 기독교는 애국심을 통한 정치 공동체의 통합을 심
각히 저해한다.

> 애국정신은 우리가 [특정 정치사회의] 동료 시민을 제외한 모든 사람을 이
> 방인 혹은 적으로까지 간주하게 만드는 배타적인 정신이다. 애국정신은 스
> 파르타와 로마의 정신이었다. 그와 반대로 기독교 정신은 우리가 모든 사람
> 을 우리의 형제, 신의 자녀로 간주하도록 만든다. 기독교의 자비는 동포와
> 외국인 사이에 밉살스런 차이를 허락하지 않을 것이다. 그것은 공화주의자
> 들도 전사들도 만들기에 적합하지 않고, 다만 기독교인과 사람을 만들기에
> 적합하다. 그것의 열렬한 열망은 전체 인류를 무차별하게 포용한다. 따라서
> 기독교는 바로 그 신성함에서 특정한 사회정신과 반대됨이 사실이다.[6]

더 나아가 루소는 고대사회로부터 기독교사회로의 이행을 단순한 시
대적 이행으로 간주하지 않는다. 루소는 고대사회라는 '특수한' 사회로
부터 기독교사회라는 '보편적 사회'로의 이행을 사람의 보편화 과정으
로 해석하면서도 여기에 내포되어 있는 원리상의 전도를 간파했다.[7]
고대사회와 달리 기독교가 보편화된 근대사회에서 개인은 전 인류와
결속되어 있지만, 보편적 사회로 서로를 결속시키는 기독교의 유대는

대인 문제에 관하여』는 루소의 기독교에 대한 분석이 없었다면 상상할 수도 없었을 것
임을 루소와 마르크스의 저작을 구체적으로 대비시켜 확인했다. Colletti, *From Rous-
seau to Lenin*, pp. 176-80.

6 "Rousseau au ministre Leonhard Usteri," le 30 Avril, 1763, *Correspondance
complète de Jean-Jacques Rousseau*, Tome XVI(Oxfordshire: The Voltaire Founda-
tion, 1972), pp. 127-28.

7 Colletti, *Marxism and Hegel*, p. 258.

현실적인 유대가 아니다. 그러한 유대는 지상 밖에, 지상 위에 투사되어 존재한다. 따라서 기독교의 유대로부터 비롯되는 보편적인 사회는 단지 관념적이고 추상적인 사회일 뿐이며 정치적인 사회가 아니라 초월적인 사회이다. 루소는 기독교가 추구하는 세계가 현세의 정치 공동체가 아님을 보여준다.

> 기독교는 사람을 지상으로부터 떼어내는 전적으로 영적인 종교이다. 기독교인의 고향은 이 세상이 아니다. 기독교인은 실로 자기의 의무를 다하지만, 자기 노력의 성공 여하에 무관하게 자신의 의무를 행한다. 이 세상에서 어떤 일이 잘되고 안 되고는 기독교인에게 별로 중요하지 않다.[8]

루소가 보기에 소위 기독교사회는 모든 사람의 사회인 동시에 현실적인 사람이 살아가는 사회가 아니다. 기독교사회는 기독교인의 사회일 뿐이다. 루소는 기독교가 보편화되면 될수록 사람 사이에 비자연적이고 소외된 상황이 초래된다고 보았다.[9] 개인이 한 사람으로서 혹은 정신으로서 인정받기 위해서는 다른 사람과 관계하기 이전에 신과 관계해야 하기 때문이다. 기독교의 가르침에 나타나는 신과 사람의 관계, 사람과 사람의 관계는 이를 분명히 보여준다.

더욱이 기독교에 기초한 근대사회는 개인들을 사회의 성원으로 만듦과 동시에 사회로부터 분리시키는 모순을 지닌다. 여기에서는 근대인을 한편으로 상상적이거나 비현실적인 공동체의 성원으로 만들고, 다른 한편으로 세속세계의 자기중심적이고 비사회적인 개인이 되게

---

8 "Du contrat social ou essai sur la forme de la république," *OC* III, pp. 338-39.
9 Colletti, *Marxism and Hegel*, p. 261.

한다.

기독교사회와 대비해 볼 때, 사람의 사회는 '사람 내면의 사회'[10]로서 신과 영혼의 대화 안에서 확립되는 사회로 나타난다.[11] 기독교에서 개인은 신의 직접적인 목표이다. 기독교인은 내면적으로 전능한 보편자와 직접적인 관계를 맺고 있다. 기독교인은 개인을 보편적 존재와 동일시한다.[12] 따라서 기독교는 시민을 특수한 정치 공동체, 더 나아가 지상의 모든 것과 내면적으로 분리시킨다.[13]

이런 분리가 기독교인으로 하여금 현세의 정치 공동체에 전념할 수 없게 하는 근본적인 원인이다. 근대에 보편화된 기독교는 하늘의 왕국이 지상의 왕국보다 우월하다는 직접적인 표현으로써 궁극적으로 종교와 정치를 분리시킨다.

> … 정치체제로부터 종교 체제를 분리시킨 이것[예수가 영혼의 왕국을 지상에 건설하러 온 것, 즉 기독교의 수용]은 국가가 단일한 존재가 되지 못하게 만들고 내적인 분열을 야기시켰다. 이 분열은 그 후 기독교 인민을 부단히 괴롭혀왔다.[14]

기독교의 수용은 종교 조직과 정치조직의 분리를 일으켜 정치 공동체의 진정한 통합을 저해하였다. 루소는 결코 분리될 수 없는 주권이 속권과 교권으로 나누어진 기독교인 내면의 분열을 인식하였다. 루소

---

10   G. Gentile의 표현으로서 Colletti, *Marxism and Hegel*, p. 262에서 인용.

11   Ibid.

12   Ludwig Feuerbach, trans. by George Eliot, *The Essence of Christianity*(New York: Harper & Brothers Publisher, 1957), pp. 150-59.

13   "Du contrat social ou principes du droit politique," *OC* III, p. 465.

14   Ibid., p. 462.

는 이렇게 분리된 것을 통합하지 않고는 기독교인들이 정치 공동체에 참되게 속할 수 없을 뿐 아니라, 사회계약의 근본원리를 저해하리라고 보았다. 루소의 사회계약 원리에 따르면 각 성원은 자신의 권리를 포함한 모든 것을 전적으로 양도하지만, 기독교인에게는 이것이 원천적으로 불가능하다.

물론 그 반대의 경우도 문제될 리가 없다. 오히려 기독교인은 자신의 모든 권리를 아무런 조건이나 불만도 없이 넘겨줄 가능성마저 있다. 기독교인에게 현세의 "슬픔의 계곡에서 자유로우면 어떻고, 부자유스러우면 어떤가? 결국 천국에 가는 것이 문제가 아닌가?"[15] 기독교인의 조국은 현세가 아니라 천상의 세계이기 때문이다. 루소는 기독교가 결과적으로 사회적 결합의 유대를 끊을 것이며, 속세의 부정한 권력에 대한 저항을 내면적으로 좌절시킨다고 지적한다.[16] 루소는 기독교가 갖는 특성이 사람의 자유를 지향하기보다 예속을 승인하는 전제라고 보았다.

기독교는 단지 복종과 의존만을 가르친다. 기독교 정신은 전제정치에 너무나 적합하므로 항상 이용당하지 않을 수 없다. 참된 기독교인은 노예가 되도록 만들어져 있다. 그들은 이 사실을 알고는 있으나 별로 개의치 않는다. 왜냐하면 지상에서 짧은 생활은 그에게 별로 중요하지 않기 때문이다.[17]

사람의 구원을 역설하는 기독교는 현세의 타락한 부르주아사회에서 근본적으로 변질된다. 이처럼 변질된 기독교는 다시 타락한 부르주아사회에서 유일한 피난처를 제공하는 정신적 삶으로 잔존한다. 부르주

---

15 Ibid., p. 465.
16 Ibid., pp. 465-66.
17 Ibid., p. 467.

아사회에서 생활하는 기독교인도 통합된 자신으로부터 상실되고 소외된 존재로 철저히 분열된다. 이렇게 해서 근대사회의 부정적 성격과 함께 기독교의 보편화는 이제 근대인을 완전한 파국으로 내몰았다.

루소의 기독교에 대한 분석은 근대사회에서 살아가는 근대인의 이해에 중요한 단서를 제공한다. 루소는 잠재적으로 전 인류를 포함하고 기독교를 보편적 사회제도로 만드는 추상적인 일반적 사회는 사람들이 자연상태의 자유와 동시에 사회 상태의 필요에 종속되어 살아가는 본질적인 분리 곧 근대사회의 기초이자 전제라고 이해했다.[18]

요컨대 근대인, 그중에서도 기독교인은 기독교 세계 곧 천상의 세계와 현실 세계의 이중적 삶을 살아간다. 근대부르주아는 고전적인 의미에서 폴리스의 한 시민도 완전한 한 사람도 아니다. 기독교가 보편화된 근대사회에서 개인은 더 이상 통합된 존재를 갖지 못하고 내면적으로 철저히 분리된다. 더욱이 근대사회의 성장과 더불어 나날이 확대되어 가는 시장 관계와 겉치레를 조장하는 극장의 무대는 근대인으로 하여금 새로운 생존 방식을 도모하게 만들었다. 따라서 근대인은 자신의 필요를 충족하는 만큼 서로를 속박하는 역설적인 관계에 놓이게 되었다.

루소가 보기에 근대정치의 본질과 진수는 개인적 의존이라는 모순 위에 사회를 구축했다.[19] 근대사회에 가장 큰 영향을 미치게 되는 시장 관계 곧 상호의존은 근대인을 혼자 살아갈 수 없을 정도로 결속시켰다. 상호의존관계야말로 자기모순이며 개인을 노예화하는 기본적인 요인이다.

---

18   Colletti, *From Rousseau to Lenin*, p. 178.

19   Melzer, "Rousseau and the Problem of Bourgeois Society," p. 1028.

의존관계에는 두 종류가 있다. … 하나는 사물에 대한 의존으로서, 자연에
의거하되 자연을 조금도 손상시키지 않으며 악덕을 자아내지도 않는다. 다
른 하나는 사람에 대한 의존으로서, 사회에 의거하며 온갖 악덕을 만들어낸
다. 주인과 노예가 서로 타락시키는 것은 사람에 대한 의존 때문이다.[20]

사람에 대한 의존관계는 시민사회의 내부에서 이뤄진다. 시민사회에
서는 개인이 타인들과 상호 연관되어 있으면서도 자기를 독자적으로
정립하게 되는 역설적인 관계가 나타난다. 사람에 대한 의존이 초래하
는 모순은 시민사회에서 자신의 욕망을 충족시키기 위해 권력을 추구
하는 과정에서 잘 나타난다.

정념에 사로잡힌 사람이 권력을 추구하는 일은 두 가지 다른 동기에
서 비롯된다. 하나는 자랑이나 허영에 빠져서 권력 자체를 목적으로 추
구하는 경우이다. 다른 하나는 복수심이나 향락심에 빠져서 권력을 수
단으로 추구하는 경우이다.[21] 하지만 양자 가운데 어느 경우든 자신의
욕망을 충족시키기 위해 권력을 이용함은 모순일 뿐이다.

그 이유는 사회적 수단을 얻고 유지하며 이용하기 위해 필요한 권력
이란 개인이 실제로 얻게 되는 것보다 더 크거나 전혀 생소한 것이기
때문이다. 권력의 획득은 권력의 필요성을 더욱 증가시킨다. 사람이 권
력을 추구하면서 어떤 것을 얻게 되고, 어떤 것을 얻으면서 자신을 확
장시키는 가운데 자신의 불안 역시 증대되므로 더 큰 권력에 대한 필요
성을 증가시키기 때문이다.

결국 사람은 자신의 욕망을 충족시키는 수단으로 권력을 추구하는

---

20 "Emile ou de l'éducation," *OC* IV, p. 311.
21 "Projet de constitution pour la Corse," *OC* III, p. 938.

것이 아니라, 권력 자체를 향한 맹목적인 추구에 전념하게 된다. 홉스
가 말한 것처럼 '사람은 … 더 큰 권력을 획득하지 못한다면 현재 가지
고 있는 권력과 수단도 확신할 수 없기 때문'[22]이다. 루소는 권력과 부
를 동시에 추구하는 근대 군주가 결과적으로 끊임없이 기만당하는 실
례를 들어 권력 추구의 악순환을 해명한다.

> … 군주는 언제나 자신의 계획을 순환시킨다. 군주는 부유해지기 위해 명령
> 하기를 원하고, 명령하기 위해 부유해지기를 원한다. 따라서 군주는 둘 중에
> 자신이 소유하지 못하고 있는 것을 얻기 위해 양자를 교대로 희생시키게 될
> 것이다. 하지만 현재 군주가 분리해서 추구하는 것은 결국 양자를 함께 획득
> 하게 되어야만 가능하다. 사람과 사물의 지배자가 되려면 제국과 돈을 동시
> 에 소유해야 하기 때문이다.[23]

부가 지배하는 부르주아사회에서 권력은 필연적으로 타락한다. 왜
냐하면 부르주아사회에서 권력의 행사는 부와 밀접한 관련을 맺고 있
을 뿐 아니라, 외형상의 권력자와 실제 권력자가 분리되기 때문이다.
부가 지배하는 부르주아사회에서 권력의 진정한 소재는 부자의 수중
이다.

> 시민 권력은 두 가지 방법으로 행사된다. 하나는 권위에 의한 합법적인 방식
> 이며, 다른 하나는 부에 의한 타락한 방식이다. 부가 지배하는 곳이면 어디
> 서든지 권력과 권위가 분리되기 십상이다. 부를 획득하는 수단과 권위를 획

---

22 Hobbes, *Leviathan*, p. 161.
23 "Jugement sur le projet de paix perpétuelle de M. L'Abbé de Saint-Pierre,"
OC III, p. 594.

2장 근대사회의 주인과 노예 관계 43

得하는 수단이 같지 않기 때문에 같은 사람에 의해서 거의 사용되지 않는다. 이 경우에 외형상의 권력은 행정관들의 수중에 있지만 실제 권력은 부자의 수중에 있다. 그러한 통치 정부 내에서는 모든 것이 사람의 정념에 따라 진행되며 근본법의 목적을 향하는 것은 아무것도 없다.

따라서 탐욕의 목표는 두 갈래로 나뉜다. 어떤 사람은 부자에게 그 효용을 팔아먹기 위해 권위를 열망하며 그에 따라 부자가 된다. 나머지 대다수는 직접적으로 부를 추구한다. 그들은 부에 의해 권위를 사든지 권위의 수탁자를 사는 것으로 언젠가 권력을 취함을 확신한다.[24]

그러므로 부가 지배하는 부르주아사회에서는 정당한 권력이란 말 자체가 의미를 잃게 된다. 여기서 "정의라고 하는 공허한 이름은 어디서나 폭력에 대한 호위병의 역할을 하고 있을 뿐이다."[25] 부르주아사회는 사람들의 상호 고립과 경쟁을 보장하고 강화하는 단순한 수단으로 바뀐다. 그뿐만 아니라 사회적 관계는 소외된 관계로 된다. 인간들 사이의 상호 관계는 전적으로 분리된 관계로 나타난다. 사람 간의 관계는 서로 이용하고 타인을 수단화하는 방식이 기본 태도로 자리 잡는다.

한편 자신의 목적을 달성하기 위해 타인을 이용하고자 하는 데 따르는 모순은 다음과 같다. 사람은 약하기 때문에 타인을 이용하려 한다. 그러나 약하기 때문에 그렇게 쉽게 행할 수는 없다. 사람은 타인에게 온갖 주의와 배려를 기울임으로써만 타인을 자신에게 봉사하도록 할 수 있을 뿐이다.[26] 결국 사람은 타인의 권력에 굴복하는 대가로 몇몇 사람에 대한 권력을 얻게 된다. "벼락부자는 10명의 종자를 거느리기 위

---

24   "Projet de constitution pour la Corse," *OC* III, p. 939.
25   "Que l'état de guerre naît de l'état social," *OC* III, p. 610.
26   Melzer, "Rousseau and the Problem of Bourgeois Society," p. 1029.

해 100명의 주인을 섬긴다."[27] 군주의 경우도 실상은 마찬가지다.

> 최고의 권력자라 할지라도 그의 힘을 권리로, [신민의] 복종을 의무로 전환
> 시키지 못하는 이상, 언제나 주인이 될 만큼 결코 충분히 강하지 못하다.[28]

실제로 지배자 역시 자기 권력의 노예이다. 타인을 지배하는 권력의
소유자는 종종 다른 사람들이 원하지 않는 일을 시킴으로써 권력을 소
유한 듯이 보인다. 그러나 사실인즉 그는 노예이다. 그는 권력을 지키
고 사용하려고 끊임없이 자기가 원하지 않는 일을 해야 하기 때문이다.

> … 권력이란 자연적 힘을 넘지 않는 범위에서만 확장될 수 있다. … 그 외의
> 것은 모두 예속, 환상, 위세일 뿐이다. 지배조차도 그것이 의견에 연관되었
> 다면 복종적이다. 당신은 당신의 편견으로 다스리는 사람들의 편견에 의존
> 하는 결과가 되기 때문이다. 당신이 좋아하는 대로 사람들을 이끌기 위해서
> 는 그들이 좋아하는 대로 행동해야 한다. … 당신은 끊임없이 '우리가 원한
> 다.'라고 말할 것이며, [당신이 원하는 바가 아닌] 타인이 원하는 것을 행한
> 다.[29]

인민의 지배자를 자처하는 군주의 권력도 실상은 다음과 같다.

> 당신은 "인민은 모두 나의 신하이다."라고 자랑스럽게 말한다. … 하지만 당
> 신은 무엇인가? 당신은 대신들의 하인이다. 그렇다면 당신의 대신들은 무엇

27　"Lettre ecrites de la Montagne," *OC* III, p. 842n.

28　"Du contrat social ou principes du droit politique," *OC* III, p. 354.

29　"Emile ou de l'éducation," *OC* IV, pp. 308-309.

이냐? 그들 부하, 그들 애인, 그들 하인의 하인이다.[30]

　상호의존관계에 기초한 근대사회는 철저히 예속으로 귀결될 뿐이다. 루소는 시민사회 내에서 지배는 다른 방식으로 복종일 뿐이라는 역설적인 표현을 사용한다. "지배는 예속이다. [타인에게] 명령하기 위해서는 [먼저 타인들의 복종을 끌어낼 수 있는 수단에] 복종해야 한다. 타인을 이용할 모든 필요성과 개인적 의존관계는 모순이며 노예화이다."[31]

　개인적 의존관계라는 모순에 기초한 부르주아사회는 결국 사람을 타인이나 사회에 노예화시킨다. 루소는 이것이 근대인의 보편적 현상임을 지적한다. 근대사회는 그 사회에서 살아가는 모든 사람을 철저히 속박하는 굴레가 되었다. 다음 글은 근대사회와 근대인의 상관관계에 대한 단적인 표현이다.

　사람은 자유인으로 태어났다. [그러나] 그는 도처에서 쇠사슬에 매여 있다.

30　Ibid., p. 309.

31　Melzer, "Rousseau and the Problem of Bourgeois Society," p. 1026. 한편 루소의 이러한 주장은 개인의 권력에만 적용되는 것이지, 국가권력에까지 해당되는 것은 아니다. 왜냐하면 국가는 연합을 통하여 그것이 복종시키는 것보다 더 강해질 수 있기 때문이다. 국가는 실제로 타국을 노예화할 수 있으며, 진정한 의미에서 자국의 자유를 증대시킬 수 있다. 루소는 다음과 같은 실례를 들고 있다. "때로는 다른 국가의 자유를 희생시킴으로써만 자신의 자유를 유지할 수 있으며, 노예가 완전히 노예화됨으로써만 시민이 완전하게 자유로울 수 있는 불행한 상황이 있기도 하다. 스파르타의 경우가 그러한 예이다. 근대인의 경우, 당신들은 아무도 노예를 갖고 있지 않으며, 당신 자신이 노예이다. 당신들 자신이 그들의 자유에 대한 대가를 지불하게 된다. 당신들은 그러한 우월을 헛되이 자랑하고 있지만, 나[루소]는 그것이 인간적이라기보다는 겁 많은 것임을 발견했다." "Du contrat social ou principes du droit politique," *OC* III, p. 431.

자신이 타인들의 주인이라고 믿는 사람은 그들 못지않게 노예이다.[32]

개인적 의존관계가 심화된 시민사회에 있어서 모든 사람은 노예이며, 시민사회에서 분열된 근대인은 '부르주아'(bourgeois)로 특징지어진다.[33] 문명화된 시민사회에서는 자신의 본성을 잃지 않으려는 근대인의 어떠한 시도도 좌절된다.

문명화된 질서에서 자연적 감각의 우위를 … 유지하기를 원하는 자는 자기가 원하는 바를 알지 못한다. 끊임없이 자신과 모순되고 자기의 성향과 자기의 의무 사이에서 방황하는 그는 결코 인간도, 시민도 될 수 없다. 그는 자기 자신이나 타인에게 어떠한 선도 될 수 없다. 그는 우리 시대의 한 사람 곧 프랑스인, 영국인, 부르주아가 될 것이다. 그는 아무것도 아닌 존재일 것이다.[34]

부르주아는 자신의 안전을 필요로 하며 명예, 욕구, 권력 확장의 충동에 사로잡혀 있다는 의미에서 전적으로 사회에 의존한다. 실제로 그는 자기가 의존하고 있다는 사실을 거의 의식하지 못할 정도로 사회에 무한히 의존한다. 하지만 근대인은 루소가 비난하고 있는 핵심조차 모르는 '행복한 노예'[35]다. 부르주아는 의존관계를 내면화시켰으므로 자

---

32 "Du contrat social ou principes du droit politique," *OC* III, p. 351.
33 루소의 부르주아 개념은 보통 말하는 중간 계층이라는 좁은 의미보다 더욱 넓은 의미이다. 루소가 말하는 부르주아란 농부나 야만인이 아닌, 도시에 살며, 사회에 몹시 의존적이기는 하지만 시민(citoyen)과는 다르게, 사회를 위해 살아가거나 또는 죽지 않는 어느 정도 이기적인 사람이라는 의미를 지닌다. Melzer, "Rousseau and the Problem of Bourgeois Society," p. 1018.
34 "Emile ou de l'éducation," *OC* IV, pp. 249-50.
35 "Discours sur les sciences et les arts," *OC* III, p. 7.

기가 노예화된 것조차 느끼지 못한다.

　부르주아는 어려서부터 자신의 이기적 욕망을 충족시키기 위해 타인에게 봉사하고 타인을 조작할 필요성을 느껴왔다. 부르주아는 자기에게 일어나는 일을 이해할 수 있기 훨씬 전에 이미 사회화되었다. 부르주아는 본래 이기적이지만 사회의 부단한 경제적 욕구로부터 습관이 형성되어 왔으므로, 거의 본능적으로 사회가 요구하는 대로 행동한다.

　물론 부르주아는 애국시민과 달리 진심으로 사회를 사랑하거나 사회를 위해 살지 않는다. 부르주아에게 사회란 단지 수단으로 존재한다. 사회는 부르주아에게 어떠한 일시적이고 특수한 이기적 목적보다도 필요한 중요하고 보편적인 수단이다. 부르주아는 사회가 부르주아를 열심히 습관적으로 봉사하도록 훈련시켜 왔으므로 사회가 원하는 대로 움직인다. 따라서 부르주아는 이제 사회에 의해 창조된 셈이다. 말하자면 사람과 사회가 자리바꿈하였다. 베르자예프의 다음 글은 이렇게 전도된 관계를 잘 표현하고 있다.

　　너[부르주아]는 나[시민사회]의 창조물이다. 너의 속에 있는 가장 좋은 것은 모두 나에 의해서 거기에 있는 것이다. 따라서 너는 나의 것이다. 너는 자신의 전부를 나에게 돌려야 하느니라.[36]

　그럼에도 불구하고 봉사하기를 원하는 부르주아는 더 이상 사회의 요구에 예속됨을 느끼지 않는다. 단지 야만인이나 에밀과 같은 자유로운 인간만이 사회와 권력이 지닌 노예화를 깨닫고 고통스러워 도망치

36　Nicolas Berdyaev, trans. by R. M. French, *Slavery and Freedom* (New York: Charles Scribner's Sons, 1944), p. 102.

려 한다.[37] 하지만 부르주아는 이미 훼손되고 길들여져서 공포조차 알
지 못한다. 이미 오래전에 타락된 부르주아는 사회적 지위나 권력이라
는 속박에 자아를 양도함으로써 잃게 된 것을 더 이상 기억하거나 후회
하지도 않는다. 부르주아는 가면을 쓰고 살아간다.

> 세상 사람은 전적으로 가면을 쓰고 있다. 그들은 거의 모두가 결코 자기 자
> 신으로 존재해 있지 않으며, 언제나 소외된 채로 거기[자기 자신]로 되돌아
> 가기를 강요받게 될 때를 걱정스럽게 여긴다. 현재의 그는 아무것도 아니며,
> 그가 나타내려 하는 존재가 그의 모든 것이다.[38]

시민사회에서 일어나는 부르주아의 심각한 분열 현상은 각 개인이
생활하는 기본 태도에까지 영향을 미치게 된다. 심지어 시민사회 내에
서 살아가는 부르주아는 자신의 기본 생각을 표현하는 방식을 바꿔서
생활을 영위한다. 부르주아는 부단히 자기의 이기심을 감추고 타인들
에게는 예의 바름이라고 알려진 흥미 없는 관심을 사랑해야 한다. 부르
주아는 배우이자 위선자이다.

> … 누구도 그가 생각하는 것을 말하지 않고, 타인에게 그렇게 생각하게 하는
> 편이 자기에게 유리한 것을 말한다. 외관상으로 진리에 대한 열정으로 보이
> 는 것도 이해관계의 위장일 뿐이다.[39]

부르주아는 어떠한 도덕과 재능이 타인의 관심을 끌 수 있는지 알아

---

37 "Discours sur l'origine et les fondemens de l'inégalité," *OC* III, pp. 181-82.
38 "Emile ou de l'éducation," *OC* IV, p. 515.
39 "Julie, ou La Nouvelle Héloîse," *OC* II, pp. 233-34.

내야만 한다. 부르주아는 자신의 삶이 아닌 타인의 삶과 끊임없이 비교하며 생활한다. 이런 삶의 방식을 통해 시민사회에서 살아가는 부르주아는 생존을 위해 자신의 진정한 모습과 전혀 다른 외면적 자아를 끊임없이 형성해 간다.

> 그들[타인의 관심을 끄는 도덕과 재능]을 가지고 있거나 가지고 있는 체하는 것이 필요하다. 그[부르주아]는 자신의 이익을 위해 '실제의 자신'이기보다는 '타인처럼 보이는 것'이 필요하며, 결국 '존재'와 '외관'이 철저히 다른 것으로 분리된다.[40]

루소는 부르주아의 삶이 근대인의 공통된 존재 양식이라고 보았다. 이처럼 겉으로 드러나는 것과 실제로 존재하는 것의 분리, 내부와 외부의 분리는 점차 사람의 내면에 뿌리를 내리게 되어 결국에는 자아의 통합과 진실성을 파괴한다. 결국 개인적 의존관계에 얽매인 부르주아는 타인을 이용하려는 노력으로 말미암아 자신도 모르는 사이에 노예화된다. 부르주아는 자신의 이기적인 목적을 추구하는 것과 타인에 대한 전적인 봉사 사이에서 분열된다.

더욱이 노예화의 내면화 곧 타인에 의존하고 타인을 이용해야 하는 자기모순이 내면화됨으로써 마침내 부르주아는 전적으로 분열된다. 외관상으로 어디까지나 자연스러워 보이는 부르주아의 가장과 위선이야말로 파국의 귀결점이라 하지 않을 수 없다. 이처럼 가장과 위선이 자연스럽게 지배하는 사회가 바로 부르주아가 살고 있는 타락한 현실을

---

40 "Discours sur l'origine et les fondemens de l'inégalité," *OC* III, p. 174. 인용부호는 필자의 것임.

이룬다.

모든 것이 현상으로 환원되고, 모든 것이 인위적이고 기만적이다. 사람들이 궁극적으로 자랑하는 것들의 비밀에 관해 말하자면 명예, 우정, 덕, 종종 악덕조차도 마찬가지이다. … 한마디로 언제나 타인에게 자기가 누구인가를 묻고, 그토록 많은 철학, 인류애, 예의 바름, 경건한 금언 등과 같은 주제에 관해 자기에게는 절대 감히 묻지 않는다. 우리는 기만적이고 천박한 외모를 갖고 있을 뿐이다.[41]

부르주아사회는 이런 현실을 초래한 근본 원인이다.[42] 또한 기만과 위선이 지배하는 부르주아사회야말로 거기에 적합한 정치 질서를 당연히 요구한다. 바로 이 상태가 전제군주제를 낳는 배경이다.

신분과 재산의 불평등, 정념과 재능의 다양함, 무익하고 유해한 예술, 하찮은 학문에서 이성과 행복 및 덕 모두에 반하는 무수한 편견이 나올 것이다. 사람들을 반목시켜 함께 있는 사람들을 약하게 하는 일체의 것, 외관으로는 일치하고 있는 듯한 모양을 사회에 드러내 보이지만 실질적인 분리의 씨를 뿌릴지도 모르는 일체의 것, 온갖 계층에 권리나 이해의 대립에 의한 불신과 상호 증오를 가르쳐 줌으로써 그들 모두를 억누를 권력을 강화하는 일체의 것, 사람들은 이것들이 우두머리에 의하여 조장됨을 볼 수 있을 것이다.

　이 무질서와 변혁들 속에서 전제주의가 점차 추악한 머리를 들고 국가의 모든 부분에 좋고 건전한 것으로 인식한 모든 것을 삼켜 버린 후, 마침내 법

41　Ibid., p. 193.

42　Melzer, "Rousseau and the Problem of Bourgeois Society," p. 1030.

이나 인민도 발로 짓밟고 공화국의 폐허 위에 자기[전제주의]를 확립하기에 이를 것이다. 최후의 변화가 일어나기 전의 시대는 혼란과 재앙의 시대일 것이다. 그러나 결국에는 이것저것 모두가 괴물[전제주의]의 입으로 삼켜져 버리며, 인민은 이미 우두머리나 법률도 가질 수 없고 오직 전제군주밖에 갖지 못할 것이다. 이 순간부터 또한 풍속이나 미덕은 더 이상 문제가 되지 않을 것이다. 전제주의가 지배하는 곳에서는 어디에서나 … 다른 어떤 주인도 용납되지 않는다. 전제군주가 말[명령]하는 것과 동시에 … 더할 나위 없는 맹목적인 복종만이 노예[인민]에게 남겨진 유일한 미덕이 되기 때문이다.[43]

루소는 전제주의가 지배하는 이 시점이야말로 불평등의 최후 도달점이자 새로운 자연상태로 환원된 것이라고 본다.[44] 다만 이러한 자연상태는 순수한 자연상태와 달리 현실적인 사회가 극도로 타락한 형태로서 여기에서는 모든 사람이 다시 평등해진다. 즉 이 상태의 평등이란 모든 사람이 서로 적이며, 신민들은 이미 주인의 의지 외에 아무런 다른 법률을 가지고 있지 않다는 의미의 평등이다. 루소는 이같이 비참한 현실이 지니는 위험성을 인간 의지의 상실이라는 맥락에서 경고한다.

겉으로 보기에는 어디까지나 자연스러워 보이는 노예 상태처럼 완전한 노예 상태는 없다. 왜냐하면 여기에서는 의지 자체까지도 포로로 할 수 있기 때문이다.[45]

이런 상태에 이르면 사람은 더 이상 자기 주인일 수 없다. 단지 타의

---

43 "Discours sur l'origine et les fondemens de l'inégalité," *OC* III, pp. 190-91.
44 Ibid., p. 191.
45 "Emile ou de l'éducation," *OC* IV, p. 362.

에 의해 움직이는 수동적인 존재일 뿐이다. 어떤 의지마저도 상실당한 채, 자신의 존재를 송두리째 잃어버린다. 근대사회의 억압적 현실이 빚어낸 비극의 결과로 근대인은 마침내 자신의 존재를 완전히 상실하는 파국을 맞게 된다. 루소는 상호의존관계에 기초한 근대사회에서 주인과 노예의 관계로 서로를 타락시켜 전적으로 파멸되기에 이르는 근대인의 비극적 운명을 보았다.[46]

루소는 이토록 비참한 상태를 초래하는 시민사회의 모순을 해결하고 타락한 시민사회에서 철저히 분열된 부르주아를 극복하기 위한 전제로서 근본적인 질문을 제기한다. 루소가 묻는 질문은 다음과 같다.

정의란 무엇인가? 이 질문은 당연히 다음 질문으로 연결된다. 무엇이 자연적인가? 왜냐하면 실정법의 한계를 벗어나서 한 질서를 설립하거나 개혁할 때 유일한 기준은 자연, 더 구체적으로 사람의 본성일 수 있기 때문이다.[47] 루소가 시민사회의 비판적 극복을 위한 정의의 근거를 자연의 발견에서 시작한 데는 납득할 만한 이유가 있다.

---

46 근대사회에 대한 해명에 있어서 대단히 중요한 논의는 주인과 노예의 논리 해명이다. 주인과 노예에 관한 논리는 전근대적 사회관계의 해체의 논리임과 동시에 시민사회 창출의 논리이기도 하다. 今井弘道, 「독일고전철학의 사회사상」, 平田淸明 엮음, 장하진 옮김, 『사회사상사 ─ 비판적 사회인식의 발생사』, 201쪽. 물론 이 문제의 고전적 의미는 헤겔에 의해 본격화되었다. 요하임 리터, 『헤겔과 프랑스혁명』, 앞의 책, 111쪽 참조. 리터에 의하면 헤겔의 주인과 노예에 대한 분석이 근대사회에서 완수된 인간의 소외를 처음으로 기술하고 해석했다고 주장하지만, 여기서 보게 되듯이 이 관계는 루소에게서 이미 그 원형을 드러내고 있다. G. W. F. Hegel, *Phänomenologie Des Geistes*, hrsg. von Johannes Hoffmiester(Hamburg: Felix Meiner Verlag); 임석진 역, 『정신현상학 1』(칠곡: 분도출판사, 1980), 247-61쪽에 있는 주인과 노예에 관한 서술과 대비해 보라.

47 Allan Bloom, "Jean-Jacques Rousseau," Leo Strauss and Joseph Cropsey, *History of Political Philosophy*, Third Edition(Chicago: The University of Chicago Press, 1987), pp. 561-62.

2

자연의 재발견:
비판적 자연과 창조적 자연

자연에 대한 탐구는 동서양을 막론하고 일찍이 고대에서부터 비롯되었다. 그러나 유럽에서 자연에 대한 탐구가 직접적으로 체계적인 정치사상과 연관된 것은 근대에 이르러서였으며, 특히 17세기 후반 이후 그러한 경향이 더욱 일반화되었다.[1] 이것은 당시 구체제하에서 압제에 신음했던 시대적 상황과도 일정 부분 연관된다. 그 이유는 이미 사회가 억압적인 현실로 변하여 사람들이 정념과 편견의 지배를 받는 상태에서 원초적 자연에 대한 탐구가 참된 입지점의 발견을 위한 유효한 방법으로 간주되었기 때문이다.

실상 자연 개념은 기존의 사회질서가 더 이상 정의를 실현하지 못한다고 생각할 때 호소하게 되는 궁극적인 기준이 되었다.[2] 이런 자연 개념은 흔히 '자연법', '자연권', '자연상태'라는 표현에서 공통적으로 찾아볼 수 있다. 이 점에서 18세기 계몽주의 시대의 사상가인 루소의 자연에 대한 탐구는 잘 알려져 있다. 물론 루소의 표어처럼 되어 있는 "자연으로 돌아가라."라는 말은 루소 당시부터 오늘에 이르기까지 강한 호소력에 못지않게 숱한 논란을 제기해 왔다. 그 물음은 루소가 말하는 자연이 과연 무엇이며, 루소의 자연에 대한 호소가 지닌 핵심적 의미가 무엇이냐로 귀결된다.

루소는 근대사회와 근대인이 철저히 타락한 현실 속에서 살아간다고 보았다. 따라서 루소의 관심사는 타락한 현실을 극복하여 정당한 질서를 모색할 수 있는 토대를 마련할 필요에 있었다. 루소는 일차적으로 종래의 자연법론자들이 주장해 온 '자연' 개념에 주목했다. 하지만 루소는 홉스와 마찬가지로 종래의 자연법 이론에서 정의의 내면적 근거로 제시되어 온 이성

---

1 정치사상에서 문제가 되는 자연 개념에 대해서는 임효선, 『삶의 정치사상』(서울: 한길사, 1990), 특히 제1장 「근대 서구의 자연관」, 15–42쪽 참조. 이 글에서 다루고자 하는 루소의 자연 개념은 실증과학(positive science)의 대상으로서 인과율(causality)이 지배하는 물리적 자연이 아니다. 다만 18세기 프랑스 유물론자들을 비롯한 유물론자들의 자연에 대한 논의는 다른 관점에서 접근하는 것이 필요할 것이다.

2 Ra Jong-Yil, *The Points of Departure*(Seoul: Yejin Press, 1992), p. 14.

이 근대의 현실에서 부적합함을 인식했다. 루소는 그 형식과 내용에 있어
서 종래의 자연법 사상과 전혀 다른 견해를 전개한다.[3]

---

3 루소 사상을 연구한 많은 주석가들은 루소가 자연법 사상을 어느 정도까지 받아들
였는가에 대한 논쟁을 하고 있다. 이를 대별해 보자면, 먼저 루소가 시민사회의 이름으
로 자연법의 모든 기준들을 거부했다는 주장이 있다. 이에 대해서는 Alfred Cobban,
Rousseau and the Modern State(London: George Allen & Unwin, 1934), pp. 115,
147-49를 참조하라. 한편 루소가 자연법이 심지어 정의로운 사회의 내부에서조차 도
덕적 기준으로 지속된다는 전통적 견해를 받아들였다는 주장이 있다. 이에 대해서는
Robert Derathé, *Jean-Jacques Rousseau et la Science Politique de son Temps*(Paris:
Librairie Philosophique J. Vrin, 1970), pp. 151-71을 참조하라. 후자에 의해 제시된
증거의 부적합성에 관해서는 Masters, *The Political Philosophy of Rousseau*, pp. 313-
18을 참조하라.

1

정의 규범으로서 자연법

전통적으로 자연법론을 주장하는 사상가들은 정의라는 문제에 결정적인 해결을 제공하고, 사람의 상호 관계에 있어서 선악의 문제에 답하려고 하였다. 대체로 자연법론은 사람의 자연스런 행동 곧 자연이 그것을 요구하고 있다는 의미에서 자연에 일치하는 사람의 행동과, 부자연스런 사람의 행동 곧 자연에 역행하고 자연이 금하는 사람의 행동을 구별할 수 있다는 가정 위에 근거한다.[1]

자연법론에서는 자연 곧 사람의 자연과 사회의 자연, 더 나아가 사물의 자연으로부터 사람의 행동에 관한 규율을 정하는 준칙이 연역될 수 있다고 가정한다. 이런 가정에는 자연의 모든 사실을 면밀히 검토하면 사회문제의 올바른 해결이 발견되리라는 전제가 포함된다. 여기서 자연은 입법자, 더 나아가 최고의 입법자로 간주된다.[2]

---

[1] Hans Kelsen, *What Is Justice?: Justice, Law, and Politics in the Mirror of Science* (Berkeley: University of California Press, 1960), p. 137.

[2] Ibid.

근대 초기에 들어와 특히 17, 18세기에 유럽에서 성행한 자연법 이론은 고대 및 중세의 자연법 이론과 여러 면에서 구별된다. 근대의 자연과학과 심리학의 발달이 근대 자연법 이론의 확립에 영향을 미쳤음은 물론이다. 근대의 자연법 이론은 어디까지나 예전의 전통을 상당 부분 계승한다.[3] 다만 근대에 몇 가지 주목할 만한 변화가 일어났다.[4]

근대사상가들이 주장하는 자연권은 더 이상 중세 도덕주의자의 자연법도 아니고 로마 법학자들의 자연권도 아니다. 이 점에서 근대 자연법 이론은 고대와 중세의 자연법 전통과 결정적으로 차이가 난다. 이런 차이를 특징짓는 요소를 적절히 표현하면 근대의 자연법 이론은 결코 법 이론이 아니라는 것이다. 근대의 자연법 이론은 오히려 권리 이론이다.[5]

따라서 근대에 이르러 자연법이라는 동일한 표현에 중요한 변화가 일어났다. 자연법에 대한 상이한 개념들은 단지 이름만 공통될 뿐이

---

3 고대 및 중세의 자연법 이론에 대해서는 다음을 참조하라. Edgar Bodenheimer, *Jurisprudence: The Philosophy and Method of the Law*, Revised Edition(Cambridge, Massachusetts: Harvard University Press, 1974), pp. 3-59. 기타 근대법학자들의 관점에 대해서는 A. P. d'Entrèves, *Natural Law: An Introduction to Legal Philosophy* (London: Hutchinson & Co Ltd., 1970), pp. 51-64를 참조하라. 켈젠은 자연법론에서 자연은 궁극적으로 신의 의지의 계시로서 파악된다고 주장한다. 따라서 그는 잘 알려진 자연법론 가운데 다소나마 종교적인 성격을 띠지 않는 것은 없다고 판단한다. Kelsen, *What Is Justice?*, pp. 137-42. 그러나 켈젠의 견해는 자연법에 대한 단편적인 관찰의 결과이다. 앞으로 논의하는 가운데 밝혀지겠지만 자연법의 전통, 특히 근대에 이르러 17, 18세기의 자연법에 관한 대부분의 저술에서 나타나는 자연법의 교리는 신학과 아무런 관련이 없다. d'Entrèves, *Natural Law*, p. 55.

4 보덴하이머는 근대의 새로운 자연법을 고전적 자연법이라고 부르고, 다음 몇 가지 점에서 중세 스콜라학파의 자연법과 구별된다고 한다. 여기에 대한 논의는 다음을 참조하라. Bodenheimer, *Jurisprudence*, pp. 32-33.

5 d'Entrèves, *Natural Law*, p. 61.

다.[6] 이 사실은 중요하다. 홉스는 자연법과 자연권의 차이를 적절히 지적했다.

> 일반적으로 … 자연권이라고 부르는 자연의 권리는 모든 사람이 자신의 본성, 즉 자기의 생명 보존을 위해 스스로 원하는 대로 자기 힘을 사용하기 위해 갖는 자유이다. 따라서 자신의 판단과 이성 안에서 그것[자기의 생명 보존]에 가장 적합한 수단이라고 생각하는 어떤 일을 행하는 자유이다.
> … [그 반면에] 자연법이란 이성에 의해 발견된 계율 혹은 일반적 법칙이다. 자연법에 의해 사람은 자기 생명에 대하여 파괴적이거나, 생명 보존의 수단을 박탈하는 것을 행함과, 가장 잘 보존될 수 있으리라고 생각하는 것을 회피함이 금지된다. 이 문제에 관해서 말하는 사람들은 권리와 법률을 혼동하여 사용할지라도 양자는 구별되어야 한다. … 법과 권리는 의무와 자유만큼이나 다르며 아주 동일한 일에 있어서도 일치하지 않기 때문이다.[7]

자연법과 자연권에 대한 홉스의 분명한 구분은 이후 근대의 자연법론에 큰 영향을 미쳤다. 루소는 홉스의 구분이 근대 자연법론의 전개에 결정적인 영향을 갖는다고 인식했다. 루소는 홉스가 자연법을 다루는 데 전통적인 접근과 달리 비교적 명확한 원칙을 제시한 것으로 평가한다. 그러나 루소는 홉스가 자연법에 관한 개념 정의의 결함을 훌륭히 파악했지만, 홉스 자신이 정한 원리에 따라 추론하면서 오류를 범했다고 지적한다.[8]

---

6 Ibid., p. 61, n.1.
7 Hobbes, *Leviathan*, p. 189.
8 "Discours sur l'origine et les fondemens de l'inégalité," *OC* III, p. 153. 여기서 말하는 오류란 홉스가 자연상태를 일종의 전쟁상태로 묘사한 것을 말한다. 다음 장에서

루소가 볼 때, 전통적 자연법론에서 논의되어 온 이성이라는 근거는 그것을 파악하는 데 따르는 어려움을 극복할 수 없다. 전통적 자연법론자들의 개념은 자연법이라는 말에 합당하지 않게 단지 소수의 계몽된 지식인들에게만 해당되는 불합리한 정의이다. 루소가 비판하는 계몽된 이성의 한계는 일찍이 올바른 이성을 파악하는 데 따르는 곤란을 지적한 홉스의 글을 통해 알 수 있다.

> 이런 공통의 척도는 올바른 이성이라고 하는 사람이 있으나, 자연의 사물 가운데서 이와 같은 것을 발견하고 식별할 수 있다면 좋은 일이 될 것이다. 그러나 논쟁을 해결하기 위하여 요구되는 올바른 이성이라는 것은 언제나 논자 자신의 이성이 된다.[9]

루소는 자연법의 전통에서 정의의 근거로서 내세운 이성의 한계를 인식했다. 이성에 근거한 전통적 자연법은 더 이상 정의의 내면적 근거를 설득력 있게 해명해 주지 못한다. 따라서 전통적 자연법의 가르침이 보편적인 사회 토대 혹은 인간의 도덕적 의무를 설명하는 데 사용될 수 없으므로 루소는 정의의 내면적 근거를 새로 마련하고자 시도한다.

근대적 자연권의 가르침에 대한 루소의 의도적인 재구성은 그 뿌리인 자연에 대한 발견에서부터 시작된다. 더 나아가 이러한 자연 — 인간

보겠지만, 루소는 홉스가 자연상태를 설명하면서 사회 상태 속에서 얻은 관념을 자연상태에 적용했다고 비판한다. 홉스의 자연상태가 사회 상태에서 연역된 것이라는 설명과 연관된 상세한 분석은 다음을 참조하라. C. B. Macpherson, *The Political Theory of Possessive Individualism: Hobbes to Locke*(London: Oxford University Press, 1962), pp. 17-46.

9 Thomas Hobbes, ed. by F. Toennies, *The Elements of Law*(Cambridge: Cambridge University Press, 1928), p. 150; Kelsen, *What is Justice?*, p. 146에서 인용.

의 본성이 포함된—에 대한 재발견이야말로 루소가 어느 자연법론자
보다도 강한 설득력을 지니게 된 이유로서, 여기에서 궁극적으로 새로
운 사회질서의 형성 원리가 도출될 수 있었다.[10] 루소는 먼저 그의 자연
상태와 자연인에 대한 논의를 통하여 새로운 자연 개념을 제시하는 동
시에 자연 개념을 재정립하고 이를 정의의 내면적 근거로 제시한다.[11]

---

[10]   Alfred Cobban, *Rousseau and the Modern State*(London: George Allen &
Unwin Ltd, 1934), p. 217. 코반에 의하면 루소의 자연에 대한 해석을 통해서 왜 루소
사상이 백과전서파들의 사상보다 더 깊이가 있게 되었는지 알 수 있다. 코반의 지적에
의하면 당시에 그들 역시 매우 성공적으로 사회 개혁을 지도해 왔지만, 백과전서파들은
새로운 사회질서 수립의 기초를 마련하는 데 미흡하였다. 이는 부분적으로 인간 본성을
포함한 자연의 해석이 불충분하였다는 한계 때문이다.
[11]   실상 루소의 『인간불평등기원론』과 『에밀』, 『신엘로이즈』 등은 자연에 대한 새로
운 개념 정의의 시도이다. 淺野 淸, 「프랑스계몽사상과 루소」, 116-20쪽 참조.

2

문명 비판 기준으로서 자연

루소가 자연상태를 논의하는 정치적 의미는 다음에서 알 수 있다.

사람의 자연에서 본질적인 것과 인위적인 것을 구별하고, 현재 더 이상 존재
하지 않고, 아마도 [과거에도] 결코 존재하지 않았으며, 어쩌면 [앞으로도]
결코 존재하지 않을 상태, 그럼에도 불구하고 우리의 현재 상태를 올바르게
판단하기 위해 정확한 관념을 갖는 것이 필요한 그런 상태를 정확히 안다는
것은 쉬운 일이 아니다.[1]

---

1 "Discours sur l'origine et les fondemens de l'inégalité," *OC* III, p. 125. 실상 자
연상태의 의미를 둘러싼 숱한 논의는 위의 글에서 비롯된다고 해도 과언이 아니다. 최
근의 많은 연구들은 루소의 자연상태에 대한 상반된 논의를 한층 더 분명히 드러내고
있는 듯하다. 첫째는 루소가 사실로 존재하였던 실제 상황으로서 자연상태를 주장한 반
면에 이렇게 가정된 자연상태는 문명의 다양한 발전 과정을 측정하는 척도로서 스타로
빈스키가 주장하는 것처럼 기본적으로 준거 개념, 가정, 기준점(degré zéro)을 의미한
다는 것이다. Jean Starobinski, *Introductions, OC* III, p. lviii 참조. 둘째로 많은 저술
에서 볼 수 있는 훨씬 더 심각한 입장은 루소가 사람들에게 현재의 사회보다는 오히려
원시 실존을 선택하도록 한다는 것으로, 이런 오류는 18세기부터 오늘날까지도 남아

　　루소는 순수한 자연상태에 대한 서술에서 문명인이 가지고 있는 모든 사회성을 박탈하고 대상으로서 자연에만 의존하는 단순한 자연인을 묘사한다. 이러한 사회성의 박탈은 루소에게 있어서 매우 독특한 방식으로 이루어진다. 루소는 사람과 사람의 자연 곧 본성에 대한 이해는 실로 철학의 문제라고 말한다. 사람의 외관은 이미 거의 식별할 수 없을 정도로까지 변화되었기 때문이다.[2]

　　시간과 사물의 연속이 사람의 본래 성질에 일으켰음에 틀림없는 모든 변화를 통하여 어떻게 사람은 자기를 자연이 만든 그대로의 형상으로 볼 수 있을 것인가? 또한 사람이 자신의 축적으로부터 얻은 것을 환경과 그의 진보가 자신의 원초 상태에 덧붙이거나 바꾼 것들과 구별할 수 있을까?[3]

있다. Colletti, *From Rousseau to Lenin: Studies in Ideology and Society*, p. 149. 루소의 자연상태가 푸펜도르프와 같은 이전의 사상가들의 자연상태처럼 순수한 가설적 이미지와 비유되는 것이 흔한 실정이다. 그러나 루소의 자연상태에 관한 묘사는 인류학 분야에서 원시종족에 대한 관찰의 결과와 상당히 일치하며, 근대물리학의 가설의 위치와 너무 유사한 지위를 갖고 있음에 주목할 필요가 있다. Masters, *The Political Philosophy of Rousseau*, pp. 111-18; Bertrand de Jouvenel, "Rousseau the Pessimistic Evolutionist," *Yale French Studies*(1961-1962), pp. 83-96; Leo Strauss, *Natural Right and History*(Chicago: The University of Chicago Press, 1953), p. 267, n.32. 레비스트로스는 이러한 면에 주목하여 루소를 철학자들 가운데 한 인류학자로 평가한다. Claude Lévi-Strauss, *Tristes Tropiques*(Paris, 1955), pp. 351-52; Mario Einaudi, *The Early Rousseau*(Ithaca, New York: Cornell University Press, 1967), p. 8에서 참조.

2　근대정치사상사에 주목받는 자연인의 전형으로서 아메리카인디언 등이 소개되는 것이 보통이지만 이런 전형이 바로 자연인에 해당되는 것은 아니다. 자연인의 실제 전형은 이미 존재하지도 않을 뿐더러 존재할 수조차 없기 때문이다. 따라서 자연상태의 발견 못지않게 자연인의 발견도 애당초 불가능한 전제이다. 루소 역시 이 점을 인식한 것으로 보인다. "Discours sur l'origine et les fondemens de l'inégalité," *OC* III, pp. 122-23.

　루소는 자연상태에 관한 이전 사람들의 논의에 대해 언급하며 그들
이 말하는 자연인을 실제 자연인으로 볼 수 없다고 주장한다. 루소는
그들이 자연인이라고 묘사한 것은 사회 상태에 사는 사람을 자연인으
로 환원한 데 불과하다고 비판하며 논의를 시작한다.

　사회의 기초를 검토한 철학자들은 누구나 자연상태에까지 거슬러 올라갈 필
　요를 느꼈으나, 그들 가운데 아무도 거기까지 이르지는 못했다. … 모두가
　끊임없이 욕구, 탐욕, 억압, 욕망, 오만에 대해 말하면서 자기들이 사회 속에
　서 얻은 관념을 자연상태에까지 끌어들였다. 결국 그들은 미개인에 대해 말
　하면서 문명인을 묘사했다.[4]

　자연에 대한 탐구야말로 현실 사회의 기초에 관한 참된 지식을 가로
막고 있는 숱한 난점을 제거하기 위한 유일한 수단이다.[5] 그러나 참된
자연에 대한 고찰을 위해서는 존재의 본질과 외관, 또 순수하게 원초적
인 것과 단순히 인위적인 양상을 구별해야 한다. 자연에 대해 알려진
모든 것들 가운데서 '본래적인 것'을 구별해 냄으로써 현실을 분명히
판단하기 위한 근거를 마련할 수 있기 때문이다.[6]
　루소는 순수한 자연인의 발견과 연관해서, 『인간불평등기원론』의 순
수한 자연상태에 관한 서술 가운데 현실의 사회와 거의 완벽히 단절된
듯한 자연상태와 거기에서 생활하는 고립된 자연인을 묘사한다.

3　Ibid., p. 122.
4　Ibid., p. 132.
5　Ibid., p. 124.
6　Ibid., p. 123.

… 산업, 말, 집도 없고 전쟁이나 동맹도 없으며 자기 동포를 필요로 하지 않고 그들에게 해를 입히고자 하는 바람도 없으므로 아마 다른 누구도 개인적으로 기억하는 일조차 결코 없는 미개인은 약간의 정념에 따라 자기 자신에게 만족하고 이 상태에 고유한 감각과 아는 것을 지니고 있었을 뿐이다. 이 상태에서는 자기의 참된 필요만을 느끼고 있으며 자기에게 이익이 되리라고 여겨지는 것만을 바라보고 있었으므로, 미개인의 지성은 그의 허영심만큼 아직 발달되지 않았다.[7]

자연상태에는 언제나 고정되고 변하지 않는 질서가 지배하고 있으며, 자연상태의 질서는 거의 불변하는 자연의 규칙에 가깝다. 자연상태에 사는 사람 곧 자연인에게는 가장 단순한 욕구가 있을 뿐이다. 그것은 휴식과 수면과 성욕이다.[8] 자기보존의 필요에 의해 정당화되지 않고 순수한 자연상태에서 개인의 자연적 권리는 자신의 힘에 의해 제한받을 뿐이다. 이런 의미에서 최고로 강한 자의 권리가 효과적으로 존재하며 그것은 정당한 자연권이라 볼 수도 있다. 루소는 자연상태에서 각 개인의 전적인 독립에 의해 최강자의 법률은 헛된 것이라고 말한다. 그러나 이것은 각 사람이 자유임을 가리키고 있을 뿐이다. 예속의 유대는

---

7   Ibid., pp. 159-60. 루소는 미개인(sauvages)과 야만인(barbares)을 구별하고 있다. 다음을 참조하라. "Du contrat social ou principes du droit politique," *OC* III, pp. 415-16; "Fragments Politiques," *OC* III, p. 532; Jean-Jacques Rousseau, éd. par Charles Porset, *Essai sur l'origine des langues où il est parlé de la mélodie et de l'imitation musicale*(Bordeaux: Ducros, 1970), p. 107.

8   매스터즈에 의하면, 플라톤이 『국가』에서 제기한 양성의 평등, 여성의 공유, 가족의 부재는 루소에 따르면 모두 순수한 자연상태의 특징이다. Masters, *The Political Philosophy of Rousseau*, p. 105, n.183. 설령 가족이 자연상태에서 존재했을 때조차 마찬가지이다. J.-J. Rousseau, *Essai sur l'origine des langues où il est parlé de la mélodie et de l'imitation musicale*, p. 125.

사람들이 상호 필요를 결여하는 한, 우월한 힘을 가진 사람들에 의해 부과될 수 없기 때문이다.[9]

자연상태에서 각자는 고립하여 생활한다. 따라서 사람들을 결합시키는 상호의존이나 서로 간 필요라는 상황이 존재하지 않기 때문에 각자는 타인의 속박으로부터 자유롭다.[10] 자연상태에서 사람들은 상호 간에 어떠한 종류의 도덕적인 관계나 확실한 의무도 가지고 있지 않았으므로, 좋거나 나쁠 수도 없고 악덕이나 미덕도 갖고 있지 않다.[11] 자연상태에서 생활하는 사람은 두 가지 본능만을 가지고 살아간다.

사람의 혼의 최초의 가장 단순한 작용에 대해서 고찰하고 난 후에, 나는 거기에 이성에 앞서는 두 가지 원리가 있음을 알게 되었다. 그 하나는 자신의 안락과 자기보존에 열성적인 관심을 부여하고, 다른 하나는 감각을 지닌 모든 존재 그중에서도 주로 우리의 동포가 죽거나 고통을 겪는 것을 보면 자연히 혐오감을 불러일으킨다.[12]

---

9 "Discours sur l'origine et les fondemens de l'inégalité," *OC* III, pp. 161-62. 루소는 동시에 다음과 같이 말한다. "가장 침해가 쉬운 자연법은 최강자의 법이다." "Considérations sur le gouvernement de Pologne et sur sa réformation projettée," *OC* III, p. 1013. 자기 아이를 지배하는 아버지의 권리를 확립하는 것은 이런 종류의 자연법이다. 아버지의 권위는 어린이가 자기 자신의 보존 수단을 보장할 힘을 갖자마자 자연상태에서 '권리'가 되기를 그치기 때문이다. "Discours sur l'origine et les fondemens de l'inégalité," *OC* III, p. 182; "Discours sur l'économie politique," *OC* III, p. 241. 실로 최강자의 권리는 특별한 자연권이라고 불릴 수 있을지 모른다. 문명사회가 타락하여 최강자의 법률로 전적으로 환원될 때, 루소는 그 사회가 자연상태로 변했다고 결론 내리기 때문이다. "Discours sur l'origine et les fondemens de l'inégalité," *OC* III, p. 191. 또한 '힘 이외의 아무런 다른 중재자를 갖지 못한' 원시인은 '서로 적으로 간주했다'. "Du contrat social ou principes du droit politique," *OC* III, p. 354.

10 "Discours sur l'origine et les fondemens de l'inégalité," *OC* III, p. 162.

11 Ibid., p. 152.

12 Ibid., pp. 125-26.

더 나아가 루소는 이기심이 사람의 본성이라고 하는 종래의 견해를
부인하고 이기심과 자애심을 구별한다.

> 이기심(利己心, Amour propre)과 자애심(自愛心, Amour de soi-même)을
> 혼동해서는 안 된다. 두 가지 정념은 본성이나 효과가 전혀 다르다. 자애심
> 은 자연적 감정으로서 모든 동물로 하여금 자기보존에 주의를 기울이게 하
> 며 사람에게는 이성으로 인도되고 연민의 정으로 중화되어 인류애와 덕을
> 생기게 한다. [반면에] 이기심은 상대적이고 인위적이며 사회에서 싹트는
> 감정으로서 각 개인에게 자신의 일을 다른 어느 것보다도 중히 여기게 하고,
> 사람들이 서로 간에 행하는 온갖 해악을 고취시키며, 명예의 참된 원천이 되
> 게 한다. ⋯ [따라서] 최초의 상태, 참된 자연상태에 있어서는 이기심이 존재
> 하지 않는다.[13]

사람의 정념 중에서 이기심과 구분되는 자애심은 사람의 자기보존을
위한 근원적 정념이다. 자애심이야말로 '언제나 올바른 질서에 합당한'
것으로서 루소가 발견한 사람의 자연이다. 루소는 자애심이 모든 정념
의 원천이라고까지 설명하며, 『에밀』에서 자애심에 대해 더욱 명확히
말한다.

> 우리 정념의 원천이고 모든 정념의 기원이자 원리이며, 사람과 함께 탄생
> 하여 사람이 살아 있는 한 결코 사람을 떠나지 않는 유일한 정념은 자애심
> (amour de soi)이다. 자애심은 원초적이고 선천적이며 다른 모든 정념에 앞
> 선 것으로서 다른 모든 정념은 어떤 의미에서 그 변형에 지나지 않는다.[14]

---

13 Ibid., p. 154. n.15-p. 219.

그러나 루소는 자애심 외에 또 다른 자연적 감정으로 연민의 정을 지적한다. 루소는 연민의 정이 하는 역할을 자애심과 연관시켜 서술한다.

연민의 정(pitié)은 자연적 감정으로서 개인에 있어서 자애심의 활동을 완화시켜 종[인류] 전체의 상호 보존에 협력하게 만든다. … 자연상태에 있어서 법률이나 풍습, 덕을 대신하는 것이 이것이며 … '남에게 대접을 받고자 원하는 바와 같이 남에게 행동하라.'라고 한 합리적인 정의의 숭고한 원리 대신에 그만큼 완전하지는 못하면서도 아마 그보다 더욱 유용한 또 하나의 자연적 선함의 격률— '될 수 있는 대로 남의 불행을 덜어주어 그대의 행복을 꾀하라.'를 모든 사람에게 간직하게 하는 것은 바로 연민의 정이다.[15]

연민의 정은 사람에게 종의 보존에 협력하게 만드는 자연의 감정이다. 연민의 정은 "자연의 명령에 따라 사람의 마음을 움직이는 최초의 상대적 감정이다."[16] 하지만 그것은 자체적으로 활동하는 것이 아니라 상상력의 매개를 거쳐야 비로소 움직인다.[17] "연민의 정은 사람의 마음에 자연적인 것이지만, 그것을 움직이게 만드는 상상력이 없다면 영구히 활동하지 않는 채로 있을 것이다."[18] 또한 연민의 정은 미개인에게 있어서는 어렴풋하지만 활발하고, 문명인에게 있어서는 발달되어 있지만 약한 감정에 지나지 않는다.

14 "Emile ou de l'éducation," OC IV, p. 491.
15 "Discours sur l'origine et les fondemens de l'inégalité," OC III, p. 156.
16 "Emile ou de l'éducation," OC IV, p. 505.
17 "Discours sur l'origine et les fondemens de l'inégalité," OC III, p. 154. et varient 2-p. 1331.
18 J.-J. Rousseau, *Essai sur l'origine des langues où il est parlé de la mélodie et de l'imitation musicale*, p. 93.

자연인에게는 문명인과 같은 이성이 발달되어 있지 않으며 자연적인 자기보존의 욕구만 갖고 있을 뿐이다. 또한 자연상태에는 언제나 고정되고 변하지 않는 질서가 지배하였다. 자연상태의 질서는 거의 불변하는 자연의 규칙이라고 할 수 있다. 따라서 '다만 수 세기의 시간이 흐른 뒤에나 사람은 자연상태를 떠나야 할 필요성과 그 기회를 가지게 되었을 것'[19]이다. 루소가 본 인류의 자연상태로부터 사회 상태로의 이행을 요약하면 다음과 같다.[20]

첫 번째 혁명은 오막살이의 발명이다. 사람이 안식처를 마련하고, 가족의 설립과 구별이 형성되었으며, 일종의 재산이 도입된 시기였다. 물론 이것은 재산의 초기 형태를 의미하는 것으로 재산에 대한 권리가 아니다. 사람들에 의해 획득된 최초의 확고하면서도 취약한 소유들은 가정이 설립되는 때에 세워진 오두막들이다.

더욱 힘센 자들이 아마도 자신이 보호할 수 있으리라고 느낀 오두막을 스스로 만든 최초의 사람들이었으므로 약자는 그들을 쫓아내려고 시도하는 것보다 그들을 모방하는 것이 더욱 빠르고 안전함을 발견했으리라고 추측된다.[21]

---

19   "Discours sur l'origine et les fondemens de l'inégalité," *OC* III, p. 162.

20   여기서 문제는 루소가 자연상태에서 사회 상태로의 이행을 설정하는 역사철학의 근거를 어디서 찾았느냐이다. 실상 루소가 말하는 '가설적 역사'는 여러 가지 경로를 거쳐 일어났을 것이나, 루소는 '사물의 본성'에 입각한 '논리적 추측'에 따라 역사 전개 과정을 설명한다. 다음과 같은 루소의 말이 그러한 추측을 뒷받침한다. "주어진 두 사실을 알려지지 않은 어떤 사실들로 연결해야 할 필요가 있을 때, 역사가 존재할 때는 역사가 사실을 밝혀주는 역할을 하고 역사가 존재하지 않을 때는 철학이 사실을 결정하는 역할을 한다." "Discours sur l'origine et les fondemens de l'inégalité," *OC* III, pp. 162-63. 루소의 역사철학은 이 점에서 아주 중요한 의미를 지니지만 별도의 논의를 필요로 한다.

21   "Discours sur l'origine et les fondemens de l'inégalité," *OC* III, p. 167.

거주지의 소유를 획득한 이상, 원시 가정은 다른 사람들의 유사한 소유들을 존중했다. 왜냐하면 그것들은 쓸데가 없고 폭력에 의해 보호될 수 있을 뿐이기 때문이다. 이 단계에서 최강자의 권리는 소유들을 보호하기에 충분했다. 그 권리는 미개인의 제한된 필요와 정념들에 의해 자동적으로 강화되었기 때문이다.[22] 하지만 이러한 권리는 불완전하다. 어리석은 동물로서 원시인은 하나의 털가죽, 아직 먹지 않은 과일과 사냥감 혹은 하나의 오두막을 소유할 수 있을 것이지만, 그는 아직 재산에 대한 어떤 확실한 권리도 갖고 있지 않다.[23]

야금술과 농업의 발달은 시민사회의 전개에 결정적 의의를 가져왔다. "사람을 문명화시키고 인류를 타락시킨 것이 시인에게는 금과 은이지만, 철학자에게는 철과 밀이다."[24] 사람들은 철을 만드는 기술과 밀을 재배하는 기술을 함께 발견함으로써 문명화된다.

---

22 Ibid., p. 170.

23 Ibid., pp. 166-68. 어떤 의미에서 그러한 자연권들은 순수한 자연상태에서 존재하지 않는다. 왜냐하면 권리는 추론에 근거한 주장이기 때문이다. 즉 권리는 그 주장의 침해가 '위법행위' 혹은 '부정의'가 아니라면 존재할 수 없다. 그러나 추론할 수 없는 존재인 원시인은 자신의 권리들을 인식할 수 없다. 스타로빈스키가 표현하는 것처럼, "자연권은 자연인에 의해서 무의식적으로 살아 있다." Starobinski's note, Ibid., p. 126, n.2-p. 1299. 만약 다른 사람이 그러한 소유들을 맹렬히 차지한다면, 이러한 행위는 재산권을 침해하는 것이 아니다. 재산권, 즉 순수한 자연상태에서는 필요하지도 심지어 가능하지도 않은 자연적 대상물의 의식적인 변형 혹은 획득은 노동으로부터 생겨날 수 있을 뿐이다. Ibid., pp. 173-74 및 p. 203, n.IX. 이 이상의 논의에 대해서는 다음을 참조하라. Masters, *The Political Philosophy of Rousseau*, pp. 158-65.

24 "Discours sur l'origine et les fondemens de l'inégalité," *OC* III, p. 171. 매스터즈에 의하면, 이 말은 루소의 논문과 인간의 역사에 대한 루크레티우스의 시적인 설명의 대비에 대한 가장 분명한 암시다. 루크레티우스는 이 시기 이전에 왕들은 도시를 건설하기 시작했다고 설명하고 있으나, 루소는 초기 군주제에 대한 설명을 평등하고 자유로운 미개사회의 모습으로 대체한다. Masters, *The Political Philosophy of Rousseau*, p. 175, n.81.

그러나 문명은 인류에게 재앙스런 결과들을 초래했다. 개인의 육체적 생존을 보호하는 데 불필요한 야금술과 농업의 완성은 결코 자연적 조화에서 생겨날 수 없기 때문이다. 그 반면에 지금껏 상대적으로 중요하지 않았던 자연적 불평등이 이 시점에서 도덕적 혹은 정치적 불평등의 잠정적인 원인으로 작용한다.

만약 재능이 동등하다면, 예컨대 철의 사용과 식량의 소비에 항상 정확히 균형이 유지되었다면 이런 상태에서 사물들이 동등하게 유지될 수 있었을 것이다. 그러나 아무것도 유지되지 않는 이런 균형은 머지않아 깨어졌다. 강자는 더 많이 일하고, 현명한 자는 더 이익이 남는 곳으로 자신의 눈을 돌렸다. 더욱 재능 있는 자들은 자기의 노동을 단축시킬 방법을 발견했고, 농부는 더 많은 철이 필요했으며, 대장장이는 더 많은 밀이 필요했다. 또한 동등하게 일했지만 다른 사람들은 가까스로 살아갈 수 있었던 반면, 어떤 사람은 대단히 많이 벌었다.[25]

밀 혹은 철에 대한 사회적 필요의 창출은 힘, 현명함, 재능의 불평등과 같은 자연적 불평등을 부자연스런 불평등과 함께 확대시킨다. 이 상태에서 부의 부자연스런 불평등의 최초 원천은 자연적인 나이, 건강, 신체적 힘, 정신 혹은 영혼의 자질에서 차이가 나는 활동이다.[26] 그러나 자연적인 능력과 자질의 차이는 아직 커다란 문제가 될 수 없었다.

이 시기의 사회에서는 사람들이 서로 상대방의 마음을 이해하고 파악하는 데 아무런 곤란을 느끼지 않고 본질적으로 결합되어 있었다.[27]

---

25   "Discours sur l'origine et les fondemens de l'inégalité," *OC* III, p. 174.

26   Ibid.

27   "Discours sur les sciences et les arts," *OC* III, p. 8.

사람들 간에 아직까지 정신적인 것과 물질적인 것의 분리는 인정되지 않고, 사람의 마음은 외부의 대상과 직접적으로 융합할 수 있었다.[28] 사람들은 생활양식 기타 모든 행위의 양식을 공통으로 하고 희로애락도 함께하고 있었다.[29] 사람들은 자신과 전체를 동시에 느꼈다. 사람은 하나의 독립되고 완전한 존재로서 절대완전체였다.[30] 사람들은 모든 외면적인 차이에도 불구하고 본질적으로 결합하고 있었다.

그런 반면에 순수한 자연상태를 떠나서 공동생활을 영위하게 되자 사람의 성질에는 여러 가지 새로운 요소가 부가된다. 순수한 자연상태와 달리 이제는 자기보존의 관심 곧 이기적, 비사회적 성향과 아울러 사회의 이익이나 행복을 바라는 사회적인 성향도 적극적으로 움직이게 된다. 그렇지만 두 개의 성향 사이에는 아직도 근본적인 모순 대립이 생기지 않는다. 여기에서는 개체와 전체의 분리 혹은 대립이 없고, 각자는 자기 자신인 동시에 전체이기 때문이다.[31]

더욱이 이런 사회의 근본적 특질로서 거기에는 사람들을 서로 반목시키는 이해관계의 대립이 존재하지 않고 많은 죄악을 범하게 하는 원인인 '소유'라는 말이 거의 아무런 뜻도 갖지 않는다. 따라서 이런 사회에서는 개인의 이익과 공공의 복지가 모순 대립하지 않고 방향을 달리하는 두 성향 곧 비사회적 성향과 사회적 성향이 모순 대립하지 않는다. 이것이 이 시기의 사회에 있어서 전체와 개체의 융합을 더욱 촉진시키는 계기가 된다.

---

28 杉之原壽一, 「ルソーの社會思想」, 桑原武夫 編, 『ルソー研究』(東京: 岩波書店, 1951), 100쪽.

29 "Discours sur l'origine et les fondemens de l'inégalité," *OC* III, p. 167.

30 Ibid., p. 171.

31 杉之原壽一, 「ルソーの社會思想」, 102쪽.

이와 같이 사람은 인내력이 없어지고 자연적 연민의 정은 얼마간 변질을 받고 있었음에도 불구하고 인간적 능력들이 발달한 이 시기는 원시 상태의 무위와 이기심의 격렬한 활동 사이의 바로 중간을 차지하고 있어서 가장 행복하고 가장 안정된 시기였음에 틀림없다. 돌이켜보면 볼수록 이때는 혁명의 발발이 가장 적은 상태이자 사람에게 최선의 상태이며 공동의 이익을 위해서 결코 일어나지 말았어야 할 어떤 비극적 우연 때문에 이 상태에서 벗어났음에 틀림없음을 알게 된다.[32]

그러나 이처럼 행복스러웠던 사회 상태도 영속할 수 없었다. '처음 시기의 어리석은 사람들에게는 느껴지지 못하고, 이후 시기의 계몽된 사람들에게는 피해 가는 황금시대의 행복한 삶은 그들이 그것을 즐길 수 있을 시기에 아직 알지 못했고, 그것을 알 수 있을 시기에 이미 상실했기 때문에 인류에게는 언제나 낯선 상태로 존재할'[33] 뿐이다. 더욱이 인류는 거의 의식하거나 누리지도 못한 채 일단 황금시대를 거치자마자 새로운 상황에 처한다. 사람들의 욕망이 증대하여 벌써 자기의 욕망을 자기 혼자의 힘만으로는 채울 수 없게 되고 다른 사람의 힘이 필요

---

32 "Discours sur l'origine et les fondemens de l'inégalité," *OC* III, p. 171. 이런 특질을 가진 공동생활이 루소가 인류의 청년기 내지 황금기라고 하는 시기로서, 이 시기에 대한 루소의 동경심을 이해함 없이는 루소의 자연(또는 본성, Nature) 개념에 대해 왜곡된 이해가 십상이다. 특히 사회문제에 대한 해결책에 있어서 동적인 개념을 갖게 되는 자연은 결코 원시 상태가 아닌 이 시기와 대비되어야만 할 것이다. 이 시기를 언급함이 없이는 루소가 목표로 삼는 문명사회의 재구축 원리를 논할 수 없다. 杉之原壽一, 「ルソーの社會思想」, 100쪽; Masters, *The Political Philosophy of Rousseau*, pp. 285-93; R. Grimsley, "Rousseau and his reader: the technique of persuasion in Emile," ed., R. A. Leigh, *Rousseau After Two Hundred Years*(New York: Cambridge University Press, 1982), pp. 234-35를 참조하라.

33 "Du contrat social ou essai sur la forme de la république," *OC* III, p. 283.

하게 되자 벌써 다른 상태로 접어든다.[34]

… 한편으로 경쟁과 적대, 다른 편에서 이해관계의 대립이 생겼다. 언제나 타인을 희생으로 하여 자신의 이익을 얻으려는 욕망도 생겼다. 이 모든 악은 재산의 첫 번째 효과이며, 갓 태어난 불평등에 불가분하게 동반되었다.[35]

물론 불평등과 동시에 악덕을 향한 첫걸음은 더욱 일찍 가족사회 혹은 미개사회에서 사회적 상호 접촉으로 자연적 불평등이 실행되었을 때 발생했다.[36] 그러나 자연적 불평등의 활동에 따른 결과에서 비로소 도덕적 불평등의 결과가 나타난다.[37]

자연상태 혹은 미개사회에서 자기보존에 필요한 재화에 대한 직접적인 소유권은 타락을 야기시킬 이유가 없다. 그것은 각 개인의 자연적 힘으로 강화될 뿐이며, 소유물이 쓰이는 직접적인 사용에 의해 제한되기 때문이다. 그러나 일단 사람들이 교환을 위한 잉여 식량을 생산하기 위하여 땅을 경작하기 시작한 이상, 이런 상태는 더 이상 유지되지 못한다. 비록 농업의 실시가 유일하게 참된 재산권을 창출하는 시민사회의 설립보다 앞설지라도 땅이 사람들 간에 분할되기까지 농업 경작을 상상하는 것은 불가능하다. 땅의 분할은 자연상태의 폐기에 상당한다.

---

34 "Discours sur l'origine et les fondemens de l'inégalité," *OC* III, pp. 171-75.

35 Ibid., p. 175.

36 "노래를 제일 잘 부르거나, 춤을 제일 잘 추는 사람, 제일 멋진 사람, 제일 힘센 사람, 가장 영리한 사람 혹은 가장 말 잘하는 사람이 가장 대단하게 생각되었다." Ibid., p. 169.

37 이러한 맥락에서, 루소가 미개사회를 최선의 인간 상태로 칭송하고 순수한 자연상태에서 자연적 가족 집단의 가능성을 인정한 이유뿐 아니라, 사회적 타락에 대한 루소의 비난이 그렇게 직접적으로 재산을 겨냥한 이유를 더욱 분명히 알 수 있다.

한 구획의 토지에 울타리를 두르고 "이것은 내 것이다!"라며 선언하는 일을
생각해 내고 이 말을 그대로 믿을 만큼 단순한 사람들을 발견한 최초의 사람
이 시민사회의 참된 창립자였다.[38]

시민사회의 형성 이전 사람에게는 유일한 '일종의 재산'으로서 오두
막의 소유가 있을 뿐이다.[39] 비록 '재산 혹은 최초 점유자의 권리'에 대
한 주장이 시민사회의 설립보다 우선하였지만,[40] 권리의 주장이 타인들
에 의해 믿어져야 했다.[41] 그러나 이러한 믿음은 빈약하고 법률제도보
다 우선한 강화된 지지가 없으므로 엄격한 의미에서 재산에 대한 권리
는 자연상태에서 진정으로 존재하지 않고 인습적이다.[42]

또한 재산권이 시민사회의 토대라 할지라도 토지에 대한 재산의 자
연적인 권리는 없다. 자연상태에서 사람들은 집도 오두막도 어떤 종류
의 재산도 갖고 있지 않았다. 따라서 토지를 분할하는 것은 언제나 식
량을 발견할 능력이 없는 어떤 개인들을 위협하게 된다. 단순한 소유가
아닌 재산권에 대한 주장은 인간 불행의 원천이다.

말뚝을 뽑아내거나 혹은 개천을 메우고 "이런 사기꾼이 하는 말 따위는 듣지
않도록 조심해라. 열매는 만인의 것이며 토지는 누구에게도 속하지 않은 것
임을 잊는다면 너희들은 파멸이다!"라고 동포들에게 외친 자가 있다고 한다
면, 그 사람은 얼마나 많은 범죄와 전쟁과 살인, 또 얼마나 많은 비참과 공포

---

38   Ibid., p. 164.
39   Ibid., p. 167.
40   Ibid., p. 164.
41   Ibid.
42   Ibid., p. 187. 이것은 다음에서 더욱 분명해진다. "Du contrat social ou princi-
     pes du droit politique," OC III, pp. 364-66.

를 인류에게서 제거해 주었겠는가?[43]

재산권 창출의 비자연적인 결과는 이 단계에서 강자와 약자 간의 차이에 대해 더 이상 말할 수 없다는 루소의 주장으로 강조된다.

'강함'과 '약함', 이 말은 양면적이다. … 재산권 혹은 최초 점유자의 확립과 정치적 정부의 확립 사이의 중간에서 이 용어들의 의미는 '가난'과 '부유'라는 말로 더 잘 표현된다. 실제로 법률 앞에서 사람은 그들의 재산을 공격하거나 그들에게 자기 재산의 일부를 주는 것 외에 자기 동료들을 복속시킬 어떤 다른 수단을 갖고 있지 않기 때문이다.[44]

토지의 경작과 분할 이전에 힘의 차이가 중요한 자연적 불평등이었던 반면에 상호의존의 혁명적인 성격은 자신의 힘에 의해 자동적으로 강화되는 강자의 권리가 부자의 권리로 전환되는 데서 거의 완전히 드러난다. 이 시기에 부자의 권리는 취약하다. 부자는 소위 '한 개인을 쉽게 짓누르지만, 그 자신은 약탈 집단에 의해 짓눌리는'[45] 최초 점유자의 권리에 의존하기 때문이다.[46]

---

43 "Discours sur l'origine et les fondemens de l'inégalité," *OC* III, p. 164.
44 Ibid., p. 179.
45 Ibid., pp. 176-77.
46 루소는 『인간불평등기원론』 제2부에서 인간의 완성 결과들과 자연권 사이의 대립을 더욱 분명히 한다. 루소는 '토지의 분할이 새로운 권리를 창출했'는 그로티우스(Grotius)의 말에 '그것은 자연법(loi naturelle)으로부터 유래하는 것과 상이한 재산권'이라고 덧붙인다. "Discours sur l'origine et les fondemens de l'inégalité," *OC* III, pp. 173-74. 인간은 순수한 자연상태에서는 존재할 수 없었던 집과 예술(arts)의 발명 이후에만 생겨나는 권리들, 즉 토지 재산뿐만 아니라 다른 사람의 평판에 대한 새로운 권리들을 창출한다. 이러한 새로운 권리들은 전쟁상태를 초래한다. 왜냐하면 시민사회

따라서 식량 부족으로 인해 가난한 자들이 부자를 공격하기에 이르기 전에도 재산은 자기 생존을 위해 각 사람을 다른 사람에 의존하도록 만드는 부의 차별을 창출함으로써 사람들을 타락시킨다. 루소는 사람들의 타락을 재산의 첫 결과이자 초기 불평등의 분리할 수 없는 결과로 귀속시킨다.[47]

루소에 의하면 최초의 사람은 자기보존에 필요한 욕망과 욕망을 충족시키는 데 필요한 능력을 지녔다. 사람의 욕망과 능력이 균형을 이루고 있던 사회 상태에서 사람은 어디까지나 행복하고 자유로웠다. 그러나 이 균형이 깨져 욕망이 능력을 초과하게 되자 사람의 불행과 부자유가 시작된다.[48] 이 시기에 들어서면서부터 사람의 욕망과 능력 사이의 균형이 깨어지게 된 상태야말로 생활에 일대 변혁을 가져오는 결정적 요인이 아닐 수 없다.

더욱이 재산은 개인이 자신의 운명에서 다른 사람들에게 관심을 갖도록 만든다. 그것은 자신의 안녕을 대비하는 모든 사람의 자연적인 관심에 반대되는 시도이다. 각자는 자기 이익을 위해서 실제의 자기와 다른 것처럼 보여야만 했다. 이 시기에 들어오면서 두드러진 변화는 각

의 창출에 앞서 '최고로 힘센 자의 권리와 최초 점유자의 권리' 사이에 '영구적 갈등'이 있기 때문이다. 소유들이 취약하고 폭력이 빈번한 이러한 상황을 회피하기 위하여, 부자는 '자연권이 반대하는 것만큼 그에게 유리한' 일종의 제도인 정치사회를 창출할 계획을 생각해낸다. Ibid., pp. 176-77. 전 세계에 걸쳐 사회들이 설립된 결과로서, '재산과 불평등의 법률'은 '돌이킬 수 없는 권리'로 되며, 비록 상이한 사회들은 서로 간에 자연상태에 존재하지만, '시민권'이 개인들의 규칙으로서 '자연법'을 대체한다. Ibid., p. 178.

47 Ibid., p. 175.

48 루소는 능력을 넘어서는 욕망과 능력 사이의 조화를 이루어야 한다고 거듭 강조하였다. 『에밀』에서 인간의 욕망과 능력 사이의 균형은 사부아르 신부가 에밀을 가르치면서 결코 잠시도 잊지 말아야 하는 중요한 지침으로 삼고 있음을 보게 된다. "Emile ou de l'éducation," OC IV, pp. 241-691 참조.

성원의 존재와 외관이 철저히 분리되었다는 사실이다. 더욱이 이런 구별에서 눈에 띄는 겉치장과 기만적인 책략과 그것에 따르는 모든 악덕이 나왔다.[49]

일단 사람들이 서로 속이고 상호의존적이며 악하게 된 이상 종의 발달은 단지 종의 보존을 허용할 수 있는 형태의 삶으로 향한다. 사람의 모든 잠재력은 이 과정에서 발현된다. 자기보존을 위해 추론, 이기심, 심지어 악덕까지도 생존에 필요하게 된다. 따라서 계몽된 이성이 필요하다. 계몽된 이성이 없다면 사람들은 자연상태의 마지막 단계에서 일어나는 모두의 재앙스런 전쟁에 대응할 수 없기 때문이다.

바야흐로 우리의 모든 능력이 발달하고 기억력과 상상력이 움직이기 시작하며 이기심은 이해관계에 눈뜨고 이성은 활발해지며 정신은 완성의 한계에 거의 도달한다. 그야말로 모든 자연적인 소질이 활동을 시작하고 재산의 양, 사람에게 도움이 되거나 해가 되는 능력에 대해서만 아니라 정신, 아름다움, 힘 혹은 솜씨 및 장점 혹은 재능에 대해서도 각 사람의 지위와 운명이 정해져 있다. 또한 이들 소질은 사람들의 존경을 끌어당길 수 있는 유일한 것이므로 마침내 그것을 갖고 있든가 갖고 있는 체하는 일이 필요하게 되었다.[50]

여기서는 이미 어떤 본질적 결합도 구할 수 없다. 사람들은 모든 외면적인 결합에도 불구하고 본질적으로 분리되어 있다. 이 시기의 사회에 들어오자마자 사람들의 개인적 이익은 사사건건 충돌하고 서로 간에 타인을 희생시키지 않으면 자기의 이익을 획득할 수 없다. 예전의

---

49 "Discours sur l'origine et les fondemens de l'inégalité," *OC* III, p. 174.
50 Ibid., p. 174.

사회에 살고 있던 사람들의 심적 구조였던 자애심은 이 사회에서 본래
의 위치를 지속할 수 없다. 본래의 자애심에 대체하여 자기만을 귀중하
게 여기는 이기심이 이 사회에 사는 사람들의 심적 구조가 된다.[51] 또한
남의 고통을 자기의 고통으로 알고 남의 행복을 자기의 행복으로 보는
연민의 정은 사라지고 자기만을 내세우는 이기심이 날뛰게 된다.[52]

따라서 이 사회에서 공공복지와 개인의 이익은 완전히 대립되어 전
자는 후자의 희생물이 되고 정의나 복종이라는 말도 한낱 폭거의 도구
가 되고 불의의 무기로 사용된다. 사회적 의무와 개인적 욕망, 정의와
이익이 대립함과 동시에 전체와 개체, 사회와 개인, 사회와 자유의 대
립이 나타난다. 드디어 사회는 가장 무서운 전쟁상태에 빠진다.[53] 루소
는 이 비참한 상태 속에서 정치 질서의 역사적인 기원을 구했다.

… 누구나 다 자기의 자유를 보증할 것을 믿고 자신의 쇠사슬 앞을 향해 달
려갔다. 그들은 정치조직의 이익을 느낄 만큼 이성은 가지고 있었으나 그

---

51 Ibid., p. 193.

52 Ibid., p. 156.

53 사람들이 토지를 경작하기 시작할 때, 생산물에 대한 '권리'는 '노동에 의해서만'
생겨난다. 따라서 경작된 토지를 소유하는 요구는 자기 강화된 권리이다. Ibid., p.
173. 그러나 이러한 요구는 단지 '권리의 일종'으로서, '힘에 의한' 획득의 지위를 갖는
'불안정하고 남용된 권리'라고 불릴 수 있다. Ibid., p. 176; "Du contrat social ou
principes du droit politique," OC III, p. 365. 따라서 하나의 권리로서 재산을 요구하
는 시도들은 모두에 대한 모두의 전쟁을 낳는다. 문명사회와 법률들이 재산의 법률을 설
립하고 소유들의 불가항력인 권리를 창출하기 위해 필요하다. "Discours sur l'origine
et les fondemens de l'inégalité," OC III, p. 178. 루소는 이 대목에 이르러 홉스를 위
시한 대부분의 철학자들이 주장하는 자연상태가 실제로는 사회 상태라고 주장하고 있
다. "이러한 상태는 이미 자연상태와는 멀리 떨어진 상태로서 … 또한 이들이 이미 자
연상태에서 얼마나 떨어져 있는가를 깨닫지 못했기 때문에, [홉스(Hobbes)를 비롯한]
몇몇 사람들은 인간은 본시 잔인한 것이며, 그것을 완화시키기 위해서는 구속이 필요하
다고 서둘러 결론을 내렸다." Ibid., p. 170.

위험을 꿰뚫어 볼 만한 경험이 없었다. … 사회 및 법률의 기원은 이런 것이었다.[54]

자연상태의 마지막 단계에서 생기는 폭력에 직면한 사람들은 자신을 보존하기 위하여 자기가 갖고 있던 자연권을 포기한다. 어떤 의미에서 이 시기에 사는 사람들은 여전히 삶과 자유에 대한 자연권을 갖고 있다. 이런 속성은 자연적 선물이기 때문이다. 하지만 일단 모두의 전쟁이 일어난 이상, 가능한 것보다 더 큰 안전과 재산에 대한 권리를 획득하기 위하여 자연상태의 무조건적인 권리를 포기하였다.[55] 그럼에도 불구하고 이렇게 해서 성립된 국가는 부자의 국가로서 대다수 인류는 노동과 빈곤에 허덕이게 되어 새로운 예속의 시작이었다.

약자에게 새로운 속박을, 부자에게 새로운 힘을 주어 천부의 자유를 완전히 파괴해 버리고 재산과 불평등의 법을 영원히 확정하며 교활한 찬탈을 취소할 수 없는 권리로 만들고 약간의 야심가를 돕기 위해 전 인류를 노동과 예속과 빈곤에 복종시켰다.[56]

실상 대다수 사람들은 국가의 성립으로 말미암아 노예가 되려 한 것이 아니라 자기의 자유를 지키기 위함이었다.[57] 그렇지만 새로 등장한 국가는 오히려 소수의 의사로 다수를 억압하는 모순을 가질 뿐이었다. 본래 인위적 국가를 필요하게 만들었던 여러 악덕은 더욱 강력한 힘과

---

54 Ibid., pp. 177-78.
55 "Du contrat social ou principes du droit politique," OC III, pp. 360-61.
56 "Discours sur l'origine et les fondemens de l'inégalité," OC III, p. 178.
57 Ibid., p. 181.

더불어 여전히 존속하였다. 이렇게 성립된 정치 질서는 무엇보다도 사회 성원 간 인위적 불평등에 입각한다.

나는 인간 사회에 있어서 두 종류의 불평등을 생각한다. 하나는 자연적 혹은 육체적 불평등이라 부른다. 그것은 자연에 의하여 정해지며 연령이나 건강, 체력, 정신 혹은 영혼의 자질의 차이에서 생긴다. 또 하나는 도덕적 혹은 정치적 불평등이라 부를 수 있다. 이것은 일종의 협약에 의거하여 사람들의 동의에 따라 정해지거나 적어도 정당화되고 있기 때문이다. 후자는 소수의 사람들이 다른 사람들에게 손해를 끼침으로써 향유하고 있는 갖가지 특권, 예를 들면 다른 사람들보다 부유하거나 존경받고 있거나 권력을 가지고 있거나 더 나아가 사람들을 자신에게 복종시키고 있는 등의 특권으로 이루어져 있다.[58]

루소는 자연에 의해 타고난 불평등과 인위적인 협약에 의해 정해지는 불평등을 구분한다. 루소는 새로운 지배 예속 관계를 성립시킨다는 점에서 인위적 불평등을 비판의 주된 대상으로 삼는다. 루소는 『인간 불평등기원론』 2부에서 발생사적으로 서술하는 가운데 인위적 불평등이 제도적으로 고착화되는 과정을 밝히고 있다.

불평등의 단계를 살펴보면 법률과 소유권의 성립이 첫째 시기이고, 행정관리제도가 둘째 시기이며, 셋째의 맨 마지막 시기는 합법적인 권력으로부터 전제적인 권력으로 변화였음을 알 수 있다. 따라서 부자와 빈자의 상태가 첫째 시기에, 강자와 약자의 상태가 둘째 시기에, 셋째 시기에 주인과 노예의

---

58   Ibid., p. 131.

상태가 인정되는데, 이 시기는 불평등의 최후 단계이자 결국 다른 모든 시기
가 도달하게 되는 시기이다. 마침내 … 이것이 합법적인 제도로 화하기에 이
른다.[59]

루소는 시민사회의 현실이 바로 이와 같은 인위적 불평등의 최후 단
계라고 보고, 불평등이 초래하는 제반 폐해를 여러 각도에서 지적한다.
이런 맥락에서 루소는 자연의 발견에 그토록 심혈을 기울였다. 자연인
에 대한 발견이야말로 '사람 자체를 먼저 알아야 인간불평등의 연원을
알 수 있기'[60] 때문이다.

루소는 자연상태와 자연인에 대해 탐구한 결과 어느 누구도 부인하
기 힘든 자연 관념을 끌어내었다. 앞서 보았던 자애심과 연민의 정이라
는 자연의 감정들은 루소가 검출해 낸 사람의 자연이다. 그렇다면 루소
가 이처럼 자연의 발견에 집착한 이유는 과연 무엇인가?

내가 이 원시 상태의 가정에 대해서 이렇게 길게 언급한 것은 오래전부터의
오류와 편견들을 뿌리째 파내어 철저히 엎어 버림으로써 심지어 자연적 불
평등조차 그것이 우리 작가들이 주장하는 만큼의 현실성과 영향력을 이 상
태에서 가지려면 얼마나 먼 것이었나를 참된 자연상태의 도식 안에서 보여
주어야 한다고 확신했[기 때문이]다. … 자연상태에서 사람과 사람 사이의
차이는 사회 상태에 비해서 얼마나 적으며, 인류 가운데 [본래 있었던] 자연
적 불평등이 [그 이후의] 제도적 불평등에 의해 얼마나 증대되었음에 틀림
없느냐를 이해할 수 있을 것이[기 때문이]다.[61]

---

59 Ibid., p. 187.

60 "Discours sur l'origine et les fondemens de l'inégalité," OC III, p. 122.

61 Ibid., pp. 160-61.

루소에 의하면, 자연상태에 관한 자신의 설명은 자연권의 참된 정의를 발견하는 유일한 방법이다.[62] 실상 루소의 자연에 대한 논의가 지닌 의미에 대해서는 어느 한편으로 단정하기 어렵다. 다만 루소가 자연상태와 사회 상태를 직접적으로 대비하는 가운데 그의 논의가 함축하는 의미가 드러난다.

자연상태에는 파괴할 수 없는 사실상의 평등이 있다. 이 상태에서는 사람과 사람의 차이가 한쪽을 다른 한쪽에 종속시킬 수 있을 만큼 클 수 없기 때문이다. 문명 상태에는 일종의 허황된 가공의 평등이 있다. 이 평등을 유지할 수단 자체가 도리어 그것을 파괴하는 역할을 할 뿐만 아니라, 공중의 힘은 약자를 억압하기 위해 강자의 힘에 부과되어 인류 속에서 자연이 확립해 놓은 균형을 깨뜨리고 말기 때문이다.[63] 이 최초의 모순으로부터 문명 질서에서 볼 수 있는 외관과 실제 사이의 모든 모순이 생겨난다. 다수가 항상 소수의 희생이 되고, 공공의 복리는 개인의 이익으로 희생된다. 정의와 종속 관계라는 그럴듯한 말은 항상 폭력의 도구가 되고 부정의의 무기로 이용된다. 따라서 다른 계급에게 유익한 존재라고 자처하는 상류계층은 실은 다른 계층들을 희생시켜 자신의 이익만을 추구하는 셈이다. 여기서 우리는 정의와 이성에 의해 그들에게 어느 정도의 존경을 보내야 하는지를 판단해야 한다. 남은 일은 그들이 도달한 신분이 그것을 차지한 사람들의 행복에 더 유리한 것인지를 알아보고 우리가 자신의 경우에 대해서 어떤 판단을 내려야 하는가를 알아보는 일이다. 이것이 우리에게 중요한 연구이다. 그러나 이 연구를

---

62   Ibid., p. 124.
63   원주: 모든 국가의 법률의 보편적 정신은 항상 약자에 대해서 강자를, 무산자들에 대해서 유산자들을 두둔하는 데 있다. 이 결점은 피할 수 없으며, 여기에는 예외가 없다. "Emile ou de l'éducation," OC IV, p. 524.

철저히 하기 위해서는 사람의 마음을 아는 일부터 시작해야 한다.[64]

여기서 알 수 있듯이, 루소가 자연을 논의하는 핵심은 인류학적인 관심에서 비롯된 것이라기보다 오히려 정치적 관심사에서 비롯된다. 루소는 사회 상태의 모순이 문명 질서의 전개에서 심화된 것이며, 이러한 문명 질서의 정당성을 묻는 판단의 기준으로서 자연 개념을 제시한다. 타락한 문명의 정당성을 묻는 주체로서 타락한 사람이 아닌 타락하기 이전 사람의 자연에서 판단해야 하기 때문이다.[65]

실상 루소 이전 많은 자연법론자들이 정의의 근거로서 자연법과 자연권을 발견하려고 애썼다. 그들의 선구적 발견이 루소의 비판적 논의에 풍부한 사실적 근거를 제공한 것은 틀림없다.[66] 그러나 루소는 소수의 철학자들과 계몽된 지식인들에게만 알려지는, 이성에 의해서 알려지는 자연법이 아니라 많은 사람이 공유할 수 있는 참된 자연을 발견하려고 시도했다. 루소는 자연법론자들이 자연권의 근거로 주장하는 사회성은 진정한 자연이 아님을 주장한다.

루소는 사람의 자연에 대한 자신의 발견이 자연법에서 동물들의 참

---

64 Ibid., pp. 524-25.

65 루소가 『인간불평등기원론』의 표제어로 아리스토텔레스의 말을 인용하고 있음을 주목하라. "자연이 의도하는 것을 발견하기 위해서는, 타락한 상태에서가 아닌 자연적 상태에 있는 것들에 주의를 기울여야만 한다." *The Politics of Aristotle*, Book I, chap. v, p. 12. 루소가 표제어로 아리스토텔레스의 자연에 관한 구절을 들고 있는 것은 결코 우연한 일로 볼 수 없다는 것이 많은 주석가들의 결론이다. "Discours sur l'origine et les fondemens de l'inégalité," *OC* III, p. 125, n.2-p. 1298 참조. 다만 루소의 아리스토텔레스 인용은 출처가 부정확하며, 최근 인쇄된 저작물에서도 동일한 오류를 범하고 있다. 이에 대해서는 Masters, *The Political Philosophy of Rousseau*, p. 112, n.22를 참조하라.

66 루소가 고대 자연법의 가르침과 근대 자연법의 가르침을 비판적으로 해석한 것은 앞 장에서도 보았다. 다음을 참조하라. Bloom, "Jean-Jacques Rousseau," pp. 561-63.

여에 대한 고대의 논쟁도 해결한다고 주장한다.[67] 루소의 설명에 따르면, 사람은 본래 완성능력이라는 덕에 의해서만 다른 종들과 구별되는 동물이었다. 따라서 사람의 행위는 동물적 충동의 지위를 갖는 두 가지 원리 곧 자애심과 연민의 산물로서 거의 완전히 설명될 수 있다.[68]

> 사회성의 원리를 도입할 필요 없이 이런 두 원리[자기 자신에 대한 보존과 타인이 고통받는 것에 대한 혐오감]를 우리의 정신이 연결시키고 조화시킴으로써 자연권의 모든 규칙이 생기는 것으로 보인다. 이런 규칙은 이성이 계속 발달하여 자연을 질식시킬 정도에 이를 때, 이성이 다른 토대들 위에 다시 세워야 하는 규칙이다.[69]

그렇다고 루소가 이성을 거부한 것은 아니다. 루소는 이에 관해 분명히 말하고 있다. "이성보다 감각에 의뢰한다는 나의 규칙은 이성 자체에 의해 확인된다."[70] 이 점에서 루소는 사람의 고유한 특질로서 이성을 중시하는 과거의 전통보다 더욱 깊은 사람의 내면을 통찰함으로써 사람의 원초적 자연을 발견하고자 했다. 이후 사상사에서 논의되는 자연

----

67 루소에 의하면, 자연권은 동물적 감성에 부여되어 있으며, 사람과 짐승에 의해 공유될 수 있다. 만약 자연상태에서 자연권과 같은 것이 있다면, 사람은 단지 하나의 동물로서 곧 그가 자연의 보호에 '맡겨진' 한에 있어서만 자연권에 참여할 뿐이다. 그러나 동물은 감각적 존재이므로, '그들 역시 자연권', 특히 사람 혹은 다른 동물에 의해 '쓸데 없이 부당하게 취급당하지 않을 권리에 참여해야 한다'. Ibid.

68 자애심과 연민 간의 잠재적 갈등은 중요하다. 양자 간의 갈등이 없다면 자연상태에서 사람의 선함이 이미 완성되었다는 것이므로, 다양한 행위들 사이에 추론하고 선택할 수 있는 사람과 전적으로 무관할 것이기 때문이다. Masters, *The Political Philosophy of Rousseau*, p. 158.

69 Ibid., p. 126.

70 "Emile ou de l'éducation," *OC* IV, p. 573.

개념은 루소보다 더 깊은 뿌리에서 자연을 제시하지 못하고 있다.

　더 나아가 루소가 자연상태와 자연인을 논의하는 주된 이유는 단순히 원초적인 자연을 발견하기 위한 것이 아니다. 오히려 루소의 자연 개념이 함축하는 더욱 깊은 의도는 당시의 근대문명, 더 나아가 문명 질서 전반의 모순을 더욱 분명히 드러내 보이고자 하는 데 있다. 루소는 타락한 문명사회의 현실을 타락하기 이전인 '본래 그대로의' 자연과 대비시킴으로써 문명의 진보 자체가 갖는 내재적 모순을 근원적으로 비판할 단서를 준다. 루소의 '비판적' 자연 곧 문명 질서 비판 기준으로서 자연 개념은 여기서 그 의의를 찾아볼 수 있다.[71]

---

71 필자가 학위논문에서 새로 제시한 개념이다. 박호성, 「루소(Jean-Jacques Rousseau)의 정치사상 — 시민사회와 개인의 문제를 중심으로」, 경희대학교 대학원 박사학위논문, 1993. 다만 '비판적' 자연이라고 해서 그것이 소극적 의의를 지니는 것만은 아님을 주의해야 한다. 이 점은 뒤에 소개하는 '창조적' 자연에도 마찬가지로 해당된다. 루소의 원초적 자연에 대한 재발견은 때로 정치적 실천과 밀접히 결부되기도 하기 때문이다.

3

문명 질서 창조 원리로서 자연

루소는 문명 질서 내에서 생활하는 사람과 사회제도 사이의 모순을 분명히 인식하였다. 루소에 의하면, "사람이 만들어낸 제도는 모두 어리석음과 모순 덩어리다."[1] 루소는 자신의 저작 곳곳에서 "자연은 사람을 행복하고 선하게 만들었으나, 사회가 사람을 타락시키고 비참하게 만들었다."[2]고 표현한다.

　자연상태와 자연인에 대한 논의를 통해서도 루소는 단순히 철학자들만이 아닌 모든 사람에게 호소한다. 루소는 현존 정치 질서가 정당하지 않다면, 자연으로 복귀라는 이름하에 정치 질서에 반대할 권한을 부여한다.[3] 사회와 사회제도에 대한 루소의 비판에 깔려 있는 근본 동기는 모든 사회적 연대들이 사람의 자연을 제한하고 왜곡시킨다는 전제이

1　"Emile ou de l'éducation," *OC* IV, p. 306.
2　"Rousseau Juge de Jean Jacques," *OC* I, p. 934.
3　Cobban, *Rousseau and the Modern State*, p. 219; Masters, *The Political Philosophy of Rousseau*, p. 103.

다. 하지만 이러한 견해는 루소의 더욱 비관적 혹은 역설적인 동기일 뿐이다.

얼핏 보면 루소의 핵심적 주장은 사람의 구원을 향한 방책보다도 사람의 타락에 더 치중한 것처럼 생각될 수 있다. 물론 거대하고 복잡한 문명과 참으로 비자연적이라고 부를 수 있는 사회 상태하에서 사람의 삶은 비극적 파국으로 끝날 것이라는 루소의 뿌리 깊은 개인적 확신은 절대 흔들리지 않았다. 이 점에서 루소가 문명과 사람을 타락시키는 시민사회의 산물에 대한 공격에 전념함에 따라 루소의 견해가 백과전서 파들로부터 강력한 반대에 직면하게 된 것은 당연하였다. 이 과정에서 루소의 사상 특히 '자연으로 복귀'라는 표현을 둘러싼 숱한 논란이 제기되었다.[4] 하지만 루소가 사회는 사물의 본성상 타락될 수밖에 없다고 믿는 데서 그쳤다면 루소의 사상은 더 이상 전개되기가 어려웠을지 모른다.[5]

이 문제와 관련해서 루소가 보는 역사 전개 과정의 동인을 좀 더 자세히 살펴볼 필요가 있다. 다만 여기서 문제시되는 것은 자연상태를 벗어나게 만드는 근본 원인이 어디에 있는가 하는 점이다.

루소는 자연상태를 벗어나게 하는 사람의 속성으로 자유 의식과 완성능력을 들고 있다.[6] 동물은 자연적 본능에 따라 행동하는 반면에 사

---

4 S. J. Frederick Copleston, *A History of Philosophy*, Vol. 6 Modern Philosophy, Part 1 The French Enlightenment to Kant (New York: Image Books, 1964), p. 76.

5 코반은 만일 그랬다면, 루소가 『사회계약론』이나 『신엘로이즈』의 후반부를 쓸 수 없었을 것이라고 본다. Cobban, *Rousseau and the Modern State*, p. 220.

6 우클러에 의하면, 루소가 말하는 자유는 다른 동물들이 그 충동들에 반응하는 방식을 통제한 내부 메커니즘의 부재를 의미한다. 또한 루소가 말하는 완성능력은 인간 행위가 각 개인의 생애에서, 또한 인류가 한 세대에서 다른 세대로 진보적인 방식으로 발달할 수 있도록 만드는 속성을 의미한다. Robert Wokler, "A Reply to Charvet: Rousseau and the Perfectibility of Man," *History of Political Thought*, Vol. 1, No.

람은 자유로운 행위자로서 자연에 협력하는 점이 다르다. 전자는 본능에 의해서, 후자는 자유로운 행위에 의해서 취사선택을 한다.[7] 루소는 인간이 어떤 우월한 자연적 재능이 아니라 오히려 자신의 독특한 변화하는 능력의 연속으로 다른 피조물들과 구별된다고 주장한다. 이런 능력을 루소는 자유와 완성능력(perfectibilité)이라는 용어로 표현했다.[8]

---

1 (Spring 1980), p. 87. 이 용어를 루소가 처음으로 사용했는지에 대한 논란은 분분하다. 이에 대해서는 "Discours sur l'origine et les fondemens de l'inégalité," OC III, p. 142, n.3-pp. 1317-18을 참조하라. 또한 이 점과 관련하여 많은 사상가들이 이 용어에 부여한 의미는 다음을 참조하라. Victor Goldschmidt, Anthropologie et Politique: Les principes du système de Rousseau(Paris: Libraire Philosophique J. Vrin, 1983), pp. 286-88.

7 "Discours sur l'origine et les fondemens de l'inégalité," OC III, p. 141.

8 루소의 체계에서 계몽주의적 특색을 지닌 접근을 가장 명확히 정의하는 바로 이 용어는 동시대의 예찬가와 비판자들이 대부분 유사하게 생각한 의미에 전혀 반대되는 차원을 그것에 귀속시켰다. 응우엔에 의하면, 어떤 의미에서 루소가 사용한 완성능력이라는 관념에 앞서 뷔퐁(Buffon)이 이 용어를 이해한 것으로 보인다. 그러나 루소는 이 용어에 그의 특유한 의미를 부여했다. Nguyen Vinh-De, Le Problème de L'homme chez Jean-Jacques Rousseau(Québec: Presses de l'Université du Québec, 1991), pp. 79-80. 우클러에 의하면, 한편으로 루소는 실질적으로 이 용어를 사람 본성(자연)에 관한 18세기적 성찰의 어휘로 도입했으며, 또한 이 개념의 중요성은 예컨대 그림(Grimm)과 헤르더(Herder), 동시대 평론가들에 의해 빨리 인식되었다고 한다. 이 용어에 내포된 관념은 당시의 그토록 많은 계몽주의 사상가들의 핵심 전제를 형성하는, 사람의 도덕적 발달에 대한 세속적, 역사적 견해를 요약하기 때문이다. 계몽주의자들의 교리들에서, 사람의 완성능력은 야만으로부터 문명으로 인류의 점진적인 발달을 보증한 반면에, 루소에게 있어서 그것은 인류의 도덕적, 정치적 쇠퇴를 산출했다. 사람의 자아 교화가 실제로 이러한 타락을 산출하도록 만든 다양한 수단들 곧 재능과 노동의 분업, 가족과 재산제도, 언어와 음악 및 극장의 인습들을 포함한 수단들이 여기에 해당된다. 한편 이러한 것들을 포함하는 진보의 환영(chimerical image)은 물론 정통 기독교 교리에서 원죄를 통한 인간의 타락에 대한 신화를 동시에 반박하기 위해 고안된 이론적 개념이라는 해석도 가능하다. 동시에 완성능력에 대한 루소의 설명은 사람의 잠재력에 대한 낙관적인 전망과 현세의 성취에 대한 비관적인 전망을 함께 결합시켰다. Wokler, "A Reply to Charvet," p. 89.

… 동물 중에서 사람이 특별히 구별되는 점은 오성에 있다기보다 오히려 자
유로운 행위자라는 사람의 특징 때문이다. 자연은 모든 동물에게 명령하고
짐승은 거기에 따른다. 사람도 비슷한 경험을 겪기는 하지만, 그는 자신이
동의하거나 거절할 자유를 지니고 있음을 알고 있다. 따라서 그의 혼에 영성
이 드러나는 곳은 바로 이 자유 의식이다. … 그러나 이 문제를 둘러싸고 있
는 갖가지 곤란이 인간과 동물과의 차이에 대한 논란의 여지가 있더라도,[9]
양자의 구별에 이의가 있을 수 없는 극히 특수한 다른 하나의 특질이 있다.
그것은 자신을 완성시켜 가는 능력으로서 환경의 도움을 빌어 모든 다른 것
들을 지속적으로 발전시키는 우리[사람] 사이에서 종(鍾)이나 개인 속에도
존재하는 능력이다.[10]

  루소는 인류의 역사가 진행되게 된 기본 요인으로 우연과 외적인 변
화를 들고 있으면서도 원초적 요인이 사람의 완성능력에 있음을 분명
히 밝히고 있다. 완성능력에 의해 사람의 새로운 운명이 전개된다.[11]

---

9   매스터즈에 의하면 디드로(Diderot)가 사람의 고유한 특질인 자유를 이성으로 대
체하였으므로 루소는 한 걸음 더 나아가 더 이상 논란의 여지가 없는 것으로 완성능력
을 들고 있다. Masters, *The Political Philosophy of Rousseau*, p. 265n.

10   "Discours sur l'origine et les fondemens de l'inégalité," *OC* III, pp. 141-42. 이
어지는 문장은 사람과 동물의 차이를 선명히 보여준다. "그 반면에 동물은 몇 달이 지
나도 여전히 그 생활, 그 종으로 있게 될 것이며 천 년이 지난 후에도 그 천 년의 첫해
상태로 있었다."

11   우클러는 샤르베(John Charvet)에 대한 반박의 가장 강력한 논거로 완성능력을
들고 있다. 우클러에 의하면 완성능력의 개념은 루소의 사회사상의 저변에 흐르는 일
관성을 가장 분명히 알려주고 있다고 한다. Wokler, "A Reply to Charvet," pp.
81-90. 한편 샤르베의 입장에 대해서는 John Charvet, "Rousseau and the Ideal of
Community," *History of Political Thought*, Vol. 1, No. 1(Spring 1980), pp. 69-80
을 참고하라.

이 특유하고도 거의 무제한한 능력이 사람의 모든 불행의 원천이라는 것, 평화롭고 순진무구한 나날을 보내던 사람을 시간이 흐르면서 본래 놓인 처지로부터 끌어내는 것이 바로 이 능력이라는 것, 수 세기에 걸쳐 사람의 지식과 오류, 악덕과 미덕을 꽃피우고 마침내 사람을 자기 자신과 자연에 대한 압제자로 만든 것도 이 능력임을 인정하지 않으면 안 되는 것은 심히 슬픈 일이다.[12]

완성능력은 인류의 역사 전개를 추진해 온 중요한 요인들 가운데 하나이다. 원래 자연상태에서는 완성능력이 잠재해 있을 뿐이며 스스로는 결코 발전할 수 없었다.[13] 다만 이것이 우연한 외적 요인들인 장애물의 등장과 이에 대한 극복의 필요 등 환경적인 요소들과 결합되면서 자

---

12 "Discours sur l'origine et les fondemens de l'inégalité," OC III, p. 142.

13 이에 관한 논란은 루소 이후 오늘에 이르기까지 전혀 해결될 전망을 보여주지 않고 있는 쟁점으로 보인다. 스타로빈스키는 보편적 관념들을 형성하는 능력에 달려 있는 완성능력은 인간의 본질적이고 원초적인 속성이라고 주장한다. "Discours sur l'origine det les fondemens de l'inégalité," OC III, p. 149, n.8-p. 1327. 매스터즈는 스타로빈스키의 해석을 확대시켜, 완성능력이 활동적이며 단순히 잠재력으로 있는 것이 아니라고 주장한다. Masters, The Political Philosophy of Rousseau, p. 150.

응우옌은 최근의 논의에서 이에 대한 해결을 시도하였으나, 여전히 상당한 난점을 제기한다. 그에 의하면 완성능력이 자연상태에서 잠재적인 능력으로서 어떤 상황들의 작용에 의해서만 발달될 수 있다. 이런 상황들은 자연상태의 조화를 깨뜨리는 사건들로서 인간은 장애물을 통해 사물의 새로운 의미에 대한 인식을 비로소 갖게 된다. 여기서 인간의 완성능력의 각성에 의해 실천적 지성이 싹트게 된다. 응우옌은 인간의 표시를 나타내는 완성능력이 자유를 표현하고 있다고도 주장한다. Nguyen Vinh-De, Le Problème de L'homme chez Jean-Jacques Rousseau, p. 82. 여기서 좀 더 나아가면 완성능력은 루소가 인간의 또 다른 본질적 특징으로 든 자유의 개념과 일정 부분 연계됨을 볼 수 있다. 이런 맥락에서 일부 주석가들은 완성능력과 자유가 동의어라고 주장한다. Ibid., p. 82, n.101 참조. 한편 이러한 해석과 반대로 양자를 구별하는 견해도 있다. Guy Besse, Jean-Jacques Rousseau, l'apprentissage de l'humanité(Paris: Editions sociales, 1988), p. 100.

연상태에서 벗어나 사회 상태로 옮겨지게 되면서부터 점차 활기를 띠
게 된다.[14]

그러나 루소는 역사의 이행 과정에서 이룩되는 인간의 모든 진보가
표면상으로 개인의 완성을 향하고 있으면서도 실제로는 종의 타락을
향해 나아간다고 보았다.[15] 따라서 루소는 완성능력을 사람의 모든 불
행의 주요 원천이라고 간주했다.[16] 바로 이 점에서 루소는 인류의 진보
가 지닌 양면성을 심각하게 생각하지 않을 수 없었다.

그렇다면 흔히 오해되듯이 루소가 이 딜레마를 피하기 위하여 본연
의 자연상태로 돌아갈 것을 주장하였단 말인가? 이와 관련하여 제기되
는 문제가 루소의 자연상태에 대한 상반된 논의이다. 그러나 이러한 논
의를 정리하기에 앞서 다음과 같은 루소의 표현을 다시 한번 음미해 볼

---

14 "Discours sur l'origine et les fondemens de l'inégalité," *OC* III, p. 162: Leo
Strauss, *Natural Right and History*(Chicago: University of Chicago Press, 1953),
pp. 272-74.

15 "Discours sur l'origine et les fondemens de l'inégalité," *OC* III, pp. 142, 171:
"Confessions," *OC* I, p. 388: "Rousseau Juge de Jean Jacques," *OC* I, p. 935.

16 완성능력에 대한 깊은 논의는 루소의 정치사상에 대한 연구에 있어 가장 어려운
부분으로 인정되고 있지만, 여전히 첨예한 논쟁이 계속되는 그만큼 중요한 위치를 차지
한다. 여기서 필자는 루소의 정치사상에서 지금까지 논의되어 온 완성능력에 대한 이해
는 상상력의 의미와 결부시켜 생각할 때 더욱 분명한 의미를 알 수 있다고 지적한다.
"자연은 자기보존에 직접적으로 필요한 욕망과 그것을 충족시키기에 충분한 능력만을
인간에게 주었다. 그 밖의 능력들은 모두 인간의 마음속 깊은 곳에 유보시켜, 필요할
때만 발휘하도록 했다. … 인간의 잠재적 능력들이 활동하게 되자마자, 모든 능력 가운
데 가장 활동적인 상상력이 눈뜨게 되고, 다른 모든 능력을 이끈다." "Emile ou de
l'éducation," *OC* IV, p. 304. 이러한 상상력의 뿌리는 생각보다 깊다. "연민의 정은 인
간의 마음에 자연적인 것이지만 그것을 움직이게 만드는 상상력이 없다면 영구히 활동
하지 않는 채로 있을 것이다." J.-J. Rousseau, *Essai sur l'origine des langues où il est
parlé de la mélodie et de l'imitation musicale*, p. 93. 상상력이 다른 자연적 능력들과
갖는 관계는 다른 상세한 논의를 필요로 하지만, 본문에서 일부 논의될 것이다.

필요가 있다.

　　그러면 해야 할 것은 무엇이냐? 사회는 전적으로 폐지되어야만 하는가, 너
　　의 것과 나의 것을 모두 없애버리고 숲으로 돌아가 곰들과 같이 살아야 한단
　　말인가? 이것은 나를 비판하는 자들의 결론으로서 나는 이러한 결론을 이끌
　　어내는 수치를 그들에게 남겨두지만, 한편으로 이 결론을 예방하고 싶기도
　　하다.[17]

　　루소는 결코 자연상태의 야만인으로 되돌아갈 것을 주장하지 않았
다.[18] 일단 자연상태를 떠난 인류는 다시 그 상태로 되돌아갈 수 없을
뿐 아니라 사람의 심적 구조도 변했기 때문이다. 따라서 현실의 타락한
사회에 대한 해결은 자연상태에 대한 단순한 복귀의 형태를 취할 수 없
다. 오히려 루소는 개인이 사회에서 생활할 것을 주장한다. 흔히 인식
되는 것과 정반대인 루소의 이 같은 놀라운 주장은 자연법론자들의 견
해와 비교해 봄으로써 더욱 확연히 알 수 있다.

　　자연법의 관점에서 자연상태는 이미 도덕적 상태이며 거기에서 생활
하는 개인은 선천적으로 양도할 수 없는 권리들을 지니고 있다. 이런
권리들은 사회에서 비롯된 것이 아니므로 역사적으로 사람들 간의 관

---

17 "Discours sur l'origine et les fondemens de l'inégalité," *OC* III, p. 142, n.IX-
p. 207.
18 이와 관련하여 『인간불평등기원론』이 출판된 이후 이 작품에 쏟아진 반박에 대한
루소의 답변을 참조하라. "내[루소]가 애정을 갖고 있는 것을 당신[필로폴리스]이 알고
있는 나의 동포들(Concitoyens) 사이에서보다도 오히려 나의 건강이 허락한다면, 숲속
에서 살아가리라는 것을 당신은 어떻게 아십니까? 당신은 나의 작품 안에서 그와 비슷
한 것을 말하기는커녕 그러한 종류의 생활을 결코 선택하지 않는 아주 강력한 이유를
인정했어야만 했습니다. … 현인조차도 오늘날 사막의 오지로 행복을 찾으러 가지는 않
을 것입니다." "Lettre à M. Philopolis," *OC* III, p. 235.

계에서 발생하였다고 볼 수 없고, 직접적이며 선험적으로 부여된다. 또한 선천적인 권리를 갖는 각 개인은 이미 도덕적 주체로서 사람이므로 그의 실재는 신성하고 절대로 침해할 수 없다. 즉 자연상태에서조차 "개인은 도덕적 주체이고, 역사와 사회 이전에 독립적으로 존재하는 하나의 인격이다."[19]

그렇다면 각자가 자연상태에서 '이미 지니고 있었던' 도덕적 지위와 권리들에 대해 사회의 수립에 의해서 덧붙여지는 것은 극히 제한된 범위에 불과하다. 사회는 자연상태에서 '이미 도덕적으로 완전한' 사람이 애초부터 소유해 왔지만 폭력과 상호 위협에 노출된 원초적인 권리들의 행사를 보장할 적극적인 보호책을 마련해 줄 수 있을 뿐이다.[20]

자연법의 여러 개념들은 이런 논리의 연속으로 도출된다. 사회는 목적 곧 사람을 사람답게 만드는 필수불가결한 조건이 아니라 단지 수단으로 존재한다. 사회는 사람들 사이에서 얻게 되는 모든 힘을 가지고 각 성원과 그들의 재화를 보호하기 위해 만들기로 결정한 수단일 뿐이다.[21]

여기서 얻을 수 있는 결론은 분명하다. 바로 사회의 존재 이유가 해명된다. 즉 사회는 각자가 자연상태에서 지니는 '이미 완전한' 도덕적 지위와 권리들에 대해 실정법을 비롯한 여러 방책을 고안하여 자연상태의 지위와 권리를 보충해 줄 뿐이다. 이런 맥락에서 이뤄지는 계약은

---

19 Otto von Gierke, *The Development of Political Theory: On the life and work of Johannes Althusius*(London and New York, 1939); Colletti, *From Rousseau to Lenin*, p. 150에서 인용.

20 Colletti, *From Rousseau to Lenin*, pp. 149-50.

21 Ibid., p. 150. 콜레티는 자유주의적 자연법(liberal-natural-law)의 모든 개념이 이러한 원리의 유산이라고 주장하지만, 이 전통에 속하는 범위를 포괄적으로 규정하는 것은 무리가 있다.

3장 문명 질서 창조 원리로서 자연 97

효율적인 공동체를 수립하여 사람과 사람을 결속시켜 통합하기 위한 참된 결사가 아니라 외면의 형식적인 질서를 창출하기 위해서일 뿐이다. 타인과 고립, 분리되어 있는 자연인의 절대적 특권들을 법에 의해 공고히 하거나 강화하게 되는 정치, 사법적 질서가 바로 그 단적인 예이다.[22] 그 결과 국가의 유일한 과업은 상호 적대적이고 배타적인 개인의 활동 영역에 속하는 개개 집단 간의 공존을 규정하는 법 곧 보편적인 법에 따라 자신의 자유와 병존할지도 모르는 모든 타인의 자유를 제한하는 법을 사용하는 데 있다.[23]

그러나 루소의 경우에는 전혀 다르다. 루소에 의하면 자연상태는 도덕적 상태가 아닌 순진무구한 상태이다. 자연상태는 선과 악의 구분을 넘어서 순수한 동물적 상태이다. 사람에게 자연적인 상태는 행복한 무지의 상태이다. 루소는 다음과 같이 되묻고 있다. "최초의 사람은 매우 무지했다. 타락의 원천이 아직 나오지도 않은 시기에 그가 타락했다고 어떻게 감히 말할 수 있는가?"[24]

엄밀히 논하자면 자연상태에서 사람은 선할 수도 악할 수도 없다. 자연상태의 사람은 아직도 참된 사람이나 도덕적 주체가 아니고 오직 자연적 존재일 뿐이기 때문이다. 도덕적인 존재로서 각 개인의 행위에 대한 가치 판단은 그와 타인 사이에 관계가 있을 때에나 가능할 수 있다. 하지만 루소가 묘사하고 있는 자연인은 타인들과 지속적인 접촉을 하

---

22 로크의 『시민정부론』에 있는 다음 글은 그 직접적 표현이다. "나는 정치권력이란 재산을 규정하고 보존하기 위해 … 법을 제정하는 권리라고 생각한다." John Locke, ed. by J. W. Gough, *The Second Treatise of Government: An Essay Concerning the True Original, Extent and End of Civil Government And A Letter Concerning Toleration*(Basil Blackwell, Fletcher & Son Ltd., 1976), p. 4.

23 Colletti, *From Rousseau to Lenin*, p. 150.

24 "Dernière réponse de J.-J. Rousseau à Bordes," *OC III*, p. 74.

지 않은 고립된 존재이기 때문에 도덕적이라고 할 수 없다.[25]

　이런 차이점에서 비롯되는 결과는 대조적일 수밖에 없다. 로크에게 자연상태는 실상 이미 완전한 도덕적 상태이기 때문에,[26] 그런 상태에서 사람은 어떠한 사회관계도 없이 독립적으로 자신의 인간성을 실현할 수 있다. 그 반면에 루소에게 사람의 본성은 자연상태에서 명확히 실현되는 것이 아니라 사회 속에서, 또 사회를 통하여 실현될 수 있다.

　루소에 의하면 사람은 자연상태에서 사회 상태로 이행하고 나서야 비로소 도덕성을 얻게 된다. 그와 동시에 자기가 단지 가능성으로서 가지고 있던 능력들을 발전시킬 수 있다.[27] 달리 말하자면 자연상태하의 자연인은 잠재적으로만 사람이다. 참된 사람의 능력들 곧 이성, 언어, 도덕적 책임 등은 자연상태의 고립에서 덜 발달된 채로 남아 있는 잠재적인 능력일 뿐이다. 그것들은 사회 속에서 활발해지고 실현될 수 있다. 사회는 그러한 능력들의 작용과 연관을 맺는 전제 조건이다. 각 개인은 자기를 넘어 더 넓은 사회라는 전체의 일부로 다른 사람들과의 관계 속에서만 자기를 실현할 수 있다.[28] 따라서 인류의 역사는 사회적 삶을 불가피하게 요구한다. 이런 논리의 연장에서 사회는 인류에게 자연

25　Jacques Dehaussy, "La dialectique de la souveraine liberté dans le contrat social," *Etudes sur le contrat social de J.-J. Rousseau-proceedings of the seminar held at Dijon 3-6 May, 1962*(Paris: Societe les Belles Lettres, 1964)[이하에서는 *Dijon '62*로 약칭함], p. 171.

26　여기에는 물론 로크의 자연상태 개념의 모호한 정의로 말미암아 다른 주장이 있을 수 있다. 로크의 자연상태에 대한 관념의 모호함에 대해서는 맥퍼슨의 상세한 분석을 참조하라. Macpherson, *The Political Theory of Possessive Individualism*, pp. 238-47.

27　Pierre Burgelin, "Le social et le politique chez Rousseau," *Dijon '62*, p. 171.

28　Lionel Gossman, "Time and History in Rousseau," ed., H. T. Mason, *Studies on Voltaire and the Eighteenth Century*, Vol. XXX(Oxford: Voltaire Foundation, Taylor Institution, 1964), p. 329.

3장 문명 질서 창조 원리로서 자연 99

스러운 것이라는 표현이 가능하다.

사회가 인류에게 자연스러운 것은 노쇠가 개인에게 자연스러운 것과 마찬가지라는 것, 인민에게 예술이나 법률이나 정부가 필요한 것은 노인에게 지팡이가 필요한 것과 마찬가지임을 부디 잊지 말기를 바랍니다. 그 차이는 기껏해야 노년의 상태가 사람의 자연에서만 유래하는 데 비해서, 사회 상태는 인류의 자연에서 유래한다는 것일 뿐입니다. 단 당신[필로폴리스]이 말하는 것처럼 직접 그렇게 되는 것이 아니라, 내가 [인간불평등기원론에서] 증명한 것처럼 단순히 종의 외적 상황에 도움을 받아 그렇게 되는 것입니다. 더구나 그 상황은 존재하는 일이나 존재하지 않는 일도 있을 수 있었고, 또는 적어도 좀 더 빨리 일어날 수도 있었고 늦게 일어날 수도 있었으며, 따라서 그 걸음걸이를 빨리할 수도 있었고 늦게 할 수도 있었습니다.[29]

결국 참된 사람의 본성, 그중에서도 완성능력과 자유 의식의 발현은 사회생활을 통하여 완전한 잠재력을 드러낼 수 있다. 그 반면에 사회생활 곧 사람 관계 속에서의 생활이야말로 이성이나 인식과 같은 사람의 가장 우수한 능력들을 발달시키는 조건이 된다. 루소의 자연 개념은 여기서 문명 질서의 수립 원리라는 창조적 의의를 지니게 된다. 이를 구체적으로 뒷받침하는 논리를 좀 더 검토하면 다음과 같다.

루소의 입장에서 사회의 존재 이유에 대한 해명은 다른 계약론자들의 결론과 전혀 다르다. 사회는 자연상태에서 살아가는 자연인에게 미발달된, '아직' 실현하지 못하고 있는 지위와 권리들을 충분히 실현시키기 위한 장으로 존재한다. 사회는 각자가 누리는 권리를 보충해 줄

---

29 "Lettre à M. Philopolis," *OC* III, pp. 232-34.

단순한 수단이 아니라 사람이 사회에서 살아감으로써 자기를 실현시킬 일종의 목적으로 전화된다는 결론을 내릴 수 있다.[30]

　이런 결론을 뒷받침하고 있는 것 가운데 로크의 자유 개념과 루소의 자유 개념에 대한 비교는 아주 유용하다. 로크에게 있어서 자연상태가 사회에서의 생활보다 많은 것을 포함하고 있으므로 사회에서 누리는 '시민적 자유'가 자연법에 의해 측정된 '자연적 자유'보다 제한된다.[31] 그 반면에 루소에게 있어서 사회에서 인간의 현존된 본성이 자연인의 그것보다 무한히 크게 된다.[32] 또한 일반적인 자연법의 전통과 달리 루소에 있어서 계약이란 자연상태에서 누리는 자유를 포기하고 새로운 도덕적, 사회적 질서를 창조하는 행위를 의미한다.[33]

　여기에서 다음과 같은 결론을 얻을 수 있다. 로크에게 있어서 참된 자유는 원칙적으로 '사회로부터' 자유라고 할 수 있다.[34] 반면에 루소에게 있어서 자유[35]는 사회로부터 자유나 개인적 자유가 아니다. 자유는

30　실상 이와 관련해서 자연법과 실정법의 상호 관계에 관한 논쟁은 법철학에서 가장 중요하면서도 쉽게 해결되지 못하고 있는 논쟁이다. 켈젠의 자연법론에 대한 비판은 앞에서 소개된 자연법론자들의 견해를 옳게 반영하고 전통적 자연법론자들의 원문에 충실하여 상당히 예리한 분석을 하고 있다. 하지만 켈젠은 본문에서 소개한 루소의 논리를 발견하지 못했다. 켈젠은 루소를 인용하면서도 루소의 전체 사상 틀에서 논의되는 자연법 비판의 논리를 전혀 모르고 있다. 켈젠의 논의에 대해서는 다음을 참조하라. Kelsen, *What is Justice?*, pp. 137-73.

31　Raymond Polin, *La politique morale de J. Locke*(Paris: Presses Universitaires de France, 1960), p. 193; Colletti, *From Rousseau to Lenin*, p. 151에서 참조.

32　Pierre Burgelin, *La Philosophie de l'existence de J.-J. Rousseau*(Paris: Librairie Philosophique J. Vrin, 1973), pp. 218-19.

33　"Du contrat social ou principes du droit politique," *OC* III, pp. 360-61, 364-65.

34　Colletti, *From Rousseau to Lenin*, p. 150.

35　제4부 2장에서 보겠지만, 루소가 말하는 자유는 자연적 자유, 사회적 자유, 도덕적 자유의 세 차원으로 구분된다. "Du contrat social ou principes du droit politique,"

단지 '사회 속에서', 또 '사회를 통해서' 실현될 수 있다. 이것은 사람이 사회를 자유롭게 함으로써만 자신이 자유로울 수 있음을 의미한다.[36] 자유는 타인을 배제하는 영역이 아니며, 그것도 모든 사람에 대한 자유의 적극적인 관계와 더불어 달성될 수 있는 것임을 시사한다. 더 나아가 도덕성은 인간에게 자연적이지 않기 때문에, 시민사회에 대한 참여를 통해 그것을 창조해야 한다.[37] 결국 루소에 있어서 개인의 참된 자유는 사회적 삶을 전제로 하여 실현된다.

따라서 루소가 단순한 자연주의자라거나 그가 현실의 역사로부터 도피하려고 한다는 주장은 설득력이 없다.[38] 오히려 그 반대로 루소는 존재하는 모든 것의 역사에 대한 통찰력을 바탕으로 문명사회가 내포하고 있는 문제의 근원적인 해결을 시도하였다. 인류의 역사는 사회적 삶을 불가피하게 요구한다. 하지만 사회가 불가피하다고 해서 현존 사회가 정당한 것이라고는 할 수 없다. 이런 맥락에서 루소는 지금껏 발전해 온 문명의 정당성에 대한 의문을 제기한다.

… 사회 상태는 인간이 빨리 도달하는 일이나 늦게 도달하는 일을 자유롭게 할 수 있는 극한 종점을 갖고 있으므로, 사람들에게 너무 빨리 전진하는 위험과 종의 완성으로 잘못 알고 있는 상태의 비참함을 알려주는 일은 무익하지 않다. … 우리가 문명화되는 것은 어쨌든 좋은 일이지만 그렇게 되지 않는 편이 우리에게 있어 한층 더 좋았을 것이다. … 모든 것이 있는 그대로 선하다면, 갖가지 정부나 법률이 존재하기 전에 모든 것이 있는 그대로도 선했

OC III, pp. 364-65.

36 Colletti, *From Rousseau to Lenin*, p. 151-52.

37 Allan Bloom, "Jean-Jacques Rousseau," pp. 567-68.

38 Gossman, "Time and History in Rousseau," p. 348.

다. 따라서 정부나 법률을 설립하는 일은 적어도 필요 없는 일이었다. … 모든 것이 있는 그대로 선하면, 우리의 결함을 교정하고 악을 치료하며 잘못을 정정해도 도대체 무슨 소용이 있겠는가?[39]

루소는 인류가 지나온 역사를 깊이 성찰하는 과정에서 문명의 진보가 갖는 양면성에 주목했다. 루소는 문명의 진보 과정에서 사람이 처한 모순된 상황의 심각성을 인식했다. 루소가 회고해 본 사람의 역사는 비인간적 역사였다.[40] 무엇보다도 루소는 사람의 본성과 그것에 따른 산물로서 사회 현실 사이에 크나큰 간극이 존재하게 되었음을 인식했다. 루소는 사람이 한편으로 종의 완성을 향해 가는 동안 개인은 점차 타락하게 되었다는 역설적 상황을 깊이 깨달았다.

루소에 따르면 역사란 역설적이다. 사람이 지닌 모든 능력이 가져오는 결과와 마찬가지로 역사 자체도 완성 가능성과 함께 타락의 현실화를 초래할 수 있기 때문이다. 이처럼 역사 자체가 지닌 불가피한 양상으로서 역설은 사람이 창조하는 것만큼 파괴하고, 향상되는 것만큼 타락하며, 문명화되는 것만큼 파멸해 간다는 데 존재한다. 본래 사람은 자연적으로 완성능력을 부여받은 진보적이고 발전적인 존재이면서도 그 과정에서 타락할 수밖에 없는 운명을 지녔다는 것이 루소의 주장이다. 따라서 사람의 파멸 원인이 진보에서 비롯되었다면, 사람의 구원 가능성도 그런 진보 가운데서 찾아질 수 있을 것이라는 결론이 된다.[41]

루소는 이 점을 분명히 인식했다. 그렇기 때문에 설령 루소의 사상이

39 "Lettre à M. Philopolis," *OC* III, pp. 232-34.

40 김홍명, 「루소와 정치적 상상」, 『한국정치학회보』, 제15집(1981), 11쪽.

41 Benjamin R. Barber, "Rousseau and the Paradoxes of the Dramatic Imagination," *Daedalus*, Vol. 107, No. 3(1978), p. 90.

역설로 가득 차 있는 듯이 보일지라도 루소의 사상 자체가 일관성이 없거나 모순에서 비롯된 것이 아니라는 점을 유의해야 한다. 사람이 처한 상황이 이미 역설적인 이상, 그 해결책도 역설적이어야 함이 당연하기 때문이다.[42]

따라서 사람은 문명사회의 타락을 벗어나기 위해 자연상태로 돌아갈 수도, 돌아갈 필요도 없다. 오히려 사람은 자신의 자유를 실현하는 방향으로 문명사회에 적극 참여하는 것이 자연의 이상에 합당하다. 역설적 상황에 대한 해결은 동시에 역설적인 해결을 요구한다. 만약 사람의 파멸 원인을 진보에서 찾을 수 있다면, 사람의 구원 전망도 파멸의 원인에서 찾을 수 있다.

루소가 제시하는 해결책은 심오하게 역설적이다. 루소는 악 그 자체로부터 악을 치유할 수 있는 구제책을 끌어내는 것을 기대했다.[43] 실로 "상처를 입힌 손만이 상처를 치유할 수 있는 손이다."[44] 따라서 루소는 새로운 현실을 구축하고자 할 때에도 역사를 벗어나서가 아닌 어디까지나 '역사 그 자체'에서 해결책을 찾는다.[45]

완성능력이라는 자연적 능력을 부여받은 사람은 자연적으로 진보적 혹은 발전적 동물이다. 사람은 분명히 자연적으로 타락할 수밖에 없는 운명에 처해 있다. 하지만 사람은 자연적으로 능히 타락을 구원으로 변

---

42 여기서 말하는 역설이란 루소의 사상에 있어서 이분법적이거나 단순한 반대를 의미하는 것이 아니다. 루소의 역설은 하나의 관념과 거기에 따르는 가운데 생기게 되는 두 가지 반대되는 감정의 병존(ambivalence)과 변증법적이라고 이해할 수도 있는 양면성(ambiguities)을 암시한다. Barber, "Rousseau and the Paradoxes of the Dramatic Imagination," p. 81.

43 Berman, *The Politics of Authenticity*, "The Paradox of Modernity," p. 159.

44 헤겔(G. W. F. Hegel)의 표현으로서 Ibid., p. 145에서 인용.

45 Gossman, "Time and History in Rousseau," pp. 311–49.

형시키고 덕을 구제할 능력도 동시에 갖고 있다.[46] 따라서 사람을 타락
시켰던 모든 자연적 능력은 여기서 극적인 반전을 하게 된다.[47]

사람에게 부여된 자연의 능력은 도덕적 잠재력과 치유의 잠재력을
함께 갖고 있다. 사람에게 그토록 많은 오류와 수고 및 불행의 원천인
상상력도 회복의 커다란 동인으로 사용된다.[48] 따라서 비록 현실의 삶
에서 타락될 수는 있을지언정, 결코 정복되지 않는 불굴의 자연[49]은 문
명을 재정립시키는 창조적 원리로 다시 표현된다.

루소가 문명의 허위에서 사람을 구원시킬 수 있다고 역설한 자연은
결정주의나 법칙성이 지배하는 객체화된 영역에 속하는 자연이 아니
다. 그것은 자유의 영역에 대단히 가까운 주체적인 자연이다.[50] 루소는

---

46 바버에 의하면, 이것이 바로 세속적인 신정설(theodicy)의 문제에 대한 루소의 해
결이라고 부를 수 있다고 한다. Barber, "Rousseau and the Paradoxes of the Dramatic
Imagination," p. 90.

47 실상 이러한 맥락에서 루소가 그토록 비난한 학문과 예술의 일면 긍정적인 역할을
이해할 수 있게 된다. 그와 함께 루소가 계몽의 산물인 이성과 선견지명에 대한 인간의
능력을 긍정하고 있음을 주목하라. 일례를 들자면, 루소는 극장의 역할에 대해서 제네
바와 같이 건강한 사회에서는 비판의 대상으로 삼을 수밖에 없는 것이지만, 당시의 파
리와 같이 이미 타락한 사회에서는 오히려 긍정적인 역할을 할 수 있다고 보았다. 달랑
베르에 대한 루소의 반박 문헌인 Jean-Jacques Rousseau, intro. par Michel Launay,
Lettre à M. D'Alembert sur son article Genève(Paris: Garnier-Flammarion, 1967)
을 참조하라.

48 상상력이 갖는 창조적 역할은 여러 측면에서 나타난다. 루소는 이를 여러 각도에서
논의하고 있다. 이에 대한 루소의 표현은 다음을 참조하라. "Emile ou de l'éducation,"
OC IV, pp. 568, 582, 587. 한편 문명을 비판적으로 극복하는 상상력의 역할에 대한
분석으로는 다음을 참조하라. Barber, "Rousseau and the Paradoxes of the Dramatic
Imagination," pp. 79-92; Joseph Featherstone, "Rousseau and Modernity," *Daedalus*, Vol. 107, No. 3(1978), pp. 167-92. 또한 비슷한 관점에서 정치적 상상이라는 표
현을 사용하는 김홍명, 「루소와 정치적 상상」, 1-11쪽을 참조하라.

49 "Discours sur l'origine et les fondemens de l'inégalité," *OC* III, p. 133.

50 Berdyaev, *Slavery and Freedom*, pp. 118-19.

종래의 정적인 자연의 개념에서 생명력 있는 자연의 개념을 끌어냄으로써 윤리적, 정치적, 미학적 차원의 의미를 부여한다.[51]

이러한 점은 루소가 종종 원시 상태의 결백과 단순성을 회고적으로 묘사하는 것과 함께 자연을 동적이며 미래지향적인 개념으로 다룬다는 사실에서도 드러난다. 그렇지만 문제는 여기에서 그치지 않는다. 자연에 대한 동적인 이해, 그것은 결국 인위적인 요소의 원초적인 근거를 재조명하여 새로운 현실의 창조라는 과제를 부여받게 됨을 의미한다. 실제로 '자연적인' 것을 부르짖는 저변을 살펴보면 거의 예외 없이 '인위적인' 사회의 예속으로부터 자유롭게 됨과 동시에 새로운 삶의 완전성과 통일성에로 이행하려는 의도가 내포되어 있다.[52]

결론적으로 루소의 자연은 이중 의의를 지니게 된다. 그것은 우선 원시 상태에서 본능적인 통합을 인간에 제공해 주는 상대적인 자연으로서, 정적인 차원에 머무는 소극적 의의를 갖고 있다. 다음으로 자연이 현실 사회의 영원한 원리로 인정될 때 그것은 적극적 의의를 갖게 된다. 과거의 회고적인 단순한 규범에 머무는 것이 아니라, 현실의 창조적인 원동력을 제공하는 동적인 자연의 개념이다. 물론 이 시점에서의 자연도 여전히 규범으로서 역할을 하고 있다.

그러나 이러한 자연은 원시 상태의 순수한 통합을 대체하는 새로운 이성적인 통합을 부과하는 것으로서, 한층 더 높은 수준에서 재창조되어야 하는 규범이다.[53] 동시에 루소는 이 과업을 수행하는 데 어떠한 초자연적인 섭리를 필요로 하지 않는다. 자연은 어디까지나 내적인 가능

---

51 Cobban, *Rousseau and the Modern State*, p. 216.

52 Berdyaev, *Slavery and Freedom*, p. 119.

53 Grimsley, "Rousseau and his reader: the technique of persuasion in Emile," pp. 234-36.

성을 나타내고 있을 뿐이고, 그런 가능성은 사람이 지닌 자유의지의 현명한 사용을 통해서 실현될 수 있기 때문이다.

루소가 사회계약에 의해 창출하고자 한 법의 자연 곧 실정법의 원천은 여기에서 나온다.[54] 루소가 발견한 자연의 개념은 법의 원리로서 구체적인 표현을 얻게 된다. 따라서 법의 존재 이유는 자유라는 결론을 얻을 수 있다.[55]

이렇게 해서 루소는 정치적 정의의 내면적 근거를 사람의 자연에서 끌어냄으로써, 고대 이후 끊임없이 제기되어 온 문제에 대해 답변할 수 있었다. 앞에서 살펴본 루소의 '비판적 자연'은 그 일차적인 답변이라 할 수 있다.

그러나 루소가 발견한 자연은 여기서 그치지 않는다. 루소의 자연 개념에 기초한 일반의지는 앞서 논의되었던 자연법 이론을 대체하는 법의 자연 곧 실정법의 궁극적인 원리로 작용한다. 루소는 자연 개념을

---

54 물론 여기서 말하는 법이 현존 사회법들이 아님은 말할 것도 없다. 루소는 오직 한 가지의 참된 법을 생각하고 있을 뿐이다. "우리[근대]의 제도들을 가까이 살펴보면 … 그것들이 신뢰받을 만한 위치로부터 얼마나 멀리 떨어져 있는 것인지 … 알 [수 있]다. 법의 보호 아래 자유를 열망하는 것은 헛된 일이다. 법(Des loix)이라고! 법이 어디에 있으며, 법들이 어디서 존중받고 있는가? 도처에서 법이라는 이름하에, 사적 이익과 인간의 정념들이 지배하고 있는 것을 … 보았을 뿐이다." "Emile ou de l'éducation," *OC* IV, p. 857. 또한 이와 관련해서 루소가 사회계약에 의해 확립하고자 한 정의의 기준, 즉 권리의 근거로 삼는 것이 자연법(natural law; loi naturelle)이 아니라 법의 자연 (nature of law)이라는 주장은 매스터즈의 연구에서 찾아볼 수 있다. Masters, *The Political Philosophy of Rousseau*, pp. 269-76.

55 헤겔 『법철학』의 온상은 바로 여기에 있다. 헤겔은 법의 이념으로서 자유에 근거하여 법철학 체계를 전개하고 있다. 그러나 헤겔은 자연법을 비판하면서, 본문에서 논의된 루소의 자연 개념에 대한 몰이해를 보여주고 있다. 헤겔의 자연법 비판에 대해서는 다음을 참조하라. G. W. F. 헤겔 지음, 이동춘 옮김, 『법의 철학 —자연법과 국가학』(서울: 박영사, 1987), 특히 서론, 53-72쪽.

종전의 비판적인 차원에서 이끌어낸 다음 현실의 창조적인 원리로 변모시켜 근대사회의 재구축과 참된 자유인의 형성 원리라는 적극적인 의의를 지니게 하였다. 여기서 적용되는 자연은 이전의 '비판적' 자연과 밀접한 연관을 지니고 새로운 시민사회 수립 원리를 지닌 '창조적' 자연이라는 개념으로 부를 수 있다.[56]

타락한 현실을 극복하고 문명 질서를 재구축하기 위한 루소의 정치적 대안 제시는 '창조적' 자연 개념에서 매개의 단서를 찾을 수 있다. 루소의 '창조적' 자연 개념은 새로운 현실을 구축하는 직접적인 원리로 적용된다. 루소의 정치학 곧 '잘 규율된 질서'의 구상은 이러한 자연 개념에서 비롯된다.

---

[56] 이제 그토록 많은 논란을 불러왔던 "자연으로 돌아가라!"의 의미는 여기서 어느 정도 해결될 수 있다고 본다. 물론 루소가 자연으로의 복귀를 강력히 요청한 것도 어느 면에서 사실이며, 이 구호가 정치사상뿐 아니라 낭만주의 운동 및 현실적으로 자연적 삶의 추구에 영향을 미쳤다고 알려진다. 그러나 지금까지 보아온 것처럼, 루소의 자연 개념은 너무나 많은 의미를 담고 있다. 실상 루소 저작에 수없이 나타나는 자연이라는 용어를 정확히 이해하기는 불가능할지도 모른다. 따라서 비록 필자가 의미 부여한 개념이 잘못되었을지언정, 이러한 자연의 두 개념 특히 창조적 자연 개념을 염두에 두어야만 비로소 루소의 정치사상에 대한 균형 있는 이해가 가능하리라고 생각한다.

3

사회계약과 정치결사:
공화국과 정부

루소에게서 개인의 자유는 사회 가운데, 또 사회를 통해서 실현됨을 알 수 있다. 그러나 개인의 자유는 아직 달성되지 않았다. 따라서 이제 남은 과제는 개인의 자유가 사회에서 어떻게 실현될 수 있는가 하는 것이다. 그것은 근대사회의 모순을 극복하기 위한 전제이며, 근대 부르주아의 주인과 노예 관계에서 탈피한 진정한 자유인의 형성에 관한 문제이기도 하다.

루소는 이 점에 대해 두 차원에서 해결책을 마련하였다. 하나는 사회적 차원에서 사회계약의 원리에 따른 정치 질서의 수립이고, 다른 하나는 개인적 차원에서 자유의지의 주체로서 참된 자유인의 형성이다. 다만 여기서 지적해야 할 점이 있다. 그것은 두 해결책이 별도로 마련되는 것이 아니라 상호 긴밀히 연결되어 있다는 점이다. 이 문제는 루소의 사상에 대한 평가의 전체 방향을 결정짓는 분기점이다. 루소는 이에 관해 다음과 같이 주의를 환기시키고 있다.

> 사회는 사람에 의해서, 사람은 사회에 의해서 연구되지 않으면 안 된다. 정치와 도덕을 분리하여 고찰하고자 하는 사람들은 둘 중 어느 것도 절대 이해하지 못할 것이다.[1]

여기에서는 사회적 측면에서 루소가 제시한 정치적 대안을 균형 있게 검토하고자 한다. 두 차원의 정치적 대안에 대한 구상은 루소 정치학의 틀을 결정짓는다. 또한 정당한 정치적 질서를 확립하는 완전한 기술은 특별한 기술 곧 정치학이다. 자연으로부터 구원이 가능한 것은 바로 이 기술에 의해서이다.[2] 최초의 기술이 우연과 결합하여 무질서를

---

1 "Émile ou de l'éducation," *OC* IV, p. 524.
2 Victor Goldschmidt, *Anthropologie et politique: Les Principes du système de Rousseau*, pp. 570-71.

낳고 사람을 타락시켰다면, 완전한 기술은 '잘 질서 잡힌 사회'를 창출함으로써 사람을 구원하려는 시도라 할 수 있다.[3]

루소가 제시하는 정치적 대안의 제시는 궁극적으로 자연상태에서 태어난 개인의 심리적 필요와 사회생활의 부자연스런 요구를 화해시킬 제도를 발견하는 문제로 귀결된다.[4] '훌륭한 사회제도는 사람의 본성을 가장 잘 변화시키는 제도'[5]이기 때문이다.

루소의 정치적 대안은 원초적으로 선한 사람의 본성에 부합하는 개인의 완성을 도모하는 한편, 다른 한편으로 현실 사회에서 타락한 사람의 자연을 참된 공동체의 수립에 의해 변형시키는 이중 목표를 갖고 있다. 그러면 루소가 어떻게 사람의 본성을 변화시킬 수 있는 제도를 구상했는지 알아보자.

루소의 정치적 구상에 대한 접근은 여러 각도에서 이뤄질 수 있다.[6] 1장에서는 루소가 근대사회의 모순을 지양한 극복태로 제시한 정치 공동체의 형태 곧 공화국의 기본 원리에 주목한다. 다음으로 루소가 공화국의 이념을 실현하기 위한 구체적인 방안을 제시한 정부에 대해 살펴볼 것이다.

루소의 현실 분석에서 보듯이, 불평등에 기초한 근대사회는 철저히

---

3 '잘 질서 잡힌 사회'의 의미와 내용에 관해서는 Maurizio Viroli, trans. by Derek Hanson, *Jean-Jacques Rousseau and the 'well-ordered society'* (New York: Cambridge University Press, 1988), 특히 pp. 37-52를 참조하라.

4 Cobban, *Rousseau and the Modern State*, pp. 216-17.

5 "Les bonnes institutions sociales sont celles qui savent le mieux *dénaturer l'homme*." "Emile ou de l'éducation," *OC* IV, p. 249. 원문의 이탤릭은 필자의 것으로서, 의미를 분명히 전달하기 위한 것임.

6 우클러는 루소가 『인간불평등기원론』에서 묘사한 억압적 상태로부터 사람이 벗어나는 적어도 세 가지 상이한 도정을 그렸다고 주장한다. 첫째는 정치를 향한 것이고, 둘째는 교육을 향한 것이며, 셋째는 고독을 향한 것으로서, 각각은 루소의 독립된 저작에서 가장 완전히 정교화되고 있다. Wokler, "A Reply to Charvet," pp. 88-89.

타락하였다. 따라서 루소는 타락한 시민사회의 모순을 어떻게 해결할수 있는지에 관심을 기울였다. 하지만 루소가 근대사회의 모순을 극복하기 위한 방안으로 제시한 정치적 대안은 쉽게 접합시키기 어려운 두측면을 나타내고 있다. 두 측면을 크게 구별하면 순수한 이론적 대안의성격을 띤 것과 일정 부분 실천적 대안의 성격을 띤 것으로 구분해 볼수 있다.[7] 여기에서는 먼저 루소가 정치적 대안으로 제시한 바람직한정치 공동체 곧 공화국의 의미를 살펴본 후,[8] 공화국의 이념을 실제로실현하기 위한 정부 역할에 대해 논의할 것이다.

---

7 Frederick Watkins trans. & ed., *Rousseau: Political Writings*(New York: Thomas Nelson and Sons, 1953), p. xxxv-xxxviii. 전자는『제네바초고』,『사회계약론』등으로 비교적 잘 알려져 있지만, 후자는 루소의 전체 논의에서 크게 주목받지 못하고 있는 부분으로서, 예컨대『폴란드정부론』과『코르시카헌법 초안』등이 이 범주에 속한다. 물론 양자는 서로 분리해서 생각하기 힘들 뿐 아니라, 양자에서 논의되는 주요 쟁점들의 해석에 있어서도 주석가들에 따라 전혀 상이한 태도를 보이고 있다. 자세한 논의에 대해서는 다음을 참조하라. Jean-Jacques Rousseau, trans. by Willmoore Kendall, *The Government of Poland*(Indianapolis: Hackett Publishing Company, 1985), Introduction: How to read Rousseau's *Government of Poland*, pp. ix-xxxix.

8 루소의 사회계약이 공화국을 지향하고 있느냐에 대한 논란은 많지만, 루소 자신의 의도로 논의의 결말을 대신한다. 흔히『제네바초고』로 알려진『사회계약론』초고의 원제는『사회계약에 관하여, 혹은 공화국의 형성에 관한 논문』(Du contrat social ou Essai sur la forme de la République)이다.

1

공화국

루소는 근대사상가들, 그중에서도 특히 홉스와 로크의 전통을 따라 사회계약론을 전개한다. 하지만 루소는 자신의 사회계약 이론에 과거의 전통과 전혀 다른 과제를 부여한다. 루소는 '정치 원리를 확립하는 데 법률이 허용하는 것과 이익이 요구하는 것을 일치시켜, 정의와 효용이 분리되지 않도록'[1] 하는 것을 중심 과제로 삼는다. 루소의 『사회계약론』도 계약에 의해 설립하는 정치적 결사 곧 공화국의 근본원리를 밝히고 있다.[2]

---

1 "Du contrat social ou principes du droit politique," *OC* III, p. 351.
2 여기서 주의할 점은 루소가 다루는 대상이 어떤 현존하는 정부나 국가가 아니라는 것이다. 그것은 마치 시민사회가 어느 특정한 시기만의 소산이라고 볼 수 없는 것과 같은 이치이다. 루소의 『사회계약론』은 전통적 의미의 계약론과 성격을 달리한다. 그것은 근본적으로 현존하는 정부 형태에 대한 관찰이라기보다 참된 사회적 결속에 관한 원리를 밝힌 것으로서, 정치적 권리들을 철학적으로 검토한다. 루소의 말에 의하면, "나는 권리와 이성을 추구하지, 사실에 관해 논쟁하지 않는다." "Du contrat social ou essai sur la forme de la république," *OC* III, p. 297. 실제로 사회계약론의 두 번째 원고에 「정치적 권리의 원리들」(Principes du Droit Politique)이라는 부제가 붙어 있음에 주

루소에 의하면 정치체의 목적은 '그 성원의 보존과 번영'[3]이며, 사회계약은 모든 시민사회의 기초이다.[4] 따라서 계약에 의해 형성된 사회의 본질을 해명하려면, 우선적으로 계약의 본질을 탐구해야 한다. 물론 계약에 의해서 사회의 설립이 이뤄지게 되는 이유는 여러 가지가 있을 수 있지만, 루소는 이해관계의 일치를 들고 있다.[5]

로크가 『시민정부론』에서 사회 설립의 동기로서 개인적 이해관계의 대립을 주장하는 반면, 루소는 공통된 이해관계를 지적한다.[6] 더 나아가 루소는 사회 성립의 요건으로 서로 대립된 것처럼 보이는 두 주장이 결국 하나로 귀착될 수 있다고 주장하여 사회 성립의 필연성을 도출해 낸다.

개인적 이해관계의 대립이 사회의 건설을 필요하게 만든 것이 사실이라면, 이해관계의 일치가 사회의 건설을 가능하게 한 것도 사실이다. 다시 말해서

목할 필요가 있다.

3 "Du contrat social ou principes du droit politique," OC III, p. 420.

4 "Emile ou de l'éducation," OC IV, p. 839.

5 이와 관련해서 생각할 수 있는 것이 루소가 제시하는 사회계약이 이뤄지는 시기이다. 루소가 생각한 것은 인류가 자연상태의 마지막 단계에서 발생하는 무질서를 벗어나기 위해 체결한 불평등한 사회계약에 비추어 볼 때, 정당한 공동체를 창출하기 위한 사회계약이라 할 수 있다. 이를 위해서 루소가 『인간불평등기원론』에서 사회의 설립을 묘사한 장면과 대조해 볼 필요가 있다. 여기서 루소가 논의한 '불평등하고 부정한 계약'은 로크가 시민정부의 근원을 만든 협약과 많은 공통점을 갖고 있다. 로크와 홉스의 사회계약의 결과 나타나는 기본적인 특징들은 최소한 주목할 필요가 있다. Colletti, From Rousseau to Lenin, pp. 166-68. 또한 제2부 제3장 참조.

6 이 점에서 루소는 사회계약의 동기에 관한 한, 일정 부분 홉스로 복귀한다. 일반적으로 『인간불평등기원론』은 로크와 그의 『시민정부론』이 루소에게 가장 큰 영향을 미친 시기의 기록으로 간주된다. 그 반면에, 『사회계약론』은 루소가 『인간불평등기원론』을 비롯하여 이전에 가장 혹독한 용어로 비판한 홉스의 사상 쪽으로 상당히 전환한 증거로 간주된다. Colletti, From Rousseau to Lenin, p. 166.

상반된 이해관계의 공통 요소가 사회 성립의 요건이 된다. 만약 모든 이해관계 속에서 하나의 일치점이 없었다면, 어떤 사회도 존재할 수가 없었을 것이다. 따라서 모든 사회는 공통된 이해관계를 토대로 해서 통치되어야 한다.[7]

여기서 주의할 점이 있다. 그것은 루소의 계약에 의한 사회의 창출이 단순히 하나의 공통된 이익, 이익들의 연합에 그치는 것이 아니라는 점이다. 어느 면에서 이런 계약 관념은 루소 이전에 충분히 논의되었다.[8] 그 반면에 루소가 주장하는 사회계약의 목표는 과거의 전통에 비해 훨씬 더 적극적인 의의를 지닌다.

루소에 의하면 사회질서야말로 다른 모든 질서의 기초가 되는 신성한 법이다. 하지만 이 법은 결코 자연에서 발생하는 것이 아니라 계약을 통해서 성립된다.[9] 사회에서 "사람들 사이의 모든 합법적 권위의 기초는 계약일 수밖에 없다."[10] 루소는 모든 정당한 사회관계를 계약으로 환원하고 새로운 정치 공동체 곧 공화국의 결성에 종래와 전혀 다른 계약 형태를 고려한다.

모든 힘을 합쳐서 각 성원의 신체와 재산을 방어하고 보호해 주는 일종의 결사 형태로서 그것으로 인해 각자는 전체와 결합되지만 자기 자신 외에 아무

7   "Du contrat social ou principes du droit politique," OC III, p. 368.
8   Ernest Barker, *Social Contract: Essays by Locke, Hume, and Rousseau*(New York: Oxford University Press, 1962), Introduction, pp. vii–xliv.
9   "Du contrat social ou principes du droit politique," OC III, p. 352.
10   Ibid., p. 355. 이 구절은 고대에서부터 논란이 되어온 노예제의 승인에 관한 논리를 루소가 완전히 거부한 결정적인 구절이기도 하다. 루소는 폭력이 결코 권리가 아니며, 인간은 자유롭게 태어난다는 이유를 들어 그로티우스를 비롯한 노예제 인정의 근거를 부인하고 있다. 이에 관한 루소의 상세한 논거에 대해서는 Ibid., pp. 355–58을 참조하라.

에게도 복종하지 않고 결합되기 이전과 마찬가지로 자유스러울 수 있는 결
사체를 발견하는 것, 이것이 바로 사회계약이 해결해야 할 근본문제이다.[11]

　　루소의 사회계약은 법률과 힘의 결합에 그치지 않는다. 루소는 사회
계약을 통해 복종과 자유를 결합시키려 한다. 사람은 새로운 힘을 만들
어낼 수 없고 현존하는 힘을 결합하여 그것을 하나의 방향으로 모을 수
있을 뿐이다. 따라서 인류가 자기보존을 위해 필요한 힘의 총화를 모아
각자가 본래 가졌던 힘과 자유보다 유리한 조건을 창출하는 것이야말
로 현존의 힘과 자유를 극대화시킬 수 있는 유일한 방안이다.[12]

　　사회계약에 의해 사람이 상실하게 되는 것은 자연적 자유와 욕망이 생기는
대로 획득할 수 있는 모든 것에 대한 무제한의 권리이다. 그가 얻는 것은 시
민적 자유와 자신이 소유하는 모든 것에 대한 소유권이다. 양자의 득실을 비
교하는 데 정당한 판단을 내리기 위해서는 우리는 개인의 힘에 의해서만 제
한될 수 있는 자연적 자유와 일반의지에 의해서 제한을 받게 되는 시민적 자
유를 명백히 구별해야 할 것이요, 폭력의 결과 이외의 아무것도 아닌 점유
혹은 선취권 같은 것을 확실한 명의에 의해서만 인정을 받을 수 있는 소유권
과 명백히 구별해야 한다.[13]

　　따라서 사회계약이 이뤄지는 것은 단순한 권리의 포기가 아니다. 그
것은 오히려 예전의 자연상태에서 자신의 힘에만 의존했던 불완전한
이익과 안전을 포기하는 대신에 새로운 사회적 힘으로 확실한 이익과

---

11   Ibid., p. 360.
12   Ibid.
13   Ibid., pp. 364-65.

안전을 확보할 수 있게 된 것으로 일종의 유리한 교환을 한다.

얼핏 보기에 루소의 주장은 그릇되고 불합리한 추론에 따른 결론처럼 생각할 수 있다. 하지만 루소의 주장을 단순한 억측이나 편견에서 비롯된 것이라고 보기 어렵다. 루소는 '정치체의 진수가 복종과 자유의 일치에 있음'[14]을 인식하고 이 같은 논리를 사회계약 원리로 해명한다.

계약 행위는 각자의 권리 행사에서 비롯된 것으로 계약 행위로 설립된 연합체는 사회계약을 기반으로 하는 원칙을 수립한다. 그에 따라 연합체는 각 성원의 안녕과 보존을 위한 '합법적이고 공평하며 일반적인 목적만을'[15] 부여받아 계약 당사자의 권리와 의무에 관한 제반 규칙을 세울 수 있다. 사회계약의 성질상 연합체의 모든 행위는 각 성원을 '전혀 차별함이 없이, 의무와 이익에 동등하게 참여시키는'[16] 것이어야 하기 때문이다.

한편 각 성원의 입장에서 각자는 연합체의 "전체 성원에게 자신을 양도하는 것이지, 개별 성원 누구에게도 자신을 양도하는 것이 아니다."[17] 각 성원은 타인에게 양도해 준 것과 동일한 권리를 각기 요구할 수 있으므로 각자는 '자기가 상실한 모든 것의 등가물을 획득하게 될 뿐만 아니라 현재 자신이 소유하고 있는 것을 보존하는 데 더 큰 힘을 얻게'[18] 된다. 실제로 연합의 설립으로 각 성원이 장차 누리게 될 혜택은 예전보다 훨씬 많아질 것이 분명하다.

그렇다면 각자는 연합체에게 자신의 권리를 양도하였다기보다 일종

---

14   Ibid., p. 427.
15   Ibid., p. 375.
16   Ibid.
17   Ibid., p. 361.
18   Ibid.

의 유리한 교환을 한 것일 뿐이다. 각자는 교환을 통하여 '불확실하고
불안정한 존재 방식 대신에 더욱 확실하고 나은 존재 방식을, 자연적
독립 대신에 자유를, 타인을 해칠 힘 대신에 자기의 안전을, 타인에게
정복될 가능성이 있는 자기의 힘 대신에 사회적 결합으로 절대 침해되
지 않는 권리를 각각 바꾸어 얻게 되기'[19] 때문이다.

심지어 각 성원이 연합체의 설립과 더불어 양도하게 되는 권리 자체
도 연합체에 의해 계속적으로 보호받으며, 각자는 연합체의 설립 근거
인 '근본 협약에만 따르고 있다.'[20] 따라서 각자는 연합체에 복종하면서
도 여전히 자유로우니, '자기 자신이 만든 법률에 복종함은 자유'[21]임이
분명하기 때문이다. 결국 각 성원이 연합에 복종함으로써 누리게 되는
자유란 이런 논거로 정당화된다.

루소는 사회계약에 의해 설립되는 연합체의 성격이 '반드시 자유의
지에 따르는 자유로운 결합체'[22]라고 보았다. 개인은 사회계약에 의해
서 일반의지하에 모든 것을 양도한다. 하지만 그것에 복종하는 것은 각
자의 자유의지에 기초한 자발적인 행동으로서 앞에서 설명한 바와 같
이 '여전히 자유로울 수 있는' 특색이 있다. 루소는 이 행위가 '자유롭
게 되도록 강제하는' 것이라고 하였다. 결국 그것은 구속을 정당화하
는[23] 루소의 역설적인 해결책이다.

루소가 제시하는 사회계약의 원리는 개인적 욕망과 사회적 의무, 이
익과 정의, 권리와 의무의 대립을 해소시켜 개인과 시민사회의 조화를

19   Ibid., p. 375.

20   Ibid.

21   Ibid., p. 365.

22   "Emile ou de l'éducation," *OC* IV, p. 839.

23   "Du contrat social ou principes du droit politique," *OC* III, p. 364.

목표로 한 것임은 두말할 필요도 없다. 그러나 루소의 사회계약이 의도하는 바는 여기에 그치지 않는다. 루소의 계약 이론이 과거의 전통과 달리 근본적인 독창성을 갖는 이유는 전혀 다른 데 있다.

공통된 이익이 각자가 사적 이익에 따를 것을 모두가 동의한 합의 혹은 계약에 한정된다면 사회는 존재하지 못하고 인간의 참된 사회화는 일어나지 않는다. 그런 사회는 순전히 형식적인 사회로서 단지 국가의 보호라는 틀 내에서 여전히 자연상태에 머물고 있을 뿐이다.[24]

그러나 루소의 경우에는 다르다. 루소의 사회계약이론에 의하면, 정치체의 성원은 사회계약에 참여함으로써 새로운 존재로 변형된다.[25] 달리 말하자면 사회계약은 자연인을 보호하는 것이 아니라, 자연인을 자연상태로부터 떼어내 사회에 전적으로 양도하여 통합시킨다. 뷔르도가 이를 적절히 설명한다.

[루소의] 사회계약은 그보다 앞선 이들 특히 로크에게 있었던 신중한 약속, 절차상의 계약이 아니다. 그것은 계약에 의해서 다른 것들을 공고히 하기 위해 어떤 기존의 권리들을 포기하는 문제가 아니다. 사회에 들어서는 순간부터 사람은 모든 기존 권리를 무조건 양도한다.[26]

이러한 양도에 의해 연합체의 각 성원은 자기의 모든 권리와 함께 자기 자신을 전적으로 연합체에 양도한다. 이 같은 전적인 양도야말로 사회계약의 성립을 가능케 하는 절대적인 조건이다. 모든 성원은 전적인 양도를 통하여 동일한 조건하에 놓이게 될 뿐 아니라 그 결합도 최대로

24 Colletti, *From Rousseau to Lenin*, p. 173.
25 Georges Burdeau, "Le Citoyen selon Rousseau," *Dijon '62*, p. 221.
26 Ibid., p. 223.

완전해진다. 각자에게 어떠한 권리라도 남아 있다면 일종의 자연상태가 잔존케 되는 것으로서 사회계약에 의해 설립된 정치체가 필연적으로 전제적인 것이 되거나 전혀 유명무실하게 되기 때문이다. 또한 각자는 전체 성원에게 자신을 양도하는 것이지 어느 개인에게도 자신을 양도하는 것이 아니다.[27]

그러면 이런 양도 행위는 어떤 실제적인 결과를 초래하는가? 달리 말하자면 양도의 대상과 목표는 무엇인가? 이 문제에 답변하기 위해서는 사회계약의 결과로 생기는 변화를 알아볼 필요가 있다.

> 우리 모두가 자기의 신체와 모든 힘을 공동으로 일반의지(volonté générale)라는 최고의 지휘하에 두고 집합체를 이루는 한, 각 구성원은 전체의 불가분한 일부분으로 받아들여진다.[28]

사회계약이 성립되는 순간 개인은 지금까지 갖고 있었던 모든 권리뿐 아니라 자신의 일체를 양도한다. 이러한 양도에 의한 결합 행위는 각 계약 당사자의 개별적인 인격 대신에 하나의 정신적이며 집합적인 단체를 만들어낸다.

> 이러한 결합 행위가 있게 되는 즉시 각 계약자라는 개인을 대신하여 하나의 정신적이며 집합적인 단체를 성립시킨다. 이 단체는 그것이 가지는 투표권과 같은 수의 구성원으로 조직되며 이 결합 행위로부터 그것의 통일성, 공동체적 자아(moi-commun), 생명 및 의지를 받게 된다. 모든 개인적 인격의

---

27   "Du contrat social ou principes du droit politique," *OC* III, pp. 360-61.

28   Ibid., p. 361.

결합으로 형성된 이런 공적 인격을 이전에는 도시국가, 오늘날에는 공화국 (république)이나 정치체라는 명칭으로 부른다. 그 구성원에 따라 이것을 수동적인 입장에서는 국가, 능동적인 입장에서는 주권자라고 부르고 동등한 다른 것과 비교할 때는 권력이라고 부른다. 한편 이 단체의 성원은 집합적으로는 인민이라는 이름을 취하며, 개별적으로는 주권에 참여하는 자라는 뜻에서 시민, 국가의 법률을 따르는 존재라는 의미에서 신민이라고 부른다.[29]

공화국의 참된 정체는 사회계약을 통해서 생겨날 수 있다. 공화국에서 핵심 요소인 일반의지와 인민주권의 개념도 사회계약의 산물이다. 사회계약에 의해 공화국 정체의 근본원리이자 의지의 총합으로서 일반의지가 형성되며 주권의 성립 근거가 마련된다. 루소의 다음 글은 공화국에서 모든 법률의 원천이며 정의의 규칙으로서 일반의지를 내세우며, 일반의지는 인민의 주권에서 비롯된 것임을 분명히 밝히고 있다.

정치체란 … 의지를 소유하고 있는 정신적 존재이며, 일반의지는 전체와 각 부분의 보존과 행복을 항상 지향한다. 또한 [일반의지는] 법률의 원천으로서 모든 구성원 상호 간이나 국가에 대한 관계에서나 정의와 부정의의 규칙[이다.] … 법이란 단어에서 이 위대하고 찬란한 원칙을 보라. … 가장 일반적인 의지가 항상 가장 정당한 것이며, 인민의 소리가 사실 신의 소리다.[30]

루소의 의도는 분명하다. 루소는 인민의 소리가 신의 소리라는 이름 하에 주권의 소재를 인민에게 귀속시킴으로써 종래의 군주주권에 대한

---

29 Ibid., pp. 361-62.

30 "Discours sur l'économie politique," *OC* III, pp. 244-46.

논의를 인민주권에 대한 논의로 바꿔 버린다.[31] 더 나아가 루소는 일반
의지에 기초한 주권의 속성에 거의 절대적인 위치를 부여한다.

> 일반의지의 행사일 수밖에 없는 주권은 절대로 양도될 수 없다. 주권자가 하
> 나의 집합적인 존재인 이상, 자기 외에 다른 누구에 의해서도 대표될 수 없
> 다. 권력이란 양도될 수 있는 것이나 의지는 그럴 수 없다.[32] … 주권이 양도
> 될 수 없는 것과 동일한 이유에서 분할될 수도 없다. 왜냐하면 그 의지는 일
> 반의지이거나 그렇지 않거나의 양자 가운데 어느 하나에 속할 수밖에 없기
> 때문이다.[33]

루소가 개념 정의한 주권은 원리상 분할되거나 양도될 수 없다. 주권
은 한 인민 전체에게 속하며, 오직 인민에게만 속한다. 인민만이 정당
하게 그것을 행사할 수 있다. 인민만이 의미를 규정할 수 있다. 인민만
이 어떤 이익들을 공유할 것이고, 공통으로 어떤 선을 추구할 것이며,
어떤 제한을 부과할 것인지 결정할 수 있다. 인민의 연합된 자유만이
주권을 변경하려는 시도의 정당성을 보증할 수 있다.
    또한 인민의 주권은 정복, 선거, 혹은 승계에 의해 획득될 수 없다.
주권은 특정인 혹은 특정 집단에게 귀속될 수 없고 분할될 수도 없다.

---

31 물론 몇몇 근대사상가들 사이에서 왕권 혹은 교권은 인민의 지배에 대한 언급으로
써 반격을 받은 사실을 보게 된다. 여기에 대해서는 James Miller, *Rousseau: The
Dreamer of Democracy*(New Haven: Yale University Press, 1984), p. 238, n.44 및
Quentin Skinner, *The Foundations of Modern Political Thought, Vol. Two: The Age
of Reformation*(New York: Cambridge University Press, 1978), pp. 318-48을 참조
하라.

32 "Du contrat social ou principes du droit politique," *OC* III, p. 368.

33 Ibid., p. 369.

오직 주권자인 인민만이 모든 문제에 대해 절대적인 권한을 갖고 결정 내릴 수 있다.[34]

루소에 의해 주권 개념은 근본적으로 전환되었다. 국가의 핵심에는 힘이 아닌 자유, 명령이 아닌 호혜성이 위치했다. 인격화된 왕의 무한한 권력은 비인격화된 인민의 권력 곧 그들이 공유하는 이익의 정도와 상호 존경의 힘에 의해 제한되는 권력 앞에서 사라졌다. 실상 인민주권에 대한 루소의 개념 정의는 루소 이전 누구도 언급할 수 없었던 주장이다.

물론 루소 이전에도 주권에 대한 논의는 상당 기간 지속되어 왔다. 그때까지 주권의 논의에 대한 지배적인 관점은 왕권주의로서 가장 널리 알려진 주권은 2세기 이전에 보댕(Jean Bodin)에 의해 정식화된 지배적인 이론이었다. 보댕은 주권을 '공동체에서 시민들과 신민들 위에 가장 높고, 절대적이고, 영구적인 권력'으로 개념 정의했다.[35] 뷔를라마퀴(Burlamaqui)의 다음 글은 루소 이전에 논의되어 온 주권의 정의에 함축된 의미를 적절히 소개한다.

주권자와 신민 사이의 관계는 그들 간에 일종의 사회이지만 불평등한 사회라고 부를 수 있는 사회를 형성한다. 즉 주권자는 명령하고, 신민들은 복종한다. 따라서 주권은 **최후에 명령하는 권리를 갖는 존재**이다.[36]

---

34 Ibid., pp. 368-75.
35 Jean Bodin, tran. by M. J. Tooley, *Six Books of the Commonwealth*(Oxford: Basil Blackwell, 1951), Book I, Ch. VIII, pp. 25-36.
36 Jean-Jacques Burlamaqui, *Principles of Right*, Vol. I, p. 80(*Droit naturel*, pt. I, ch. 8, §5); cf. Ibid., vol. II, pp. 97-111(*Droit politique*, pt. II, ch. 3); Miller, *Rousseau: Dreamer of Democracy*, p. 119에서 인용. 강조는 밀러의 것임.

루소는 주권에 대한 이전의 논의를 완전히 뒤집었다. 루소는 당시에 지배적으로 해석되어 온 주권 개념의 핵심을 바꿨다. 주권의 동의어는 더 이상 제국이 아니라 의지다. 루소는 주권 개념을 재정의함으로써 주권에 함축된 내용을 변화시켰다. 루소의 새로운 고안에 담겨진 정치적 함축성은 루소 자신이 추상적이고 도덕적이라고 간주한 용어로 표현된 것만으로도 적지 않게 급진적이었다.[37] 루소에 있어서 주권은 도덕적 이상과 심리적 실체로 변했다. 더 나아가 그것은 각 사람에 고유한 자유의지를 발달시키는 방법으로 되었다.

> 주권의 행위란 무엇인가? 그것은 … 단체와 각 성원 간의 협약을 말한다. 이 협약은 사회계약을 기반으로 하므로 합법적이요, 만인에 공통하므로 공평하며 일반의 복지를 도모하는 외에 다른 목적이 없으므로 유익한 것이며 공공의 힘과 지상권에 의해 보증을 받고 있는 한, 그들은 아무에게도 복종하고 있는 것이 아니라 자신의 의사만을 따르고 있다.[38]

이처럼 루소는 주권 개념을 재정의하고 주권의 참된 소재를 밝힘으로써, 절대군주제의 변호를 위한 어떠한 논의 형태도 뿌리째 뽑아버렸다.[39] 따라서 루소의 주권 개념이 갖는 의미는 단순히 용어의 재정의에

---

37 Miller, *Rousseau: Dreamer of Democracy*, p. 120.

38 "Du contrat social ou principes du droit politique," *OC* III, pp. 374-75.

39 마리땡은 보댕부터 홉스를 거쳐 루소에 이르는 주권의 개념이 절대주의의 개념과 동일한 맥락에서 형성되었으므로, 두 개념을 함께 지워버려야만 한다고 주장한다. Jacques Maritain, "The Concept of Sovereignty," in W. J. Stankiewicz ed., *In Defense of Sovereignty*(New York: Oxford University Press, 1969), pp. 41-64. 그러나 마리땡의 주장, 특히 루소에 관한 부분에는 동의하기 어렵다. 또한 마리땡의 주장이 갖는 모순된 논거에 대해서는 스탄케비츠의 서문을 참조하라. Ibid., pp. 7-11.

관한 문제가 아니다. 주권 개념의 변천은 바로 실제 권력의 변천을 잠재적으로 함축하고 있기 때문이다.[40]

만약 루소의 주권 이념이 어떤 실현 기회를 갖는다면 그것은 특정 종류의 정치제도를 필요로 한다. 달리 말하자면 루소의 인민주권이 실현되기 위해서는 그에 적합한 정치체제 곧 공화국이 설립되어야 한다. 따라서 루소의 인민주권에 대한 논의는 공화국에 대한 논의로 이행된다.

루소에 따르면 현실적으로 가능한 최선의 정치 질서는 공화국이다.[41] 루소는 공화국이라는 용어를 '집행 형식이 무엇일지라도 법률에 의해서 통치되는 모든 국가'를 의미하는 것으로 사용한다. "왜냐하면 그러한 경우에만 공공 이익이 지배하고 공적인 것이 실제적인 위치를 차지하기 때문이다. 따라서 모든 정당한 통치는 공화제이다."[42]

나는 여기서 이[공화제라는] 말로써 비단 귀족정치와 민주정치만을 가리키는 것이 아니라, 그 자체가 법률인 일반의지에 의해서 지도를 받는 모든 정부를 다 가리키고자 한다. 정부는 합법적이기 위해서 주권자와 혼동되는 것이 아니라 관리의 역할을 해야 한다. 그러면 군주제조차 공화제이다.[43]

루소의 용어에서 공화국은 군주제 혹은 귀족제와 같은 선상에서 논의되는 정부 형태를 의미하지 않는다. 루소는 기본적으로 공화제와 용어상 모순되는 군주제를 배제하지 않는다. 오히려 공화제의 대립항은

---

40 Miller, *Rousseau: Dreamer of Democracy*, p. 120.
41 Viroli, *Jean-Jacques Rousseau and the 'well-ordered society'*, p. 160.
42 "Du contrat social ou principes du droit politique," *OC* III, pp. 379-80.
43 Ibid., p. 380.

독재다.[44] 전자가 합법적인 통치 형태인 반면, 후자는 비합법적인 통치 형태이다. 공화국에서는 일반의지가 주권인 반면, 독재는 사적 의지로 행사되는 지배이다. 이것은 설령 사적 의지가 한 개인보다 많은 사람으로부터 유래되어도 마찬가지 결과이다.[45]

루소는 군주정치를 논하는 장에서 군주정치의 완성이야말로 기대하기 힘든 것이라고 보았다. "한 국가가 통치하기 어려운 것이라면, 한 사람의 손에 의해 통치되는 것은 더욱 어려운 일이다."[46] 더 나아가 군주 일인에 의한 통치의 두드러진 결함은 통치가 중단되기 쉽다는 것이다. 군주가 사망하는 경우, 다른 국왕을 선거하기 위한 공백 시기는 극히 위험할 뿐 아니라 많은 혼란이 따르기 때문이다. 이 경우 시민이 공정하지 않은 한, 각종 음모와 부패가 잇따라 머리를 들게 되고 국가의 무질서는 절정에 달한다.[47]

루소에 의하면 군주국의 궁정이 책략 정책의 소굴이고 내각의 잦은 경질이 국가에 잦은 혁명을 일으키게 하는 요인임을 알 수 있다. 그 반면에 공화국은 확고부동한 정책에 따라 자기의 목표를 향해 매진하는

---

44   Viroli, *Jean-Jacques Rousseau and the 'well-ordered society'*, p. 163.

45   이러한 맥락에서 비롤리는 루소에게 가장 강력한 영향력을 미친 정치학자 중의 하나는 마키아벨리(Niccolo Machiavelli)가 틀림없다고 주장한다. Viroli, *Jean-Jacques Rousseau and the 'well-ordered society'*, p. 168. 비롤리의 주장은 타당하다. 마키아벨리의 이름은 공화제와 독재 간의 대립 문제에 관한 루소의 논의에서 찾아볼 수 있다. "Discours sur l'économie politique," *OC* III, p. 247 및 "Du contrat social ou principes du droit politique," *OC* III, p. 409를 참조하라. 여기서 분명히 알 수 있는 것은, 루소는 공화주의자로서 마키아벨리를 칭송하고 있다는 사실이다. 또한 루소는 최선의 정부를 논하는 가운데, 마키아벨리가 피렌체공화국의 강화는 덕과 독립성에 의해 비롯되었다는 구절을 인용한다. "Du contrat social ou principes du droit politique," *OC* III, p. 420.

46   "Du contrat social ou principes du droit politique," *OC* III, p. 410.

47   Ibid., p. 411.

체제이다.[48] 루소는 한 개인의 수중에서 통치되는 군주제보다 인민의
소리 곧 여론에 의해 통치되는 공화제가 훨씬 신뢰할 만한 것이라고
본다.[49]

> 항상 군주제를 공화제보다도 못한 것으로 만드는 본질적이며 불가피한 결점
> 이 있다. 공화제에서는 자기의 지위를 훌륭하게 완수할 수 있는 유식하고 유
> 능한 인물이 아니면 여론이 쉽게 최고 행정 책임자의 자리에 올려주지 않는
> 다. 그 반면에 군주국에서 그러한 자리에 나서게 되는 자들은 대다수가 경솔
> 하거나 성급한 자거나 혹은 교활한 자이므로, 그 미숙한 꾀는 그들의 출세
> 운동에 쓸모가 있을지 모르나 일단 그 자리에 앉고 보면 공중에 대해서는 아
> 무런 소용이 없게 되고 오히려 그 무능을 폭로하고 만다. 인민은 이러한 선
> 택 문제에 있어서 군주보다 더욱 확실하고 틀림이 없는 법이다.[50]

루소는 공화국의 논의를 재정립했다. 분할할 수 없고 양도할 수 없는
주권의 우월함을 표상하는 모든 합법적인 공화국은 근본원리에 있어
단순하다. 공화국이 정당하려면 인민의 자유의지에 근거해야 한다.[51]
루소가 말하는 공화국의 존재 이유는 여기서 마련된다.
　루소의 주권에 대한 논의는 공화국의 정당한 근거를 밝혀줄 뿐 아니
라 정부의 위치를 결정짓는다. 루소는 근본적으로 정부 권위의 근거로
제시되어 온 전통적인 자연법 이론의 전제를 파기한다. 루소는 종래의

48　Ibid., p. 412.
49　루소는 이와 관련해서 플라톤이 말하는 철인왕이 극히 드물 뿐 아니라, 실제 왕위
에 오르게 될 행운이란 거의 기대하기 어렵다고 문제를 제기하고 있다. Ibid.
50　Ibid., p. 410.
51　Miller, *Rousseau: Dreamer of Democracy*, p. 120.

자연법론자들이 주장하는 이중 계약 곧 사회계약과 복종 계약을 홉스
와 마찬가지로 거부했다. 다만 홉스가 사회계약을 복종 계약에 포함시
키는 반면, 루소는 복종 계약을 없앰으로써 이중 계약에서 비롯되는 문
제를 해결한다.[52]

"국가에는 오직 단 하나의 계약만 있을 뿐이다. 그것은 본질적으로
다른 계약의 존재를 허용하지 않는 연합이다. 따라서 이 가장 본질적인
계약에 위배되지 않는 공공적 계약이란 상상할 수 없다."[53] 이처럼 루
소는 복종 계약을 부인함으로써 정치 이론에서 정부가 차지하는 위치
를 급격히 격하시켜 버렸다. 기르케(Otto von Gierke)의 표현을 빌리
자면, 루소는 『사회계약론』에서 공화국의 두 핵심 개념 곧 주권과 정부
간 구별 및 인민주권을 추출했다.[54]

루소의 논의가 의미하는 바는 분명하다. 양도 불가능하고 불가분한
인민주권에 관한 이론은 예전에 논의되어 온 복종 계약의 완전한 폐기
를 수반한다. 또한 복종 계약의 배제는 결과적으로 전통적인 견해에서
최고 권력으로서 인정되어 온 정부가 인민의 단순한 위임기관으로 격
하된 것을 함축한다.[55]

실상 루소가 복종 계약을 부인한 논리는 정부에 대한 기존 입장을 결
정적으로 전복시켰다. 이러한 위치 전환으로 정부는 로크의 경우처럼

---

52 이 이상의 논의에 대해서는 Colletti, *From Rousseau to Lenin*, pp. 180-83을 참
조하라.

53 "Du contrat social ou principes du droit politique," *OC* III, p. 433.

54 콜레티는 기르케가 분명히 인식한 이 문제가 정치 이론의 분야에서 실질적인 혁명
과 매한가지였다고 본다. Colletti, *From Rousseau to Lenin*, p. 183. 또한 콜레티는 엄
밀한 의미에서 정치 이론에 관한 한, 마르크스와 레닌은 국가 소멸을 위한 경제적 토대
의 분석을 제외하고는 루소에 아무것도 덧붙이지 못했다고 주장한다. Ibid., p. 185. 그
러면서도 콜레티는 전자의 경제적 토대 분석이 더욱 중요하다는 입장이다.

55 Colletti, *From Rousseau to Lenin*, p. 184.

더 이상 인민에 의해 양도된 주권의 저장소가 아니라 단순한 집행기관 혹은 엄밀히 말해서 한 위원회로 간주됨을 함축한다.

> … 정부는 … 주권[자]과 잘못 혼동된다. 정부는 주권[자]의 집행인일 뿐이다. … 그것은 단지 하나의 위원회, 직무일 뿐으로 그 안에서 주권자의 단순한 관리들인 통치자들은 그의 이름으로 주권이 그들에게 보관시킨 권력을 행사한다. 주권[자]는 마음 내키는 대로 이런 권력을 제한, 수정 혹은 도로 빼앗아갈 수 있다.[56]

정부의 존재 근거는 바로 여기에 있다. 정부의 위치가 주권자와 혼동되면 안 된다. 정부의 설립은 계약에 의한 것이 아니고 법률에 의한 것이며 집행권의 관리인일 뿐이다. 따라서 집행권을 행사하는 것은 어디까지나 법률에 복종하여 직분을 맡은 시민으로서 의무를 수행할 따름이다.[57]

루소는 정부의 위치를 '주권자인 것처럼 혼동되는 수가 있지만 실상은 주권자의 심부름꾼에 지나지 않는'[58] 것이라고 분명히 밝혔다. 단적으로 말해서, "정부는 주권자에 의해서가 아니면 존재할 수 없다."[59] 기르케는 여기서 루소 사상의 참된 기본 개념이 발달되었다고 논평한다.

> 그 개념으로부터 전례 없이 그[루소]가 발표한 모든 명제들이 따랐다. 왜냐하면 통치계약의 파기는 통치자의 모든 권리 파기를 위한 길을 열었기 때문

---

56   "Du contrat social ou principes du droit politique," *OC* III, p. 396.
57   Ibid., p. 434.
58   Ibid., p. 396.
59   Ibid., p. 399.

이다. 또한 인민이 연합되자마자 정부의 전체 사법권과 집행권을 중지시키는 인민의 집회라는 항구적이고 절대적인 전능함으로부터 그는 영구혁명에 대한 자신의 구상을 발전시켰다.[60]

더 나아가 루소가 인민주권을 양도할 수 없고 이전할 수 없으며 불가분한 것이라고 확인한 것은 직접민주제의 이름하에 대의제 국가 혹은 의회 정부에 대한 근본적인 비판으로 귀결된다.

주권은 그것을 양도 불가능하게 만드는 것과 동일한 이유로 대표될 수도 없다. 주권은 본질적으로 일반의지에 존재하며, 의지는 대표를 인정하지 않는다. 의지는 동일한 의지이거나 아니면 전연 다른 의지일 수 있어도 그 중간의 의지라는 것은 존재할 수 없다. 따라서 인민의 대리인은 인민의 대표가 아니며 대표가 될 수도 없다. 그들은 단순히 인민의 청지기이며 어떤 결정적인 행동을 행할 수 없다. 인민이 비준하지 않는 법률은 무효이며 실상 법률이 아니다. 영국 인민은 자기를 자유롭다고 간주하지만, 그것은 크게 잘못되었다. 그들은 오직 의회의 의원들을 선거하는 동안만 자유를 누린다. 의원들이 선출되자마자 인민은 다시 노예가 될 뿐, 실로 아무것도 아닌 존재가 되어 버린다. 인민이 즐기는 짧은 순간의 자유 행사는 실상 당연히 [이후에] 다시 상실하게 될 것을 전제로 한다.

대의원이라는 개념은 근대의 소산이다. 그것은 봉건정부가 가져다준 것으로서 인간을 타락하게 하고 사람이라는 명칭을 모독하는 불합리한 불법적 봉건제도[61]로부터 비롯된 것이다. 고대의 공화국 아니 군주국에 있어서조차

---

60 Gierke, *The Development of Political Theory*, p. 98 ; Colletti, *From Rousseau to Lenin*, p. 183에서 인용.

61 봉건 군주에게 신하가 되기를 맹세하는 선서식을 프랑스어로 hommage라고 하며,

인민은 결코 대의원을 갖지 않았다. … 인민이 대의원을 갖는 것을 인정하는 순간, 그 인민은 벌써 자유롭지 않다. 그 인민은 더 이상 존재하지 않는다.[62]

이러한 논리의 연속으로 루소가 주장하는 것을 바로 직접민주제를 의미하는 것으로 보아야 하는가? 이에 대한 논쟁은 루소 이후 오늘에 이르기까지 해결되지 않는 쟁점이다. 이 문제는 결국 루소가 표현한 참된 민주정치의 의미를 둘러싼 엇갈린 해석의 산물이다. 따라서 이에 대해서는 루소 자신의 표현을 주의 깊게 검토해 볼 필요가 있다.

엄밀한 의미로 참된 민주정치는 결코 존재하지 않았고 앞으로도 존재할 수 없을 것이다. 다수가 지배하고 소수가 지배당한다는 것은 자연의 질서에 어긋난다. 인민이 공공사무를 취급하기 위해 쉴 새 없이 집합해 있어야 한다는 것은 불가능한 일이며 그렇다고 해서 그 목적 수행을 위해 위원회를 구성케 되면 행정의 형태가 달라지지 않을 수 없음이 명백하다.[63]

위의 글은 루소가 대의제를 인정한 근거로 종종 인용되는 중요한 구절이다.[64] 그러면 루소가 여기서 말하는 의미는 무엇인가? 이 문제와

그 군주의 사람(homme) 즉 신하가 된다는 뜻에서 생긴 말이다. 루소는 사람(homme)이라는 말이 자기 자신을 파는 행위인 hommage란 말로 변한 것을 사람에 대한 모독으로 간주했다. 루소 저, 박옥줄 역, 『사회계약론 —정치적 권리의 원리』(서울: 박영사, 1982), 283쪽에 있는 역자 주 148 참조.

62   "Du contrat social ou principes du droit politique," *OC* III, pp. 429-31 및 Ibid., p. 431, n.1-pp. 1488-89를 참조하라.

63   "Du contrat social ou principes du droit politique," *OC* III, p. 404.

64   루소가 대의제를 인정했는지의 여부는 오늘날까지도 해결되지 않고 있는 논쟁점 가운데 하나이다. 이 논쟁을 해결하려면 루소가 직접 표현한 것을 중심으로 검토하는 것이 타당하다고 생각한다. 루소가 대의제를 인정했는지의 여부를 둘러싼 논쟁에 대해

관련하여 공화국의 주권을 유지하기 위한 루소의 방책을 검토해 볼 필요가 있다.

　루소는 공화국과 정부 간 구별을 분명히 한다. 그러나 정부는 그 속성상 언제나 주권을 침탈하려는 성향을 갖고 있다. 따라서 루소는 인민의 정기 집회를 통해 주권에 대한 정부의 침해를 방지하려고 한다. 루소는 공화국의 전체 성원에게 속해야 할 인민주권이 언제나 정부에 의해 찬탈될 위험성이 있음을 주목하여 인민의 정기 집회에 의한 대비책을 제시한다.

　사회계약의 유지만을 목적으로 삼는 이 [정기] 집회는 절대 생략될 수 없는 두 가지 제안부터 반드시 다뤄야 한다. 이 두 가지 제안은 각각 별도의 투표에 의해서 가결되어야만 한다. 제1의 의안은 「주권자는 현존 정체의 유지를 원하느냐」이다. 제2의 의안은 「인민은 행정을 현재 위임하고 있는 사람의 손에 다시 그것을 위임하기를 원하느냐」이다. … 여기서 나는 … 국가에 폐기될 수 없는 기본법이라는 것은 없으며, 사회계약까지도 폐기할 수 있는 것이라는 사실을 전제로 말한다. 왜냐하면 모든 시민이 집합해서 계약을 파기하는 데 의견이 일치되었다고 하면, 그 사회계약이 가장 합법적으로 폐기될 것임은 누구나 의심할 수 없기 때문이다. 그로티우스는 심지어 각자는 자기 나라의 성원권을 포기할 수 있고 국가를 탈퇴함으로써 본연의 자유와 그 소유권을 회복할 수 있다[65]고까지 말한다. 따라서 시민 각자가 할 수 있는 일을

서는 Stephen Ellenburg, "Rousseau and Kant: principles of political right," ed. R. A. Leigh, *Rousseau after two hundred years: Proceedings of the Cambridge Bicentennial Colloquium*, pp. 23-35에 나오는 토론 부분을 참조하라.

65 Grotius, *Droit de la guerre et de la paix*, l. II, ch. V, §24: "Du contrat social ou principes du droit politique," *OC* III, p. 436, n.3-p. 1491에서 인용.

전원이 모인 집회에서 할 수 없다면 실로 불합리한 일이 아닐 수 없다.[66]

공화국 내에서 인민의 정기 집회는 최고의 의사결정 모임이다. 인민의 정기 집회에서 의결하지 못할 것은 아무것도 없다. 심지어 인민의 정기 집회에서는 공화국의 기본법뿐 아니라, 공화국의 설립 근거가 되는 사회계약의 폐기까지도 결정할 수 있다. 인민의 정기 집회에서 표결은 투표로 이뤄진다. 모든 주권 행위의 의사표시로서 투표권은 어떤 사태가 발생한다 해도 시민에게서 결코 빼앗을 수 없는 권리이다.[67] 하지만 인민의 집회에서 각자가 서로 의견을 달리할 경우에 어떻게 의사결정을 내리게 되는가?

이 [투표수의] 비례를 정하는 데 유익한 두 가지 일반 원칙이 있다. 하나는 토의 사항이 중대하면 중대할수록 만장일치에 가까운 투표가 필요하다는 것이다. 다른 하나는 토의될 사항이 긴급을 요하는 일일수록 분리된 의견에서 규정된 차이를 적게 해야 한다는 것이다. 주제를 종결지을 필요가 있는 사항에 대해서는 한 표의 다수라도 충분하다. 따라서 첫 번째 원칙은 법률에 더욱 적합하고, 두 번째 원칙은 행정 처리에 적합한 것으로 보인다. 아무튼 이 두 원칙을 적절히 배합함으로써 다수결의 기준으로서 가장 좋은 비례를 결정해야 할 것이다.[68]

모든 투표 행위의 유일한 기준은 일반의지에의 합치 여부이다. 또한 인민의 정기 집회에서 투표는 만장일치가 가장 바람직하지만 모든 경

---

66 "Du contrat social ou principes du droit politique," *OC* III, pp. 435-36.
67 Ibid., pp. 438-39.
68 Ibid., p. 441.

우에 만장일치가 가능한 것은 아니다. 루소는 다수 득표 속에 일반의지로서 특징이 존재하지 않을 수도 있다고 지적한다. 파당이 많을 때와 정부가 주권자의 권리를 찬탈할 때는 개인의지 혹은 특수의지가 일반의지의 행세를 할 경우가 있기 때문이다.[69]

정기 집회와 투표에 대한 논의를 통해서 루소가 의도하는 대의제 논의의 핵심을 알 수 있다. 적어도 원리상으로 루소의 공화국에서 대의제가 인정될 근거가 없다. 공화국에 있어서 입법권은 인민의 정기 집회에 속한다. 법은 순전히 인민에 의한 일반의지의 선언이기 때문에 입법권은 대신 행사될 수 없다. 다만 법에 의해 위임된 정부의 집행권은 소수에 의해 대표될 수 있으며 대표되지 않으면 안 된다.[70]

그러나 이러한 논의는 어디까지나 이상적인 원리일 뿐이다. "참된 민주정치라는 것은 하나의 이상에 지나지 않고, 실재하는 것이 아니다."[71] 따라서 루소는 고대의 덕의 공화국을 이상으로 하면서도 근대의 변화된 상황하에서 대의제를 필요악으로 인정하지 않을 수 없었다.

루소의 『폴란드정부론』과 『코르시카헌법 초안』에 나타난 대의제 논의를 통해서도 알 수 있는 사실이 있다. 루소의 대의제에 관한 논의의 핵심은 형식이 문제가 아니라 내용이 문제이다. 달리 말하자면 루소가 의도하는 궁극적 목적이 인민에게 주권이 속하는 것인 이상 직접민주제든 대의제든 상관없다. 루소의 표현에 따르면, '어떤 정체든 모든 나라에 알맞은 것은 아니기' 때문이다. 따라서 앞서 인용한 "다수가 지배

---

69   Ibid., Livre II, Ch. 3, pp. 371-72 및 Ibid., Livre III, Ch. 18, p. 435.

70   Ibid., p. 430.

71   Ibid., p. 443. 이 구절에서 언급된 참된 민주정치는 입법권과 집행권이 결합된 조직을 의미한다. Ibid., p. 405. 이와 유사한 다른 구절도 있다. "만약 신의 인민이 있다면, 그 인민은 민주적으로 잘 다스려질 것이다. 그러나 이렇게 완전한 정부라는 것은 인간에게는 알맞지 않다." Ibid., p. 406.

하고 소수가 지배당하는 것은 자연의 질서에 어긋난다."고 한 구절도
이런 의미로 읽어야 한다.

　루소는 이런 인식에서 출발하여 현실적으로 가능한 최선의 정치 질
서를 모색한다. 그 모색의 일환으로 검토된 것이 앞에서 살펴본 공화국
에 대한 논의이다. 따라서 루소의 공화국에 대한 논의는 정당한 정치제
도, 특히 최선의 통치 형태에 집중된 논의이다.[72]

　루소의 공화국은 '잘 구성된 국가'이다.[73] 루소의 공화국은 완전한 기
술에 의해 창조된 잘 질서 잡힌 사회로서 시민사회의 모순을 극복한 정
치사회이다.[74] 루소의 공화국은 덕의 실현을 목표로 하는 자유로운 국
가이다. 몽테스키외가 덕을 공화국의 근본원칙으로 삼았지만, 루소는
정체에 따라서 다소의 정도 차이는 있을지 몰라도 잘 조직된 모든 국가

---

72 Viroli, *Jean-Jacques Rousseau and the 'well-ordered society'*, p. 171. 비롤리는
루소의 공화주의는 이러한 공화국의 이상을 실현하는 최선의 방법으로서 소수의 현명
하고 덕스런 사람들에 의한 통치를 선호한다고 평가하였다. 그러나 이와 관련해서 밀러
의 해석은 전혀 다르다. 밀러는 루소의 주권이 오직 민주제에서만 실현된다고 본다.
Miller, *Rousseau: Dreamer of Democracy*, p. 120. 이러한 주장의 차이는 아마도 루소
의 입법가에 대한 이해의 차이에서 비롯된 것으로 본다. 필자는 여기서 루소의 사회계
약론에서 나오는 입법가에 대한 해석을 논외로 하였다. 그 이유는 두 가지다. 먼저 흔
히 플라톤의 철인왕과 대비해서 해석되는 루소의 입법가에 대한 논의 역시 비롤리와 밀
러의 해석 차이와 유사한 결과를 빚어낼 수 있다고 보았기 때문이다. 다음으로 루소의
입법가에 대한 설명이 루소가 정치학에서 윤리학으로 후퇴하는 것이라고 많은 주석가
들이 말하고 있는 것도 사실이지만, 『에밀』과 대비해 볼 때 이러한 해석은 일면적이라
고 보았기 때문이다. 루소의 공화국에 대한 논의를 직접적으로 정체와 연관 지어 논의
하는 것은 지나친 속단이라고 본다. 두 문제는 결국 루소의 『사회계약론』과 『에밀』의
연관성과 결부된 해석으로 뒷부분에서 어느 정도 해명될 것이므로 이만 그치겠다. 이와
달리 켄달은 루소의 『사회계약론』과 『폴란드정부론』을 플라톤의 『국가』와 『법률』에 대
비시켜 논의할 수 있다고 주장한다. Kendall, *The Government of Poland*, pp. xvi-
xvii.

73 "Du contrat social ou principes du droit politique," OC III, p. 443.

74 Viroli, *Jean-Jacques Rousseau and the 'well-ordered society'*, p. 45.

에 덕이 실현될 수 있다고 주장한다.[75]

공화국 개념은 루소가 구상한 정치적 완성의 목표를 제시해 준다. 공화국이야말로 루소가 그토록 비판한 시민사회의 모순을 극복할 수 있는 정치 질서이다. 공화국이 지향하는 질서는 루소의 사회계약 원리가 구현되는 참된 정치 질서이자 일반의지가 실현되는 인간 완성의 장으로서 시민사회를 대체하는 극복태이다. 또한 이러한 정치 질서는 『인간불평등기원론』에서 인정한 자연적 불평등을 대체하는 질서이다.

> 모든 사회조직의 토대가 되는 [것으로서] … 기본 계약은 자연적 평등을 파괴하기는커녕 정신적 평등과 합법적 평등을 자연이 사람들 사이에 놓아둔 육체적 불평등과 대체시켜 줌으로써 힘 혹은 지력에 있어서 불평등할 수 있는 모든 사람은 계약과 법에 의해 평등해진다.[76]

바로 이 시점에서 루소는 자연적 질서를 시민적 질서로 대체시킨다. 법의 개념 정의 자체가 이런 특징을 보유한다. 법은 일반의지의 표현이기 때문이다. 정당한 정치제도의 근본원리는 사람들의 삶이 법에 의해 통치되고, 주권이 인민에게 머물러 있어야 한다는 것이다.[77] 다른 모든 원리는 이 두 가지 기본교리에서 유래된다. 즉 공공선이 개인의 이익에 우선해야 하며, 사람들의 정념 특히 야심과 이기심이 억제되어야 한다.[78]

물론 법이 보편적이어야 함은 당연하다. 법은 가능한 한 이기적이거

---

75   "Du contrat social ou principes du droit politique," *OC* III, p. 405.
76   Ibid., p. 367.
77   Viroli, *Jean-Jacques Rousseau and the 'well-ordered society'*, p. 171.
78   Ibid., pp. 171-72.

나 개인적인 이해를 벗어나서 일반적인 원칙에 따라 인간 상호 간의 관계를 규율할 수 있기 때문이다. 법은 강자가 약자에게 사용하는 수단이 되지 못하도록 누구에게나 제한 없이 시행되어야 할 것이며 절대적이어야 한다.

그 이유는 '의지의 보편성과 대상의 보편성을 결합시키고 있는'[79] 법은 결국 일반의지의 행위에 속하는 것이므로 어느 누구도 법에 저항하지 못하게 하기 위해서이다.[80] 또한 "분명히 사물의 힘은 언제나 평등을 파괴하는 경향이 있으므로 법의 힘은 언제나 평등 유지에 힘써야 하기 때문이다."[81] 그러나 법으로 보장되는 평등의 원리가 일반의지의 최종 목표는 아니다. 다음 글은 일반의지의 표현으로서 법이 추구하는 궁극적인 목표를 시사한다.

모든 입법 제도의 목적이 틀림없는 만인의 행복이란 도대체 무엇인가를 생각해 보면 그것은 자유와 평등이라는 두 개의 주요한 목표로 귀착됨을 알게 될 것이다. 자유가 목표가 되는 이유는 모든 개인적 의존은 국가 단체에 그것만큼 힘이 박탈되는 것을 의미하기 때문이요, 평등이 목표가 되는 이유는 평등이 없이는 자유가 존재하지 않기 때문이다.[82]

법은 공화국을 견고하게 밑받침하는 것과 함께 성원의 자유를 보증하는 전제가 된다. 또한 공화국의 모든 법이 일반의지에 기초하고 그것에 확고한 힘이 부여되면 각자가 현실의 사회에서 자유롭고 도덕적인

---

79 "Du contrat social ou principes du droit politique," *OC* III, p. 379.
80 Ibid.
81 Ibid., p. 392.
82 Ibid., p. 391.

존재가 되는 것이 가능하다.

> 사회에서 [주인과 노예의 관계로 되어 서로를 타락시키는] 해악을 배제할
> 어떤 방법이 있다면, 그것은 사람 대신에 법을 제정하고 일반의지 위에 현실
> 적인 힘을 부여하여 모든 개별 의지에서 비롯되는 행위보다 우월하게끔 하
> 는 것이다. 국가의 법이 마치 자연법과 같이 어떠한 인위적 힘으로도 굴복시
> 킬 수 없을 만큼 확고히 유지된다면 [사회에서 비롯된] 사람에 대한 의존은
> [자연에서 비롯되는] 사물에 대한 의존으로 다시 바뀔 것이다.
>
>   공화국에 있어서는 자연상태의 혜택과 사회 상태의 혜택이 모두 재결합
> 하게 되고 사람이 악덕에 빠지지 않게 해주는 자유 위에 덕으로 고양시키는
> 도덕성까지 덧붙여질 것이다.[83]

따라서 일반의지에 기초한 법은 공화국에서 구체적으로 실현될 수
있다. 이것이야말로 루소가 그토록 비판하는 근대사회에 대한 하나의
해결책으로 제시한 것이다. 이 점에서 루소는 개인의 자유가 실현되는
마당으로서 정치사회의 진실한 토대를 근거 지어 줌으로써 그것에 기
초하는 시민사회 극복태의 원리를 동시에 밝혀준다.

루소가 주장하는 사회계약의 원리하에 움직이는 사회는 각 개인이
타인과의 관계 속에서 자신의 자유를 실현시킬 수 있는 장의 제공이 가
능한 사회이다. 루소는 이처럼 정치적 원리의 주요한 기본 원칙을 제시
하는 동시에 다른 한편으로 이 원리에 배치되는 모든 비합법적인 정부
형태의 근거를 무너뜨린다.

이제 루소의 사회계약 이론이 궁극적으로 의도하는 바가 무엇인가를

---

83 "Emile ou de l'éducation," *OC* IV, p. 311.

알 수 있다. 루소의 사회계약이 갖는 독창성은 인간의 참된 사회화를 창출한다는 점에 있다. 그것은 "각자는 사회계약에 의해 새로운 존재를 부여받게 된다."라는 말로 요약할 수 있다. 이 말의 의미는 결코 단순하지 않다. 요컨대 이러한 양도는 그를 사회화시켜 새로운 존재 곧 어리석고 상상력이 결핍된 동물적 존재 대신에 이성과 지성을 갖춘 한 존재 곧 사람으로 만든다. 다음 글은 루소의 사회계약이 의도하는 궁극적 목적이 무엇인가를 보여준다.

> 감히 한 인민의 제도를 만들려 하는 자는 말하자면 사람의 자연을 변화시키고 각자가 하나의 완전하고 고립된 전체인 각 개인을 어떤 의미에서는 그[개인]가 그것[정치체]으로부터 자신의 전 생명과 존재를 받는 하나의 더욱 큰 전체의 일부로 변형시킬 수 있다고 스스로 느껴야 한다. 또한 그것을 더욱 강화시키기 위한 목적으로 사람의 성질을 변경시킬 수 있으며, 자연이 우리 모두에게 부여해 준 육체적, 독립적 존재를 하나의 부분적, 도덕적 존재로 대체할 수 있다고 스스로 느껴야 한다.[84]

위의 글에서 알 수 있듯이, 루소의 사회계약이 궁극적으로 지향하는 바는 사람의 자연 곧 본성을 변형하려는 목적을 갖고 있다. 하지만 루소는 사람의 본성 변형이 결코 쉽사리 이뤄질 수 없는 과제임을 누구보다 깊이 인식했다. 이런 맥락에서 루소의 정치사상에 대한 많은 논쟁을 불러일으킨 입법가에 대한 논의는 플라톤의 철인왕에 대한 해석과 다른 관점에서 접근되어야 한다.

루소는 '입법가'에 관한 장에서 몽테스키외의 말을 인용한다. "사회

---

84 "Du contrat social ou principes du droit politique," *OC* III, p. 381.

가 발생하는 당초에는 공화국의 지배자들이 제도를 만드는 것이지만, 후에 이르러서 제도가 공화국의 지배자들을 만든다."[85] 이 인용은 상당한 의미를 함축한다. 이와 관련해서 루소는 같은 장의 후반부에 다음과 같이 의미심장한 구절을 첨가한다.

새로이 형성된 인민이 건전한 정치의 규율을 이해하고 국가의 기본적 규칙을 준수케 하기 위해서는 결과가 원인이 되도록 할 필요가 있다. 즉 입법의 결과로서 형성되어야 할 사회정신은 오히려 입법 사업 자체에 있어서 개별의지로 군림해야 할 것이다. 또한 사람들은 법률이 제정되는 이전부터 법률에 의해서 도달하고자 하는 이상적 상태에 도달해 있어야 할 것이다.[86]

결국 루소가 자연을 탐구하는 과정에서도 인정할 수밖에 없었던 '결코 뿌리째 뽑을 수 없는' 사람의 자연은 어떠한 통치에도 불구하고 완강한 저항을 할 가능성을 여전히 갖고 있다.

국가조직이 진실로 확고하고 항구적인 것으로 되게 하는 것은 … 자연적 관계와 법이 언제나 일치하여 법이 자연적 관계를 보장하고 병행하며, 나아가 그것을 바로잡는 단계에까지 이르렀을 때이다. 그러나 입법가가 목표를 잘못 잡아 사물의 자연에서 나오는 원칙과 다른 원칙을 채택한다면, 즉 자연이 자유를 지향하는데 법은 예속으로 향하고 … 자연이 평화를 지향하는데 법은 정복을 지향한다면 법은 점차로 그 힘을 잃고 국가조직이 변질됨을 보게 될 것이다. 또한 국가는 동요가 그치지 않아 파괴되거나 변화되기에 이를 것

85 Ibid., p. 382.
86 Ibid., p. 383.

이며, 결코 정복되지 않는 자연이 자신의 제국을 다시 회복할 것이다.[87]

따라서 루소의 정치적 대안 모색이 사회적 차원에 그치지 않고 개인적 차원으로 이행하게 되는 것은 당연하다. 그러면서도 루소는 사회적 차원에서 인간의 자연을 변형시키려는 작업을 쉽게 포기하지 않는다.

더욱이 이러한 작업은 '사회질서의 완성을 위해 힘과 법을 결합시키는' 루소 사회계약의 근본적인 목표일 수밖에 없다. 물론 실질적으로 정부에 의해서 행사되는 힘이 일반의지의 표현인 법보다 상위에 위치할 수는 없다. '사회질서의 완성은 힘과 법률 간의 협조에 있다. 그러나 그 완성을 위해서는 법이 힘을 지배해야 하기'[88] 때문이다. 하지만 양자는 사회질서의 완성을 위해 인간을 사회화시킨다는 점에서 긴밀히 결합된다.

루소는 일차적으로 사회계약을 통해 인간의 사회화를 추구하지만 실제 통치 작용을 통해 사람의 본성을 변화시킬 가능성을 추구하고 있기 때문이다. 따라서 루소는 보편적 원리에 기초한 공화국에 대한 논의에서 더 나아가 현실적으로 힘을 발휘할 수 있는 정부에 대한 논의로 이를 뒷받침한다.

---

87 Ibid., p. 393.

88 "Que l'État de guerre naît de l'état social," *OC* III, p. 610.

2

정부와 공공경제

앞에서 본 것처럼, 일반의지는 전체와 각 부분의 보존과 행복을 항상 지향한다. 또한 정치체의 모든 구성원에게 법률의 원천으로서 일반의지는 정의와 부정의의 규칙이다.[1]

그러나 현실적으로 일반의지는 직접 구현될 수 없다. 일반의지의 실현을 위해서는 공공의 힘을 합쳐 집행할 수 있는 적당한 대행인이 필요하다. 그 대행인은 바로 국가와 주권자 사이를 연결하는 정부이다.

모든 자유로운 행동은 그것을 일으키려 노력하는 두 가지 원인을 갖고 있다. 하나는 정신적인 것 곧 행동을 결정하는 의지요, 또 하나는 육체적인 것 곧 그 행동을 실행에 옮기는 힘이다. … 정치체도 … 힘과 의지로 구분된다. 의지에 해당하는 것이 입법권이요, 힘에 해당하는 것이 행정이다. 양자의 상호 제휴가 없이는 아무 행위도 있을 수 없고 있어서도 안 된다.[2]

---

1 "Discours sur l'économie politique," *OC* III, p. 245.

루소는 정부가 행정 곧 집행권을 행사하기 위해 일정한 실체를 확보
할 필요가 있다고 주장한다.

정부가 국가라는 단체와 분명히 구별되는 실제적 생명으로서 존재하기 위해
서는 모든 성원이 일치단결하여 그것이 수립된 목적에 호응하기 위해 하나
의 개인적 자아를 가져야 할 것이다. 정부도 그 성원과 공통된 감각 및 자기
스스로를 유지해 나가려는 힘과 고유한 의지를 요한다. 이러한 개인적 존재
에게는 의회, 평의회, 토의권 및 결의권, 권리, 칭호, 군주에게만 속하는 특
권, 행정관의 직무가 고통스러운 것에 해당되는 영예를 누릴 수 있게 하는
특권 따위가 부여됨을 전제 조건으로 해야 한다.[3]

루소는 정부의 계약이라는 관념을 철저히 부정한다. 따라서 정부는
주권을 직접적으로 대표하는 단체라기보다는 주권에 종속된 위치를 차
지한다. 정부는 어디까지나 "인민과 주권자의 연락을 위해 설치되어,
법의 집행과 민사상 자유 및 정치상 자유의 유지를 책임지는 중개 단체
이다."[4] 그러나 루소는 정부의 역할을 과소평가하지 않는다. 오히려 루
소는 정부가 수행하는 역할 곧 행정은 근본적으로 정치의 일부가 되어
있다고까지 주장한다.[5]

인민들은 장기적으로 정부가 그들을 무엇으로 만드느냐에 달려 있음이 확실
하다. 정부가 원한다면 군인, 시민, 사람 중 누구도 될 수 있고 천인, 비루한

2   "Du contrat social ou principes du droit politique," *OC* III, pp. 395-96.

3   *Ibid.*, p. 399.

4   *Ibid.*, p. 396.

5   "Discours sur l'économie politique," *OC* III, p. 266.

자가 좋다면 그렇게도 된다. 따라서 자기 신민을 멸시하는 군주란 신민을 존
경받을 수 있도록 할 능력이 없음을 드러내는 것으로서 스스로 자신의 명예
를 훼손하는 것이 된다. 만일 당신이 사람에게 명령하고자 한다면, 그런 사
람을 창조하라. 만약 법률에 순종하는 것을 원한다면, 그들이 법률을 창조하
도록 하라. 그들이 해야 할 일을 시키려면 그들이 무엇을 해야 하는지만 알
면 충분하다.[6]

이처럼 정부의 역할은 결코 단순한 주권자의 심부름꾼의 역할에 그
치는 것이 아니다. 때로는 정부가 수행하는 행정에 따라 인민의 특성을
형성할 가능성마저 있기 때문이다. 루소는 더 나아가 정부와 인민의 관
계를 서로 뗄 수 없는 관계라고까지 말한다.

[통치의 목적을 달성할 수 없는 이유는] 원래 불가분한 관계인 통치체와 피
통치체가 지나치게 분리된 결과이다. 둘은 본래 한 정체였는데 정체의 타락
으로 분리되었다.

  이러한 경우에 가장 뛰어난 현자들은 조화의 관계를 고려하여 피통치자
에 해당하는 인민에게 맞추어 통치 방법을 결정하려고 한다. 그러나 그보다
훨씬 좋은 방법이 있다. 그것은 통치에 알맞도록 인민을 형성하는 것이다.
첫 번째 방법을 사용하면 인민은 원래대로 있으므로 정부가 쇠퇴함에 따라
양자의 조화가 깨어진다. 두 번째 방법을 사용하면 정부와 인민은 동일 보조
로 변화하여 인민의 힘으로 정부를 이끌게 되므로, 인민이 변하지 않으면 정
부도 변하지 않고 인민이 쇠퇴하면 정부도 쇠퇴한다. 이렇게 하면 양자는 항
상 서로 조화를 이루게 된다.[7]

---

6 Ibid., pp. 251-52.

여기서 곧이어 제기되는 문제가 있다. 즉 실제 집행 과정에서 나타나는 정부의 권한 남용과 주권자인 인민의 보호 사이에 발생하는 충돌 가능성이다. 따라서 행정에 있어서 가장 어려운 문제 중의 하나는 주권의 집행자인 정부와 주권자인 인민의 조화를 이루는 문제이다.

> 그러나 여기에는 난관이 있다. 그것은 [국가] 전체에서 하부적인 전체인 정부가 자신의 조직을 강화하되 조금도 국가 전체에 영향을 미치지 않도록 하며, 국가의 보전을 위한 공공의 힘과 정부의 보존을 위한 특수한 힘을 구분하는 방법이 언제나 문제이다. 한마디로 말해서 인민을 위해서 정부를 희생하거나 정부를 위해서 인민을 희생하지 않도록 하는 것이 어려운 문제이다.[8]

루소는 정부의 타락과 권한 남용에 대해 몹시 우려했다. 루소의 『사회계약론』에서 정부에 대한 논의의 초점은 거의 정부의 타락과 남용의 방지에 대한 방안에 집중되어 있다고 해도 지나친 말이 아니다.

루소는 정부에서 일반의지가 지배하기 어렵다는 사실을 충분히 인식했다. 루소의 『사회계약론』과 『정치경제론』의 상당 부분은 정부 내에서 작용하는 특수의지의 극복 방안을 논의한다. 또한 루소가 참된 사회계약을 논의하기 전에 부당한 사회계약을 비판하고 있는 방식은 정부에 대한 논의에서도 여전히 나타난다. 루소는 특수의지가 지배적일 수밖에 없는 정부 내에서 어떻게 하면 일반의지가 지배할 수 있는가를 부단히 모색했다.

그러나 정부에 대한 부정적인 견해가 루소의 정부에 관한 논의의 전

---

7   "Projet de constitution pour la Corse," *OC* III, p. 901.

8   "Du contrat social ou principes du droit politique," *OC* III, p. 399.

부는 아니다. 루소가 당시에 국가의 통치를 다룬『코르시카헌법 초안』
과『폴란드정부론』에서는 정부의 역할에 대한 더욱 적극적인 입장이
표명된다. 루소의 정부에 대한 논의는 행정이 기초하고 있는 경제적 측
면 곧 공공경제에 대한 논의와 직결된다. 루소는 경제적인 측면에서도
정부를 규정한다.

> 경제란 단어는 oikos 곧 가정이란 말과 nomos 곧 법률이란 말에서 유래되어
> 본래 전 가족의 전체 행복을 위한 현명하고 정당한 가사 처리만을 의미했다.
> 이 용어의 의미는 후에 대가족 곧 국가에까지 확장되었다. 양자를 구별하기
> 위하여 후자의 경우에는 일반경제 혹은 정치경제라고 부르고, 전자의 경우
> 에는 가내경제 혹은 개별경제라고 부른다. 여기서 문제 삼는 것은 후자일 뿐
> 이다.[9]

이와 같은 관점에서 루소는 정부를 다른 말로 공공경제 혹은 시민경
제라고 부른다.[10] 하지만 루소는 공공경제의 개념을 정부와 마찬가지로
주권이라고 부르는 최고 권위와 분명히 구별한다.

> … 내가 정부 및 공공경제라고 부르는 것과 주권이라고 부르는 최고 권위를
> 명백히 구별해 주기 바란다. 그 구별이란 후자는 입법권이 있어서 어떤 경우
> 에는 인민체까지도 구속하는 데 반하여, 전자는 집행권을 소유하므로 개인
> 을 구속할 뿐이다.[11]

---

9   "Discours sur l'économie politique," *OC* III, p. 241.
10 Ibid., p. 244, n.1-p. 1390.
11 Ibid., p. 244.

　얼핏 보기에 정부와 공공경제의 의미는 쉽게 접합되지 않는 것으로
생각할 수 있다. 그러나 양자는 행정이라는 용어 속에서 긴밀히 연관되
어 있다. 루소는 『정치경제론』에서 주권과 정부에 대한 구별을 비유를
들어 좀 더 알기 쉽게 설명한다.

　　정치체를 개별적으로 보면 유기체이자 생명체로서 사람과 같은 실체로 간주
　　될 수 있다. 주권이 머리를 대표한다면, 법과 관습은 신경의 근원이자 오감,
　　의지 및 지능의 중심인 두뇌이며, 재판관과 집행관은 기관들이라 할 수 있
　　다. 상업, 공업, 농업은 공공 필수품을 마련하는 입과 위장이며, 공공 재정은
　　혈액으로서 현명한 경제가 심장의 기능을 수행함으로써 신체 어느 곳에나
　　영양과 생명을 공급하는 것이며, 시민들은 유기체 전체를 움직이게 하고 활
　　동하고 노동하게 하는 신체와 사지라고 할 수 있다. 따라서 어느 부분에 상
　　처를 입힌다면, 그 사람이 건강한 상태에 있는 경우 고통의 지각이 곧 두뇌
　　에 옮겨지게 마련이다.[12]

　위의 비유에서 보듯이, 주권은 최고의 권위이지만 현실에 직접 적용
할 유효한 수단을 갖고 있지 않다. 주권이 실현되기 위해서는 정부의
힘을 빌려야 한다. 정부는 행정을 수행하는 데 따르는 제반 수단과 힘
을 갖고 있기 때문이다. 따라서 루소는 정부 운영의 핵심이 되는 공공
경제의 실천으로 시민사회의 모순을 해결하고자 한다.
　루소는 정부 혹은 공공경제의 임무도 바람직한 정치 공동체의 창출
을 위한 데 궁극적인 목표를 두어야 한다고 보았다. 이렇게 볼 때, 루소
가 제시하는 공공경제의 원칙들이 지향하는 목적을 분명히 알 수 있다.

12　Ibid.

루소가 제시하는 공공경제의 원칙들의 지도 원리는 일반의지이다. 공화국의 지도 원리인 일반의지는 실제 운영을 담당하는 정부의 지도 원리이기도 하다. 따라서 일반의지는 공공경제의 첫 번째 원칙인 동시에 정부의 근본 규칙[13]임에 틀림없다. "입법가의 첫 번째 의무가 법을 일반의지에 일치시켜야 하는 것인 것처럼, 공공경제의 첫 번째 규칙은 행정이 법률에 일치되어야 한다."[14]

시민사회의 모순에 대한 루소의 해결책은 이런 맥락에서 주어진다. 사람의 이기심에서 비롯된 시민사회의 모순은 근본적으로 완전한 이기성이나 완전한 사회성이라는 방향에서 해결책이 마련될 수 있다.[15] 무엇보다도 시민사회 내에서 개인을 타락시켜 온 상호의존성을 제거하는 방책이 필요하다. 시민사회의 모순을 해결하는 데 일반의지는 중요한 기준을 제공하는 원칙이다. 따라서 루소의 일반의지는 연민의 정과 같은 자연적 힘에 현실적인 사회적 힘을 부여하고자 하는 일종의 방책으로도 볼 수 있다.[16]

또한 주권의 설립 근거가 되는 일반의지는 그 본성상 모든 사람의 이익을 보장하기 위해 활동하며 법 아래 평등의 원리로 구속된다. 필요할 경우, 일반의지는 평등 원리를 부과할 힘을 사용해 사람들의 야심을 법으로 억제시켜야 한다. 그것이 행해지지 않으면, 야심들은 사람들로 하여금 자신의 이익들을 증대시키기 위해 타인들의 합법적인 권리들을 짓밟도록 만들 것이기 때문이다.[17]

---

13   Ibid., p. 247.
14   Ibid., p. 250.
15   Melzer, "Rousseau and the Problem of Bourgeois Society," p. 1030.
16   Barber, "Rousseau and the Paradoxes of the Dramatic Imagination," p. 90.
17   Viroli, *Jean-Jacques Rousseau and the 'well-ordered society'*, pp. 171-72.

루소는 근본적으로 이기적인 동기에서 움직이는 시민사회의 자기 정화 능력을 믿지 않았다. 루소가 추구하는 참다운 공동체의 삶은 시민사회 내의 삶이 아니다. 시민사회 내에서 각자 자신의 이익만을 추구하는 부르주아적인 생활양식은 더 이상 방치될 수 없다.

그러나 이러한 과업은 대단히 어려운 과제이다. 루소는 이를 분명히 인식하였다. 루소는 시민사회에 대한 자신의 비판에서 경제적 관계와 사회의 도덕적, 정치적 특징 사이에 밀접한 연관을 강조한다.[18] 『인간불평등기원론』에서 묘사된 사회의 중요한 결함 중 하나는 정치 관계를 형성하는 경제 세력의 자유로운 활동을 허락했다는 점이다. 이것은 잘 조직된 사회에서 결코 방치하면 안 된다.

한 국가의 경제는 정치적 목적에 의해서 결정되어야 하지 그 역은 안 된다. 루소는 폴란드인에게 권하는 글에서 "채택할 경제체제의 선택은 폴란드가 자신의 헌법을 개혁하는 데 갖는 목적에 달려 있다."[19]고 역설하며 정치적 결정과 경제체제의 우선순위를 분명히 밝힌다. 한 국가 내에서 경제체제의 선택은 국민의 장래를 결정짓는 중요한 요소이다. 각국은 한편으로 경제 발전과 진보 및 타락과 다른 한편으로 참된 번영과 정의, 자유 및 안정 사이에서 부득이하게 하나를 선택할 수

18 펠레드에 의하면, 사회조직의 구체적인 대안적 형태를 제시하는 『폴란드정부론』과 『코르시카헌법 초안』에서 사회의 이런 두 측면은 표상과 실체의 양자 모두에서 분열된다. Peled, "Rousseau's Inhibited Radicalism," p. 1038. 하지만 루소의 비교적 일관성 있는 입장은 『정치경제론』에서 찾아볼 수 있다. 더욱이 펠레드의 심각한 오류는 자신이 인정하고 있다고 하면서도, 루소의 기본 입장을 무시하고 있다는 점에 있다. 즉 루소가 정치가 경제체제를 결정한다고 했음에도 불구하고, 펠레드는 루소의 정치사상에 대한 전반적인 논의를 간과하고 일방적으로 경제적 측면에서 루소의 정치사상을 해석한다는 점에서 한계를 드러내 보이고 있다.

19 "Considérations sur le gouvernement de Pologne et sur sa réformation projetée," OC III, p. 1003.

밖에 없다.[20]

  얼핏 보기에 경제 발전의 보조와 방향이 정치적 고려에 종속되어야 한다는 주장은 사유재산권에 대한 옹호와 불일치하는 것으로 생각할 수 있다. 그렇지 않다. 루소는 재산권을 극도로 제한된 권리로 보며 재산권에 대한 루소의 규정은 경제적 활동의 정부 규제와 전적으로 양립한다. 오늘날까지도 논란이 많은 이 문제에 대한 루소의 입장은 다음 글에 잘 나타나 있다.

  소유권은 시민의 모든 권리 중에서 가장 신성하며 어떤 점에서는 자유 자체보다도 중요한 것이 확실하다. 왜냐하면 재산이 생존에 더욱 더 긴밀히 관계되고, 재산은 인격보다 박탈되기 쉬우며 방어하기에 곤란하므로 더욱 강탈되기 쉬운 것을 더 존중해야 하고 소유권은 시민사회의 진정한 기반이기 때문이다. 재산이 개인들에게 보장되지 않으면, 의무를 벗어나고 법을 조롱하는 것은 가장 용이한 일이 되기 때문이다.

  다른 한편 국가와 정부 유지가 비용과 경비를 필요로 함이 명백한 사실이며, 목적을 찬성한 누구도 수단을 거절할 수 없는 것과 같이 사회의 구성원들은 사회의 유지를 위해 재산을 헌납해야 된다. 더욱이 한편으로 개인의 소유권을 확보하고 다른 한편으로 소유권을 침해하지 않는다는 것은 곤란한 일이다. 상속 순위, 유언, 계약 등에 관계된 모든 규칙이 어떤 면에서 시민 자신의 재산 처분이나 결과적으로 소유권을 방해하지 않게 된다는 것은 가능한 일이 아니다.[21]

---

20   Ibid., pp. 1003-4.
21   "Discours sur l'économie politique," *OC* III, p. 263.

　　루소에게 사유재산은 여전히 필수불가결한 사회제도이지만, 사유재
산에 대한 권리는 한정된 권리이다. 개인은 국가의 묵인하에서만 사유
재산권을 즐길 수 있다. 달리 말하자면 정확히 국가의 권리가 끝나는
곳에서 개인의 사유재산에 대한 권리가 시작된다. 루소는 노동과 경작
에 의한 토지 소유권을 인정하면서도 토지 소유에 대한 제한을 완곡하
게 규정한다.

　　토지에 대한 점유권을 확립하고자 할 때는 다음 조건을 필요로 한다. 첫째는
　　아무도 토지에 거주하고 있지 않을 것, 둘째로 토지 점유자는 생활 유지에
　　필요한 넓이만을 점유할 것. 셋째로 토지 점유는 … 노동과 경작에 의해서만
　　행해져야 한다. 노동과 경작은 소유권의 유일한 징표로서 소유권에 대한 법
　　률적 명의가 없더라도 타인에게서 마땅히 존중받아야 할 것이다.[22]

　　루소에 의하면 실질적인 소유의 사실과 구별되는 재산에 대한 권리
의 관념 자체는 시민사회의 존재를 전제로 한다. 그것은 국가에 의해서
인정되어야 한다. 국가는 그보다 앞선 사유재산을 존중할 의무가 있는
반면, 구성원의 재산에 간섭할 궁극적인 권리를 항상 보유한다.[23] 더 나
아가 루소는 주권의 행사를 강화하기 위한 방책으로서 일반의지에 의
한 개인의 재산권 제한을 직접적으로 제시한다.

　　개인의 자기 토지에 대한 권리는 언제나 공동체가 모든 개인에 대해 갖는 권
　　리에 종속된다. 그렇지 않으면 사회적 유대가 확고하지 못하게 되고, 주권의

22　"Du contrat social ou principes du droit politique," *OC* III, p. 366.

23　Peled, "Rousseau's Inhibited Radicalism," p. 1038.

행사도 현실적인 힘을 잃게 될 것이다.[24]

    그러나 여기서 주의할 점이 있다. "일반 행정은 그에 선행하는 개인 재산을 보호하기 위해서 설정되었다."[25] 사유재산에 대한 권리 침해는 어디까지나 정치체의 이념 곧 일반의지의 지도하에서만 이루어질 수 있다.

    루소는 『코르시카헌법 초안』에서 소유의 세 가지 형태로서 개인적 소유, 공동적 소유, 국가적 소유를 제시한다.[26] 루소는 원칙적으로 국가가 모든 것을 소유하는 것이 바람직하지만 개인적 소유를 폐지하는 것이 불가능하다고 본다. 하지만 지나치게 과대해지는 경향이 있는 개인적 소유를 주된 형태로 삼는 것은 반드시 피해야 한다. 루소는 개인적 소유를 축소시키고 공동적 소유와 국가적 소유를 확대하는 방안의 채택을 권고한다.

    … 사유재산을 절대적으로 파기하는 것은 불가능하므로 그것을 포함하고 지도하며 억제할 방책과 규칙 및 재갈을 주어서 사유재산을 가장 협소한 한도 내에 제한시켜 언제나 공공선에 종속시킨다. 한마디로 국가의 소유가 가능한 한 크고, 시민들의 소유가 가능한 한 적고 약하게 한다.[27]

    루소는 사유재산에 대한 개인과 정치체의 권리 충돌을 해결하고자 했다. 루소는 사유재산에 대한 권리를 인정하면서도 매우 좁게 규정함

---

24 "Du contrat social ou principes du droit politique," *OC* III, p. 367.
25 "Discours sur l'économie politique," *OC* III, p. 242.
26 "Projet de constitution pour la Corse," *OC* III, p. 931.
27 Ibid.

으로써 사유재산에 대한 자신의 언명에 충실하게 남아 있고, 경제적 관계는 공동체의 전반적인 정치적 목적에 귀속됨을 여전히 옹호할 수 있었다.[28] 비록 때에 따라 불분명하게 해석될 여지는 남겼더라도 루소는 사유재산의 인정과 정치체의 공통된 목적을 조화시키는 데 어느 정도 성공했다.

결론적으로 루소는 사유재산에 대한 제한을 인정하면서도 사유재산의 절대적인 파기는 불가능하다고 보았다. 그러면 루소는 사유재산의 확대에 따른 불평등을 어떻게 해결하고자 하였는가? 루소가 사유재산의 확대에 따른 불평등 문제를 끊임없이 제기하고 있는 이유는 무엇인가? 이는 루소의 정치적 구상과 깊은 연관이 있다.

루소에 의하면 무엇보다도 시민사회 내에서 주인과 노예의 관계로 전락되는 중요한 원인을 방지하기 위해서는 상대적인 재산의 균형이 유지되어야 한다. 사회의 구성원이 평등할수록 사회에 대한 귀속감이 커지고, 귀속감이 깊어짐에 따라 덕스런 행위가 가능하다.

사람들이 부패하고 타락하는 것을 막기 위해서는 가난한 사람도 부자로부터 독립할 수 있을 만큼의 재산은 소유해야 한다. 사회가 성원들 간의 유대를 강화시키려면 모든 사람이 소유를 하되 아무도 과도하게 소유하지 않아야 한다. "모든 사람이 생계를 유지해야만 하며, 어느 누구도 부유해서는 안 된다. 이것이 국가의 번영을 위한 근본적인 원리이다."[29]

나쁜 정부하에서 평등이란 표면적이고 허망한 것일 따름이다. 그것은 단지

---

28 Peled, "Rousseau's Inhibited Radicalism," p. 1038.

29 "Projet de constitution pour la Corse," *OC* III, p. 924.

가난한 자는 늘 비참한 생활에 허덕이게 하고, 부자는 그 강탈 행위를 유지할 뿐이다. 사실상 법률이란 항상 재산 소유자들에게 유익하고, 아무런 재산이 없는 자들에게 유해하다. 사회 상태가 인간에게 유익한 것이 되려면, 모든 사람이 다 재산을 소유하는 동시에 아무도 너무 부유해서는 안 된다.[30]

루소가 주장하는 평등은 권력과 부의 정도에 있어서 절대적 평등이 아니다. 다만 부자와 빈자가 서로를 매매할 비극적 상황을 피하기 위한 전제일 뿐이다. 더욱이 극단적인 부의 불평등을 해소해야 비로소 '정치 단체에 내재하는 결함으로 말미암아 한 정치체 내에 두 국가가 존재하는'[31] 파국적인 결과를 막을 수 있다.

국가를 지속성 있게 만들기를 원하면, 두 가지 극단을 가능한 한 서로 접근시켜라. 부자도 거지도 허용하지 말라. 본래 불가분한 이 두 국가는 공공복리에 똑같이 치명적이다. 전자에서는 폭군들이 생기고, 후자에서는 폭정의 지지자들이 생긴다. 공적 자유의 부정한 매매는 언제나 양자 사이에서 이뤄진다. 빈자는 그것을 팔고, 부자는 그것을 산다.[32]

국가가 참된 힘을 갖기 위해서는 중산층을 육성하여 법률의 정당한

30　"Du contrat social ou principes du droit politique," *OC* III, p. 367n.
31　Ibid., p. 439. 이 구절은 루소가 투표에 관한 논의를 하면서 로마의 귀족계급과 평민계급으로 분리되어 있을 경우를 예로 들어 설명하는 데서 인용하였다. 필자는 여기서 인용문의 전반부에 해당되는 것이 바로 이러한 재산의 불균형으로 비롯되는 결과를 의미하는 것이라고 해석한다.
32　Ibid., p. 392. 이 인용문에 나오는 본래 불가분한 두 국가라는 표현과 앞의 주에서 설명한 것을 대비해 보라.

권위가 힘을 발휘할 수 있도록 해야 한다.[33] 부자의 재산을 탈취하거나 빈자를 위한 처방이 중요한 것이 아니다. 축재할 수단을 만인으로부터 배제함으로써 시민들이 빈곤하게 되지 않도록 하는 것이 중요하다. 정부의 중요한 최대 과업 중의 하나는 재산의 극심한 불평등을 예방하는 것이다.[34] "정부에 있어서 가장 긴요하고 곤란한 일은 만인에게 정의를 부여하고 특히 부자의 폭정에 대해서 빈자를 보호할 엄격한 공정이다."[35]

루소는 사유재산의 전적인 폐지가 불가능하므로 공공경제의 운영을 통해 빈부의 격차를 줄이는 방안을 모색한다. 루소는 정부의 공공 재정을 논의하는 부분에서 강제적인 징세에 의존하기보다 자발적인 세금으로 해결하려고 시도한다.

법의 제정, 공화국의 창설 이후 착수해야 할 최초의 일은 행정관과 그 밖의 관리 유지와 모든 공공 비용에 충분한 재원을 발견하는 일이다. 그 재원이 금전일 경우에는 국고라고 칭하고, 토지인 경우는 공유지라고 한다. 전자보다 후자가 나은 데는 명백한 이유가 있다. 이 문제에 대해서 충분히 사색한 누구도 보댕[36]과 다른 견해를 가질 수는 없다. 보댕은 공유지를 국가 필요에 충당하는 모든 방법 가운데에서 가장 정직하고 가장 확실한 것으로 간주했다. 로물루스(Romulus)의 토지 분배에 있어서 최초의 배려가 3분의 1을 국가 필요로 배정한 것이었음에 주목해야 한다. 공유지의 결과는 잘못 관리된

---

33 "Discours sur l'économie politique," OC III, pp. 258, 277.
34 Ibid., p. 258.
35 Ibid.
36 공유지에 관한 보댕의 견해에 대해서는 다음을 참조하라. Jean Bodin, abridged & trans. by M. J. Tooley, *Six Books of the Commonwealth*, pp. 185-86.

다면 아무것도 없게 된다는 것이 불가능한 일이 아님을 나는 인정한다. 하지만 잘못 관리되는 것이 공유지의 본질은 아니다.[37]

루소는 공공경제의 운영에 있어서 공유지에 의한 재정수입을 선호했다. 개인의 재산을 침해하지 않고 공공의 필요를 위한 재원을 조달할 수 있는 유리한 수단이기 때문이다.[38] 루소는 국가의 주된 수입이 공유지에서 나오는 제도를 진정한 경제체제라고 보았다.[39] 하지만 근대국가에서 확대된 재정의 필요는 근본적으로 이러한 경제체제의 확립을 저해한다.

국가의 공공 필요가 증대되는 중요한 원인은 정복욕과 상비군에 있다. 한 국가의 정복욕은 군대의 증가를 초래하고 필연적으로 비용을 증대시킨다. 비용의 증대는 인민의 부담으로 연결되므로 점차 인민의 불만을 유발한다. 인민의 불만을 억누르기 위해서 다시 군대를 증가하지 않을 수 없다는 악순환에 빠진다. 폭군들은 외형상으로는 외국에 대한 방어를 호소한다. 하지만 실제로는 국내 인민을 억압하기 위한 확고한 방안으로 마침내 상비군을 창설하기에 이른다. 루소는 상비군이 결국 두 가지 목적 곧 이웃나라를 공격하여 정복하거나 시민을 쇠사슬로 연결해 예속시키는 목적만을 갖고 있다고 비판한다.[40]

상비군을 구성하기 위해서는 토지의 경작자들을 동원해야 한다. 농부의 동원은 식량의 감소로 연결되고, 군대의 유지에 필요한 비용은 더

---

37 "Discours sur l'économie politique," *OC* III, pp. 264-65.

38 Ibid., p. 267.

39 Ibid., p. 269.

40 "Considérations sur le gouvernement de Pologne et sur sa réformation projet-tée," *OC* III, p. 1014.

욱 증대된다는 모순에 처한다.[41] 따라서 인민은 군대의 부역과 공공의
필요에 대한 재원의 마련을 위해 이중으로 고통을 받을 수밖에 없다.
결국 나날이 증대되는 공공 필요와 점차 줄어드는 공유지를 통한 재정
수입으로 인해 국가는 보조금과 조세라는 재원 조달 수단에 의존하게
된다.[42]

　　루소는 근본적으로 재정에 의한 공공 필요의 충족을 불신했다. 재정
제도는 근대에 들어와 생긴 제도로서 국가의 힘과 인민의 번영을 창출
하기보다 오히려 타락시키는 역할을 하고 있을 뿐이다.[43] 하지만 루소
는 공공의 지출이 불가피함을 인정한다.[44] 루소는 조세라는 것이 필요
하게 된 현실을 인정하지만, 조세는 인민이나 인민 대표자의 동의로서
만 합법적으로 설정될 수 있다고 주장한다.[45]

　　사회계약의 기초가 개인의 소유권에 있으므로 각자가 공공 필요에
의해 추렴하는 의무 역시 기본 원칙에 어긋나면 안 된다. 공공 필요에
대한 추렴은 어디까지나 합법적이고 자발적인 방식 곧 공공 필요에 대
한 인민의 동의가 필요하다. 세금 부과에 있어서도 다수결에 의해 자의
성을 배제한 비례세에 입각해야 한다.[46]

　　루소는 과세의 종류를 크게 두 가지로 나눈다. 사물에 부과되는 대물
과세와 사람에게 부과되는 대인과세다. 전자는 다시 토지세와 곡물세

41　그 외에 상비군에 부수한 재난에 대해서는 다음을 참조하라. "Considérations sur
le gouvernement de Pologne et sur sa réformation projettée," *OC* III, pp. 1014-15.

42　"Discours sur l'économie politique," *OC* III, p. 269.

43　"Considérations sur le gouvernement de Pologne et sur sa réformation projet-
tée," *OC* III, pp. 1004-5.

44　Ibid., p. 1006.

45　"Discours sur l'économie politique," *OC* III, p. 270.

46　Ibid.

로 구분된다. 루소는 대인과세가 부자에 일방적으로 유리한 과세이며,
토지세와 곡물세도 도시에 유리하고 농촌에 불리한 것으로 불평등한
과세 부담을 가져온다고 비판한다. 루소는 가장 공평하고 따라서 자유
인에 가장 합당한 과세는 개인의 형편을 가장 적절히 고려하는 프랑스
에서 시행되는 혼합 과세의 일종인 카피타시옹(capitation)으로서 대인
과세와 대물과세를 절충한 과세라고 주장한다.[47]

루소는 폴란드인에게 권하는 과세에 대한 논의에서 대물과세가 인두
세보다 훨씬 더 낫다고 주장하지만, 조세 담당 관리들의 부정을 크게
우려한다. 루소는 부정행위를 피할 수 있는 과세 방법으로 토지에 대한
비례세와 전 토지에 대한 일률적인 과세, 특히 그 수확에 따른 10분의
1세를 제시한다.[48]

비록 제한된 범위에서일지라도 루소는 평등 원칙을 최대한으로 적용
할 수 있는 과세 방식을 검토한다. 타인보다 열 배 더 재산을 소유한 자
는 특별한 사정이 없는 한, 타인보다 열 배 더 세금을 납부해야 된다.
또한 관습에 따라 필수품과 잉여 곧 사치품에 대한 과세가 달라야 한
다. 루소는 단순한 필수품만을 소유한 자는 아무런 세금도 내지 말아야
하며, 잉여를 가진 자에 대한 세금은 필요에 따라서 필수를 초과하는
한도로 부과할 것을 주장한다.[49]

루소는 코르시카인에게 제시하는 경제적 방책 가운데 몇 가지 유용
한 방안을 제시하고 있다. "사치의 대상에 세금을 부과하라, 항구를 외
국의 상업에 접근시켜라, 공장을 억제하라, 금화의 유통을 금지하라."

47 Ibid., p. 271.
48 "Considérations sur le gouvernement de Pologne et sur sa réformation projet-tée," OC III, pp. 1011–12.
49 "Discours sur l'économie politique," OC III, p. 271.

같은 조항 및 개인이 소유할 수 있는 재산의 크기를 제한하는 농업 법률을 시행하는 것 등이다.[50] 루소가 의도하는 목표는 돈에 의해 타락되기 이전의 스위스에 존재한 것과 같은 단순한 농업공동체이다.[51] 루소는 돈에 의해 지배되는 상업사회의 잘못된 번영 대신에 농업에 의존하는 참된 번영이 훨씬 더 낫다고 주장한다.

루소는 사치금지법을 제정하되 국가의 지도자들에게 항상 더욱 무거운 부담을 주고 낮은 계층에게 더욱 관대하게 시행하도록 권고한다.[52] 사치는 '모든 악 중에서도 가장 나쁜'[53] 것이다. 사치는 조국을 허약과 허영에 넘겨주어 국가에서 모든 시민을 빼앗아 상호 간 노예가 되게 하고 모두를 의견의 노예로 만들어 버린다.[54] 루소는 사치로 야기되는 무절제, 이기심, 상호의존성을 막기 위해 사치금지법이 제정되어야 할 것이라고 주장했다.

루소의 과세 원칙이 지향하는 목적은 경제적 불평등을 최소화하는 방안이다. 소유의 불평등을 해결하고자 하는 루소의 논의는 사유재산의 문제에 국한되지 않는다. 이러한 논의는 교환관계에 기초한 시장경제에서 필수적으로 생겨나는 분업 문제에 대한 논의와 긴밀히 연계된다.

루소는 시장에 의존하는 교환관계가 화폐 중심으로 이뤄짐을 강조한다. 루소는 돈의 본성을 단순히 부의 징표로 간주하며,[55] 돈의 유통이야

---

50 "Projet de constitution pour la Corse," *OC* III, p. 936.

51 Ibid., p. 925, 928-29.

52 Ibid., p. 936.

53 "Discours sur l'origine et les fondemens de l'inégalité," *OC* III, p. 142-n.9. p. 206.

54 "Du contrat social ou principes du droit politique," *OC* III, p. 405.

55 "Considérations sur le gouvernement de Pologne et sur sa réformation projet-tée," *OC* III, p. 1008.

말로 정치적 목적을 어긋나게 만들기 위한 가장 강력하고 확실한 유인
이라고 비판한다.[56] 더욱이 교환관계가 발달한 시장경제하에서 필수적
인 화폐의 유통은 필연적으로 대외 교역을 활발하게 진행하는 데 따르
는 폐단을 초래한다.

  국가 경제를 대외무역에 의존할 경우에는 기본적으로 해상권의 확보
가 필요하다. 군비 증강에는 많은 비용이 소모되므로, 무역에서 얻는
이익보다도 군비 지출이 더 커질 우려가 있다.[57] 다행히 많은 부를 축적
하더라도 약소국에게는 시기심을 일으키고, 강대국에게는 침략의 야
욕을 꿈꾸게 할 뿐이다. 국가의 독립은 침해를 받게 되고, 인민의 자유
는 보장할 수 없다.[58] 국가 간 이익을 추구하기 위해 시작된 교환관계
에 의해 인민의 자유와 삶이 더욱 위협받는다는 역설적인 결과가 초래
된다.

  루소는 사유재산과 분업 및 교환관계가 갖는 밀접한 연관을 인식하
고 해결책을 제시한다. 만약 사유재산이 사회의 존재를 위한 본질적
인 요소이며 폐지될 수 없는 것이라면, 그 차이를 최소화할 수밖에 없
다. 또한 분업은 시장에 의존하는 교환관계와 밀접한 연관을 맺고 있
다. 교환관계가 사유재산제하에서 분업에 의해 생기는 필수적인 절차
라면, 타락을 막는 유일한 길은 분업을 최소화함으로써 가능하다.[59]

  루소의 제안은 생산과 소비가 순전히 개별 가정 내에서 일어나는 경
제체제를 통해 수행될 수 있다. 그러한 경제체제는 생산성을 지체시킬
것이라는 반대를 예상하지만 반론을 제기한다. "토지가 더 적은 것을

56 Ibid., pp. 1005-6.
57 "Projet de constitution pour la Corse," *OC* III, p. 902.
58 Ibid., pp. 902-903.
59 Peled, "Rousseau's Inhibited Radicalism," p. 1039.

생산하고 주민이 더욱 잘 규제된 삶을 영위하는 것이 더 낫다."[60] 루소는 농업에 기초한 자급자족 경제체제를 옹호한다. 루소의 자급자족경제에 대한 옹호는 그가 이상적으로 묘사한 전원의 농촌공동체에 대한 구상에서 알아볼 수 있다.[61]

> 농부들이 자기 직업을 떠나도록 만들 뿐이기 때문에, 농민을 부유하게 함으로써가 아니라 그 직업을 즐겁고 존경받는 것으로 만들어 농업과 유익한 기술을 고취시켜라.[62]

루소는 인구가 증가하면 불가피하게 상업, 산업, 예술이 도입되고 해악들이 생겨날 것이라고 지적한다.[63] "무역과 상업의 이동이 있다면, 파괴적인 악덕들이 어떤 민족에 서서히 침투되는 것을 막을 수 없다."[64] 루소는 자유롭고 현명하며 평화로운 민족의 발전에 가장 유리한 경제정책은 자급자족의 달성을 지향하는 것이라고 믿는다.[65]

루소는 민족 전체를 위한 목표뿐 아니라 국가 내의 다양한 지역을 위한 목표, 심지어는 개별 가정을 위한 목표를 지지한다.[66] 이상적인 경제체제는 수많은 자급자족의 단위로 구성되며 거의 혹은 전혀 경제적 교

---

60 "Projet de constitution pour la Corse," *OC* III, p. 924.

61 Ibid., pp. 924-26.

62 "Considérations sur le gouvernement de Pologne et sur sa réformation projettée," *OC* III, p. 1008. 그 밖에 경제체제에 관한 여러 사항들에 관해서는 다음을 참조하라. Ibid., pp. 1003-12.

63 "Projet de constitution pour la Corse," *OC* III, p. 907.

64 Ibid., pp. 924-25.

65 "Considérations sur le gouvernement de Pologne et sur sa réformation projettée," *OC* III, pp. 1003-4.

66 "Projet de constitution pour la Corse," *OC* III, pp. 924-26.

환을 수반하지 않을 것이다.[67] 루소는 이러한 체제가 도덕의 보존을 위해 필수적이라고 믿는다.

루소가 선호하는 농업 위주의 자급자족경제는 근대사회에서 비약적으로 발달해 가는 시장경제체제의 현실에 부적합할 수밖에 없다. 시민사회의 성장은 이미 통제하기가 어렵게 되었다. 루소가 지지하는 농업 위주의 경제체제는 극소수의 사회에서만 이뤄질 가능성이 있다. 루소 자신이 믿기에도 그의 경제적 권고는 폴란드와 코르시카와 같은 소규모의 공화국 혹은 단순한 사회에 실행될 수 있을 뿐이다.[68]

심지어 거기서도 루소의 권고는 경제적 성장을 참작하지 않으므로 증가하는 인구의 필요와 상충될 수밖에 없다.[69] '산업과 상업 혹은 예술'은 해외로부터 식료품을 수입하기 위해서 설립되어야 할 것이다. 단순한 시골 민족들조차 발전된 타락한 민족의 울타리로 쌓이게 될 것이며 질병으로 감염될 것이다. 또한 이것과 분리할 수 없는 악덕들이 생겨날 것이고, 점차적으로 그 취향과 원칙으로 민족을 타락시켜 정부를 변경하고 마침내 파괴할 것이다. 이런 해악은 불가피하다.[70]

루소는 도시를 끊임없이 비판하면서도 이 점을 충분히 인식한다. 사유재산과 분업에 기초한 도시의 성장은 날로 비대해지면서 농촌을 황폐화시킨다. 더 나아가 도시와 농촌의 분업 구조는 불평등과 부도덕을 심화시킨다.

67 Ibid., p. 914.
68 Ibid., p. 933.
69 "Considérations sur le gouvernement de Pologne et sur sa réformation projet-tée," *OC* III, p. 1008; "Projet de constitution pour la Corse," *OC* III, p. 905.
70 "Projet de constitution pour la Corse," *OC* III, p. 907.

도시는 국내에 상업이나 예술을 육성시키려는 경우에는 어느 정도 유용하지만, 우리[코르시카]가 채용한 체제에는 유해하다. 도시의 주민 중에 경작에 종사하는 사람들도 있겠지만, 그 외의 사람들은 게으른 사람이다. 경작이라면 도시 주민보다는 개척 농민이 더욱 잘할 것이다. 오늘날까지 코르시카를 해쳐온 모든 악덕은 다름 아닌 이 게으름에서 유래한다.

부르주아의 우매한 오만은 농민을 타락시키고 그 원기를 꺾을 뿐이다. 나태함과 그것이 자아내는 정념들에 의해 살아가는 부르주아들은 방탕에 빠지고 그것을 만족시키기 위해 자신을 팔아넘긴다. 이해관계가 비굴하게 만들고 나태함이 초조하게 만들기 때문에, 그들은 노예 혹은 폭도로서 결코 자유롭지 않다.

도시인과 농민의 차이는 모든 전쟁 전 기간을 통하여 혹은 코르시카 인민이 그 쇠사슬을 깨뜨린 뒤에 확실하게 느껴졌다. 혁명을 일으킨 것은 당신들[코르시카 인민] 지방행정 관구 사람들의 활력이었으며 혁명을 지지한 것도 그들의 강인함이다. 어떠한 역경에 처해 있어서도 꺾이지 않는 불굴의 용기는 지방행정 관구가 여러분에게 가져다준 것이다.

돈을 추구하는 사람들이 모여 사는 도시들은 제노바인이 교묘하게 미끼로 던진 아주 사소한 특권을 유지하기 위해서 자국민을 팔아넘겼다. 이 비열한 행동 때문에 천벌을 받은 도시는 지금은 한층 더 폭군의 소굴로 되어 전제 지배를 받고 있다. 한편 코르시카 인민은 자신들의 피를 걸고 구해낸 자유를 영광스럽게 향수하고 있다.

경작자인 인민이 도시생활을 동경하거나 도시에서 살고 있는 게으름뱅이 부류들을 부러워하는 일은 절대 안 된다. 도시의 거주자에게 얼마간의 편의를 공여하고 이것을 우대해선 안 된다. 그런 편의의 공여는 일반 주민과 인민의 자유에 해를 끼친다. … 한마디로 말하면 도시와 도시주민은 영지와 그 소유자의 경우와 마찬가지로 어떤 배타적인 특권도 가지면 안 된다. 이 섬

2장 정부와 공공경제   165

전체가 같은 권리를 누리고, 같은 부담을 지고 동일하게 이 나라 말로 공유
지가 되어야 한다.[71]

도시의 폐해는 대도시, 그중에서도 특히 수도의 경우에 더욱 심하다.

도시가 유해하다면 수도는 한층 더 유해하다. 수도는 말하자면 하나의 심연
과 같은 것으로 거의 모든 인민이 밀집하여 선량한 풍습과 법률과 용기와 자
유를 잃어버린다. 대도시는 대량의 물자를 소비하기 때문에 농업의 번영을
가져다준다고 생각된다. 그러나 대도시는 물자를 소비하는 이상으로 훨씬
많은 경작자들을 흡수하여 소멸시켜 버린다.

　이것은 한편으로 좀 더 좋은 직업을 갖고 싶다는 욕망이 경작자들을 매혹
시키기 때문이고, 또 다른 이유는 도시인이라는 인종이 자연히 번식력을 잃
어 소모해 버린 자리를 농촌으로부터의 인구 유입이 항상 보충하고 있기 때
문이다. 수도의 주변에는 수도에 매료된 사람들의 활기가 있으나, 그곳에서
멀어지면 멀어질수록 황량해져 모든 것이 사막으로 폐허화된다. 수도에서는
독기가 계속 발산되어 인민을 좀먹고 결국은 파멸시켜 버린다.[72]

분업 체계의 심화는 단순히 도시와 농촌 간의 불평등만을 심화시키
는 것이 아니다. 루소는 새로운 분업 체계가 발생함으로써 정치체제의
변화를 요구하는 수준에 이른다고 주장한다.

　국토가 주민으로 넘칠 때, 과잉인구는 더 이상 농경에 종사할 수 없으므로

71　Ibid., p. 911.
72　Ibid., pp. 911-12.

공업이나 상업, 공예 등에 취업해야 한다. 이 새로운 분업 체계는 지금까지와 다른 통치를 필요로 한다.[73]

루소는 농업 위주의 경제체제에서는 일반적으로 공화제, 특별히 한정시켜 말하자면 민주제가 적합하다고 주장한다. 농업에 가장 알맞는 체제는 권력이 어느 한곳에 집중되지 않는 민주제이다.[74] 농업 본위 체제는 민주정체와 불가분의 관계에 있다. 물론 순수한 민주적 통치라는 것은 한 인민에게 적용되기보다는 오히려 소도시에 적용될 수밖에 없다. 도시의 전 주민의 집회를 열 수는 있을지라도 나라의 전 인민을 모으기는 불가능하기 때문이다.[75]

루소는 코르시카와 폴란드 정부에 적합한 정체로서 인민이 모여 집회를 열고 인민의 권력의 수탁자들이 빈번히 교체될 수 있는 혼합정체를 권고한다. 인민의 복종을 합법적으로 가능케 하는 최고의 권위는 대표자에게 위임되어야 한다. 루소가 권하는 정체는 직접민주제에 귀족제를 가미시킨 혼합제이다.[76]

혼합제는 두 가지 장점을 갖게 된다. 첫째, 행정을 소수의 사람에게만 맡기는 것으로 유능한 인재의 선임을 가능한 한 실시할 수 있다. 둘째, 국가의 모든 구성원을 최고 권력에 참여시켜 전 인민에게 평등한 권리를 부여한다.[77]

---

73 Ibid., p. 907.

74 Ibid., p. 906.

75 Ibid., p. 907.

76 Ibid.

77 Ibid. 그러나 평등에 대한 루소의 강조에도 불구하고 『코르시카헌법 초안』에는 불평등의 가능성이 발견된다. 루소는 코르시카 국민을 3계급으로 분리할 것을 주장한다. 3계급이란 시민(citoyens), 애국자(Patriotes), 지원자(aspirants) 계급을 말한다. 물론

　루소가 혼합제에 정치적 정통성을 부여하는 것은 귀족제의 권위가 민주제의 자유와 평등에 결합되어 있다는 사실 때문이다. 루소는 귀족을 군주제에 귀속되는 봉건귀족과 귀족제에 귀속되는 정치귀족으로 구분한다.[78] 전자는 봉건 신분질서하에서 특권을 세습시키며 자유로울 수 있다. 귀족들은 헌법이나 국가의 주권으로부터 간섭을 받지 않는다. 그 반면에 귀족이 아닌 서민들은 제도적으로 불평등한 상태에 머무를 수밖에 없으므로 결코 자유로울 수 없다.

　루소는 국가의 존엄성을 귀족의 칭호 따위에서 찾는 것은 어리석은 일이므로 신민의 자유를 위해서 우선 귀족 중심의 신분 질서를 해체하고 귀족이 아닌 국가 자체를 고귀하게 하는 일이 선행되어야 한다고 주장한다.[79] 따라서 루소는 봉건귀족보다도 후자인 정치귀족에 대한 논의에 관심을 집중한다.

　의회의 성원으로서 정치귀족은 정치체의 중요한 일부를 구성한다. 양자는 어느 한편이 없으면 다른 한편도 존재할 수 없을 정도이다. 정치귀족은 하나의 단일체로 통합되어 있으므로 모든 권리는 구성원에 있다기보다 단체에 속한다. 정치귀족을 구성하는 모든 개인들은 태어날 때부터 칭호나 특권이나 권위에 있어서 모두 평등함을 전제로 한

이러한 계급 분화는 사회적이고 세습적인 것이 아니라 전적으로 개인적인 것이라고 주장하고 있지만, 특히 애국자의 경우 재산의 유무에 따라서 계급 분화의 기준을 삼았다는 점은 루소의 평등 원리와 분명히 상충된다고 할 수 있다. Ibid., p. 919.

78　Ibid., p. 909.

79　Ibid., pp. 908-909. 『폴란드정부론』에서는 귀족 신분에 대한 비판이 훨씬 완화되고 있음을 볼 수 있다. 그 이유 중의 하나는 당시 폴란드의 현실에 따른 것으로, 루소가 폴란드의 귀족들을 하나의 소규모 정치체의 지배자로 인정하고 있는 것으로 보인다. 이와 관련하여 루소는 폴란드 인민의 자유를 보장하는 데 '자유거부권' 제도를 높이 평가하고 있다. "Considérations sur le gouvernement de Pologne et sur sa réformation projettée," OC III, pp. 994-99.

다.[80]

루소가 직접민주정치를 선호한다는 사실은 잘 알려져 있다. 하지만 『사회계약론』에서 주장한 것처럼, 모든 인민이 입법 과정에 동등하게 참여한다는 직접민주정치의 이상은 근대국가의 규모에서 현실적으로 적용하기에는 무리가 있음을 스스로 인정한다. 그러나 인민이 주권자여야 한다는 루소의 기본 입장에는 변함이 없다.[81]

더 나아가 루소는 대의제를 절대 믿지 않는다. 루소는 한 나라가 너무 크다고 해서 최고 권력이 대의원에게 맡겨진다면 통치의 성격이 바뀌어 과두 지배로 되어 버린다고 경고한다.[82] 과두 지배는 개인의 권리들을 인정하지 않기 때문에, 인민의 자유와 덕의 고양에 부적합하다. 민주제는 덕과 자유를 고귀하게 여기는 반면, 과두 지배제는 단체의 권위 외에는 고귀하다고 생각하지 않기 때문이다.[83]

루소는 쉽게 직접민주정치의 이상을 포기하지 않는다. 루소는 폴란드인과 코르시카 인민에게 직접민주정치의 모델을 소규모 지방 공동체 단위에서 시행할 것을 권고한다.[84] 커다란 국가에서는 "전 국민이 전부 한곳에 모이는 것보다 지역별로 모이는 것이 바람직하며, 권력의 보유자가 자주 바뀌어야 한다."[85]

루소의 직접민주주의의 이상은 결코 포기된 것이 아니다. 다만 직접

---

80   "Projet de constitution pour la Corse," *OC* III, p. 909.

81   Ibid., p. 901.

82   Ibid., p. 907.

83   Ibid., p. 909.

84   현대 지방자치의 모델이 유럽에서 발생되었음도 이와 연관된다. 최진혁, 「21세기 지방자치의 현대적 경향 —영국과 프랑스의 지방자치의 진화」, 『한국지방자치학회보』 27권 3호(통권 91호), 2015 가을, 1-30쪽.

85   Ibid., p. 907.

민주주의의 이상을 실현하려는 방식의 변화일 뿐이다. 루소의 대안은 소규모 단위의 직접민주주의를 기초로 하여 대규모 단위의 정부 혹은 국가에 있어서 대표를 인정하는 혼합방식이다. 물론 이렇게 된다면 전체 국가의 통치 형태는 대의제 방식을 취할 수밖에 없다. 하지만 루소는 대의제가 지닌 타락의 위험성을 충분히 인식하여 몇 가지 예방책을 제시한다.

먼저 의회는 수시로 개최되어야 하며, 대의원은 빈번한 교체가 이뤄지도록 해야 한다. 전자는 전 국민이 한곳에 모이지 못하므로 대표들이 대신 자주 모이도록 하자는 취지이다. 후자는 대의원이 타락하여 매수되는 것을 방지하기 위해서이다.[86] 다음으로 대의원은 선거 구민의 지시에 따르고, 의회 내의 행동을 정확히 보고해야 한다. 한편 대의원의 수를 늘리는 방안도 검토될 수 있으나, 이 방안은 국가의 동요와 민주주의의 혼란이라는 위험성이 있으므로 주의를 요한다.[87]

루소는 거대한 근대국가에서 민주주의가 실현되는 데 회의적이었다. 루소는 『폴란드정부론』에서 폴란드가 중앙집권적 근대국가로 발전하는 데 도움을 주어야 한다는 주장을 반박하면서, 오히려 지방의 독립을 표방하기 위한 수단으로서 소위 '자유거부권'(liberum veto) 제도를 옹호한다.[88] 루소는 폴란드의 중앙집권 국가의 탄생을 열망하는 많은 정치가와 사상가의 주장과 달리 강력한 근대국가의 성립이 인민의 자유를 억압하는 측면을 우려한다.[89] 달리 말하자면, 루소는 폴란드가 근대

---

86 "Considérations sur le gouvernement de Pologne et sur sa réformation projet-tée," *OC* III, pp. 975, 979.

87 Ibid., p. 985.

88 Ibid., pp. 984-89, 994-99.

89 Kendall, *The Government of Poland*, Introduction, pp. xxviii-xxxix.

국가로 강력한 권력을 행사하는 것보다도 폴란드 인민의 자유와 지방
의 독립을 더욱 중요시한다.

　더욱이 루소는 코르시카의 예를 들면서 열두 개의 재판 관구로 분할
할 수 있다고 하여 이 문제를 구체화시킬 것을 요청한다. 루소는 도시
의 특권을 적당히 축소함으로써 재판 관구 내에서 도시의 비중을 가볍
게 만들면 불균형의 시정이 새롭게 이뤄질 것이라고 주장한다.

> 우리는 모든 개인 사이에 평등을 설립하는 것을 과제로 삼는다. 그와 마찬가
> 지로 국가의 지역들에 관해서도 여러 부분 사이에도 가능한 한 평등한 수준
> 이 지켜져야 한다. 그러기 위해서 지역이나 행정 관구나 재판 관구의 경계를
> 조정해서 현존하는 극단적인 불평등을 감소시킬 필요가 있다.[90]

　더 나아가 루소는 지방을 단위로 해서 이뤄지는 소규모 정치체는 민
주주의를 보존하고 지방의 독립을 유지할 수 있는 유일한 수단이라고
역설한다.

> 이런 [코르시카가 독자적인 행정 관구와 재판 관구를 창설 보전한] 구획이
> 야말로 같은 시간, 같은 장소에서 집회를 열 수 없는 인민에게 있어서 민주
> 제를 수립할 수 있는 유일한 수단이다. 그런 구획은 지나치게 중앙집권적으
> 로 흐르기 쉬운 도시로부터 지방을 분리해서 지방의 독립을 유지하기 위한
> 유일한 수단이기도 하다.[91]

90　"Projet de constitution pour la Corse," *OC* III, p. 910.

91　Ibid., p. 908.

루소의 다음 글은 소규모 단위로부터 점차 대규모 단위로 올라가는 정치적 공동체의 형성 방식을 잘 보여준다.

어떤 지역에 있는 수세대를 순차적으로 해방하면, 전체 마을을 해방하는 것이 되고 거기에 조금씩 공동체를 형성해 가자. 그들에게 스위스의 공유지와 같은 공동재산을 귀속시키고, 공공관리를 파견하자. 또한 급격한 혁명이 없이 대규모로 작업을 완수할 때까지 서서히 추진하면 마침내 대표들을 주의회에 보냄으로써 자기 고장의 행정에 참여하는 자연이 그들에게 부여한 권리를 되돌려주게 된다.

이 모든 것이 이뤄지면 자유인과 시민이 된 모든 농민에게 무기를 주어 연대를 편성하여 훈련시키게 될 것이다. 그러면 국가 방위에 충분할 정도의 참으로 훌륭한 국민군을 얻게 될 것이다.[92]

루소는 이처럼 도시에 기초한 중앙집권적 국가보다는 농촌에 기초한 정치 공동체의 수립을 역설한다. 이렇게 볼 때, 루소가 생각하는 정부의 형태는 일종의 자치 공동체 곧 꼬뮌의 형태에서 출발하여 점차 커다란 정치 공동체를 형성하는 것임을 알 수 있다. 하지만 이러한 자격은 경작 농민에게만 국한된 것은 아니다. 루소는 도시의 상업 시민에게까지도 공동체에 일정하게 참여할 수 있는 방식을 부여하고 있다.

상업 시민들(Bourgeoisie)에게 귀족과 현직에 이르는 문호를 개방하면 조국과 정체의 유지에 견고하게 결부시키게 될 것이다. 또한 개인을 고귀하게 만

---

92 "Considérations sur le gouvernement de Pologne et sur sa réforme projettée," *OC* III, pp. 1026-27.

들지 않고 집단적으로 상업과 산업과 예술이 한층 번영하며 시의 행정이 가장 잘 이뤄지는 도시를 선정해서 몇 개의 도시를 모아 귀족으로 선임하는 것도 가능하다. 이들 귀족으로 선임된 도시들은 황제의 도시들과 같이 의원을 의회로 보내는 것이 가능할 것이다. 이러한 예가 반드시 다른 모든 도시에게 있어서도 동일한 명예를 얻으려는 강렬한 욕망을 자극할 것이다.[93]

그밖에도 루소는 정부의 운영을 담당하는 행정관리의 충원 방식을 상세히 논의한다. 루소는 먼저 행정권을 담당하는 관리의 선임에도 엄격한 단계적 과정을 거칠 것을 요구한다. 행정에 참여하려는 자는 누구나 지방의 하급 지위에서부터 시작하여 점차 주의회와 국회, 최고재판소 등에 근무할 때까지 국가에 봉사하는 단계를 밟아야 한다. 따라서 행정에 참여하려는 자는 누구나 엄격한 법의 준수와 상사와 여론의 지지에 따른 단계적 시험과정을 거쳐 조국에 봉사하는 명예로운 지위에 도달할 수 있다.[94]

행정장관은 기본적으로 세습적인 것이 아니며 농업 종사자들도 자질만 있으면 스스로 행정장관이 될 수 있다.[95] 행정장관은 인민이 자기 밑에 있다고 생각하면 절대 안 된다.[96] 인민 위에는 어떠한 특권계층도 존재할 수 없으며, 오직 법만이 인민 위에 있다.

경작 농민이 태어나면서부터 누군가의 영향력 밑에 있는 일은 없어야 한다. 경작 농민의 상위에는 단지 법과 그 집행자인 행정관만이 존재한다. 더욱이

---

93   Ibid., p. 1027.

94   Ibid., pp. 1020-30.

95   "Projet de constitution pour la Corse," *OC* III, p. 911.

96   Ibid., pp. 932-33.

경작 농민은 그 지성과 결백과 정직성이 행정관에 어울릴 경우에 스스로 행정관이 될 수 있어야 한다.[97]

루소의 관리 충원이 의도하는 목표는 분명하다. 주권자로서 시민들이 직접 행정관리에 참여함으로써 직업 관료에 의한 타락을 방지하고자 한다.

군인과 법관의 두 신분은 고대인들에게 알려지지 않았다. 시민들은 직업으로 병사와 재판관, 성직자가 되는 일이 결코 없었다. 그들은 [시민의] 의무로써 모든 역할을 했다. 여기에 모든 것이 공동 목표를 향해 나아가게 만들고, 특권의식이 애국심을 희생시켜 정치체에 뿌리내리는 것을 막으며, 히드라 같은 책략 집단이 민족을 집어삼키는 것을 막을 참된 비결이 있다.[98]

이제 루소의 정부에 대한 논의는 결정적으로 뒤바뀐다고 결론지을 수 있다. 즉 루소의 정부는 일반의지를 실현하기 위한 실제적인 조처를 마련하기 위해 행정권을 행사하기 위한 데 존재 이유가 있다. 그러나 루소는 실제로 정부가 공공경제를 집행하는 과정에서 예상될 수 있는

97　Ibid., p. 911.

98　"Considérations sur le gouvernement de Pologne et sur sa réformation projetée," *OC* III, p. 1000. 루소가 표현한 주권자로서 시민은 고대 공화국에서 논의된 시민과 유사한 위치를 부여받게 된다. 고대 로마공화국에 있어서 "전 인민은 끊임없이 시민인 동시에, 행정관이었다." "Du contrat social ou Principes du Droit Politique," *OC* III, p. 426. 아리스토텔레스의 시민에 관한 고전적인 정의와 대비해 보는 것도 유익하다. 아리스토텔레스에 의하면, "엄격한 의미에 있어서 시민은 정의의 집행과 관직의 보유, 즉 정치에 참여하는 사람으로 규정된다." Ernest Barker ed. and trans., *The Politics of Aristotle* (New York: Oxford University Press, 1969), Book III, Ch. I, 1275a, p. 93.

행정의 남용을 인식하였다. 더욱이 국가의 공공 필요라는 이름하에 자행되는 온갖 부패와 타락은 도시와 농촌을 동시에 황폐화시킨다. 따라서 루소는 근대국가에서 시행될 수밖에 없는 혼합정체의 폐단을 아래로부터의 직접민주제라는 방식으로 극복하고자 한다.

혼합정체가 정치적 정통성을 계속 유지하기 위해서는 주권자의 적극적인 참여 못지않게 중요한 것이 정부의 공정하고도 효율적인 운영이다. 루소는 정부가 성공적으로 운영되기 위해서 시민 권력을 잘 활용해야 한다고 주장한다.

> … 정부의 위대한 기술은 시민 권력을 참으로 잘 운영하는 데 있다. 그것은 정부 자체를 보존하기 위해서뿐만 아니라, 국가 전체에 활력과 생명을 확산시키고 인민을 능동적이고 부지런하게 만들기 위함이다.[99]

그러나 루소는 훌륭한 정부의 행정을 위한 완벽한 법을 만드는 것이 불가능한 작업임을 인식한다. 더 나아가 루소는 뛰어난 사람에 의해 마련된 법과 제도일지라도 그것을 지배하는 것은 사람임을 환기시킨다.

> 더욱 훌륭한 법률들을 만드는 것은 쉬울지 모른다. 그러나 그 이전의 법을 타락시킨 것과 마찬가지로 사람의 정념이 타락시키지 못할 법을 만든다는 것은 불가능하다. 장래의 모든 타락을 예견하고 검토한다는 것은 아마도 가장 완벽한 정치가에게도 불가능한 일일 것이다. '사람 위에 법을 놓는 것'이 정치 문제다. … 이 문제를 잘 해결하라. 그러면 이러한 해결에 근거한 통치는 훌륭하고 타락하지 않게 될 것이다. 그러나 그 문제를 해결할 때까지는

다음과 같이 확신하라. 즉 법의 지배를 확립했다고 당신이 믿는 곳에는 어디든지 [실제로] 통치하는 것은 사람이다.[100]

그러므로 루소의 정치적 과제는 이제 다시 사람의 문제로 돌아간다. 훌륭한 법과 제도의 완성 여부는 제도 자체보다도 그것을 실제로 운영하는 사람들에 달려 있다. 따라서 루소의 정치적 대안의 모색은 사회적 차원에 그치지 않고 개인적 차원에까지 접근하고 있다. 여기서 시민사회의 모순을 극복할 구체적인 인자로서 시민의 존재가 드러난다. 시민은 철저히 분열된 부르주아의 극복태로서 시민사회의 재건을 총체적으로 담당할 주체적 인격이다. 이 점에서 루소의 정치사상은 윤리학적 과제와 긴밀하게 연결된다.

---

[100] "Considérations sur le gouvernement de Pologne et sur sa réformation projettée," *OC* III, p. 955.

4

시민 교육과 참된 자유

근대사회의 모순에 대한 루소의 해결책은 사회적 차원에 그치지 않고 개인적 차원으로 이어진다. 사회적 차원의 해결책이 실효를 거두려면 사람의 성향을 변화시켜 개인의 이기심을 극복할 수 있어야 하고 행정의 성패 여부도 사람에 달려 있기 때문이다.[1]

개인이 사회계약을 통해 정치체에 참여하는 동기는 분명하다. 자연상태에서 위협받는 생명과 재산의 안전 확보가 최우선임은 두말할 나위도 없다. 이런 측면에서 국가의 존재 이유는 분명하다. 이 문제에 대한 논란은 너무 분분하기 때문에 루소의 주장을 직접 살펴볼 필요가 있다.

> 실상 인민에 의한 계약은 모든 사람의 보존을 위한 배려만큼이나 최후의 성원 한 사람의 보존에 대해서도 마찬가지의 배려를 제공해야 되는 것이 아닌가? 또한 한 시민의 안녕은 국가 전체의 안녕에 비해 공동의 관심이 적어도 된다는 것인가?

---

1 루소 사상의 주안점이 정치에 있느냐, 아니면 도덕에 있느냐 하는 점은 수없이 논란이 되어 온 쟁점이다. 디종(Dijon)에서 열린 두 번의 대규모 학술회의에서도 이 문제에 대해 상반된 경향이 나타났다. 먼저 1912년의 루소 탄생 200주년 기념 학술회의에서는 루소의 윤리적 측면이 강조된 반면, 1962년의 루소 탄생 250주년 기념 학술회의에서는 대체로 정치적 측면에 주목하게 되었다. 꼬따는 여기에서 "루소에 있어서 정치문제의 위치"라는 주목할 만한 논문을 발표했다. Sergio Cotta, "La position du problème de la politique chez Rousseau," *Dijon ´62*, pp. 177-90. 꼬따의 논지에 따르면 루소의 사상은 정치에 우선순위를 두고 있다. 또한 드라테(R. Derathé)에 의하면 루소에 있어서는 도덕이 정치를 지배하는 것이 아니라, 정치 그 자체가 도덕적 문제에 대한 해결이다. 그는 루소에 있어서 도덕은 정치로 해결된다고 주장한다. 따라서 모든 루소의 저작을 읽을 때 하나의 일관된 기준으로 정치적 저술들을 보아야만 한다는 것이다. 이렇게 볼 때, 1912년의 학술회의와 1962년 학술회의의 차이점을 인식할 수 있다. 1912년 학술회의에서는 루소에 있어서 정치적 문제를 도덕적 문제로 흡수시킨 후, 다시 도덕을 각 개인의 주관적인 내면으로 흡수시키려는 경향을 보인 반면, 1962년의 학술회의에서는 대부분이 루소에 있어서 도덕적 문제의 정치적 혹은 외부적 표출을 취하려는 경향을 보였다. Colletti, *From Rousseau to Lenin*, pp. 144-49.

한 사람이 만인을 위해 죽는 것이 좋다고 할 때, 그것이 조국의 안녕을 위한 의무감에서나 자발적인 의사에서 비롯된 것으로 죽음으로써 스스로를 희생한 훌륭하고 덕 있는 애국자의 선언이라면 … 경탄할 만하다. 그러나 다수의 안녕을 위해 정부가 무고한 한 사람을 희생시키는 것이 허용되면 … 이 원칙이야말로 기왕의 폭정에서 가장 위선적이자 인정할 수 있는 것 가운데 가장 위험스럽고 기본법에 가장 직접적으로 반대된다. 개인이 전체를 위해 죽기로 한 것이 아니라 전체가 그들의 재산과 생명을 보호해 줌으로써 그들 각자의 방어에 약속했으므로, 개인의 약함이 언제나 공적인 힘으로 [보충되어] 각 성원은 국가 전체에 의해 보호받도록 되어 있[기 때문이]다.[2]

루소는 개인이 전체의 희생이 되는 것을 사회계약 원리를 내세우며 반박한다. 루소의 주장은 여기서 그치지 않는다.

그들[인민]이 거기[조국]에서 시민적 안전을 향유하지 못하고 자신의 재산, 생명, 자유가 힘있는 자들의 재량에 맡겨져 감히 법률을 주장하지 못하고 그것이 허용되지도 않으면 훨씬 더 최악의 경우가 된다. 이렇게 되면 사회 상태하의 의무에 복종하면서 자연상태하의 권리는 누리지 못하므로 자신을 보호하기 위해서 자신의 힘을 사용하지 못하는 결과가 된다. 따라서 그들은 자유인이 처할 수 있는 최악의 상태에 놓이게 되고, 조국이라는 낱말은 다만 가증스럽거나 우스꽝스런 의미만을 가지게 될 것이다.[3]

---

2 "Discours sur l'économie politique," *OC* III, pp. 256-57. 이와 관련해서 "Du contrat social ou principes du droit politique," *OC* III, p. 436을 참조하라.

3 "Discours sur l'économie politique," *OC* III, pp. 255-56.

1
시민의 양성

근대사회와 근대인 문제에 대한 루소의 해법은 사회적 차원과 개인적 차원에서 이뤄진다. 전자는 사회계약의 원리에 따른 정치 질서를 수립하는 것이고, 후자는 자유의지의 주체로서 참된 자유인을 형성하는 것이다. 루소의 저술 가운데 전자의 대표 저작이 『사회계약론』이라면, 후자의 대표 저작은 『에밀』이다.

루소 자신의 표현대로 20년간의 사색과 3년의 집필 기간을 거쳐 탄생한 『에밀』의 본문은 "조물주는 모든 것을 선하게 창조했으나, 사람의 손길이 닿으면서부터 모든 것은 타락한다."라는 근본 명제로 시작된다. 사람의 자연 본성은 선이고, 그것을 황폐하게 만든 것은 문명과 사회제도이다.

사람의 정체성은 저절로 생겨나는 것이 아니다. 사람은 양육과 교육을 통해 스스로 생존력을 키워나간다. 루소는 사람이 받게 되는 세 가지 교육으로 자연에 의한 교육, 사물에 의한 교육, 사람에 의한 교육을 구분하고 세 교육이 종합되지 않고는 제대로 된 교육이 이뤄질 수 없음을 지적한다. 루소는 자연의 교육이 다른 두 교육을 이끌어야 함을 역설하면서 사람의 성장 단계에 따라 각 시기에 적합한 교육 방법을『에밀』에서 구체적 사례를 들며 제시한다.

1부에서는 아이가 탄생하는 순간부터 5세에 이르기까지 유아기의 교육을, 2부에서는 12세에 이르기까지 소년기의 교육을, 3부에서는 12세에서 15세에 이르기까지 사춘기를 중심으로 청소년기의 교육을 다룬다. 4부에서는 15세에서 20세에 이르기까지 청년기 교육을, 5부에서는 20세 이후 성인이 된 에밀이 소피를 만나 결혼해 가정을 이루는 과정과 에밀에게 소정의 교육을 마친 교사가 에밀을 떠나는 과정을 다룬다.

각 시기에 맞게 루소가 제시한 교육 목표와 교육 방법은 다음과 같다. 유아기에는 신체의 성장을 위해 신체의 자유를 구속하지 않는 양육을 실시하고, 소년기에는 감관이 발달하는 시기이므로 신체와 감관을 훈련시킨다. 청소년기에는 이성과 감수성이 생겨나는 시기이므로 지능과 기술 교육을 실시하고, 청년기에는 도덕적인 감정을 이해해야 되는 시기이므로 도덕과 종교 교육을 실시한다. 그 다음에 결혼 이후 시기는 완전한 성인으로 살아가는 시기이므로 각자의 성 역할 및 책임과 의무에 대한 교육을 해야 한다.

이런 능력들이 순서에 따라 계발되지 않을 경우 아이에게 역기능으로 작용해 성장을 방해하며 사람을 뒤죽박죽으로 만들어 심성을 파괴하므로 이런 교육을 위한 교육자가 있어야 한다. 하지만 그 교육자가 자연의 대리자 이상이면 안 되고, 아이의 유일한 안내자는 성장 질서가 내재된 자연이어야 한다.

루소 교육관의 핵심은 아이의 교육이 자연에 따르는 교육이어야 한다는 것이며, 궁극적 목표는 도덕적으로 성숙한 시민을 양성하는 데 있다. 루소는 이런 이상적 인간형이 어떻게 형성되는지를 가상 인물 에밀을 모델로 그려내고 있다. 루소는 에밀이 문명이나 사회제도로부터 거리를 둔 채 자연에 따르는 가정교육을 받아 함께 살아갈 이웃에게 훌륭한 존재로 되어 가는 일련의 과정, 곧 어떻게 하면 도덕적으로 성숙한 인간이 되어 가는지를 보여준다.

　모든 국가의 법이 일반의지에 기초하고 그것에 확고한 힘이 부여된다면 자연과 조화된 사회질서가 가능하다. 그러나 만인의 행복을 보장하는 일반의지가 실현되기에는 상당한 어려움이 따른다. "인민은 항상 제 스스로가 자신의 행복을 원하기는 하지만, 혼자의 힘으로 행복이 무엇인지를 늘 아는 것은 아니다. 일반의지는 항상 바른 것이지만, 그것을 인도하는 판단이 항상 명확한 것은 아니기 때문이다."[1]

　　일반의지를 따르기 위해서 그것이 무엇인지 알아야 한다. 무엇보다도 자기 자신[의 유익]에서 비롯된 개별 의지와 [공공복지를 위한] 일반의지를 구별해야 한다. 그러나 이런 구별이란 언제나 힘든 것이어서 이에 대한 충분한 지식은 가장 고상한 덕을 지닌 사람에게만 가능하다.[2]

　설령 일반의지를 인식할 수 있을지라도 그것을 실천하기는 어렵다. 일반의지를 인식한 주체가 그것에 따라 행동하기 위해서는 사적 이익의 추구에 대한 욕망을 벗어나야 한다. 인간 내면을 규율하는 의지의 종류와 활동에 관한 루소의 인식을 통해 살펴보면 더욱 분명해진다.

　… 모든 행정관의 인격 내에는 본질적으로 상이한 세 가지 의지가 구별된다.

1　"Du contrat social ou principes du droit politique," *OC* III, p. 380.
2　"Discours sur l'économie politique," *OC* III, pp. 247-48.

첫째는 각자의 개인적 이익만을 추구하는 개인 고유의 의지이고, 두 번째는
군주의 이익에만 부합되는 행정관 공통의 의지이다. 단체의지라고 부를 수
있는 이 의지는 정부에 관한 한 일반적이지만 정부가 그 일부를 이루는 국가
에 관한 한 개별적인 의지이다. 셋째는 인민의 의지 혹은 주권자의 의지로서
이것은 전체로 간주되는 국가나 전체의 일부로 간주되는 정부에 있어서 다
같이 일반적인 의지이다.

완전한 법률하에서 개별적, 개인적 의지는 존재하지 않아야 하고 정부에
고유한 단체의지는 극히 종속적이어야 하며, 일반의지 혹은 주권자의 의지
가 언제나 지배적이 되고 다른 모든 의지의 유일한 규율이 되어야 한다. 그
러나 자연 질서에 따른다면 이들 여러 상이한 의지는 집중되면 될수록 한층
더 활동적으로 된다. 따라서 일반의지는 언제나 가장 약하고, 단체의지가 그
다음이며, 개별 의지가 다른 무엇보다도 앞선다. … 이것은 사회질서가 요구
하는 것과 정반대 순서이다. 만약 정부 전체가 어느 한 개인의 수중에 놓여
있다고 가정하면 그 경우에는 개별 의지와 단체의지가 완벽히 결합된 것이
됨으로써, 단체의지는 그것이 강해질 수 있는 최고 수준에 달한다.[3]

이처럼 일반의지가 현실적으로 실현되려면 사적 이익을 추구하는 개
별 의지와 단체의지를 극복해야 한다는 어려움이 따른다. 더욱 곤란한
것은 개별 의지와 단체의지가 한 사람의 수중에서 결합되는 경우에 나
타난다.[4] 루소는 개별 의지와 단체의지를 극복하기 위한 방안으로 일반

---

3 "Du contrat social ou principes du droit politique," *OC* III, p. 401 ; "Emile ou
de l'éducation," *OC* IV, p. 845.
4 헤겔(G. W. F. Hegel)은 루소가 의지(volonté)를 국가의 원리로 끌어들임으로써
국가의 형식이자 내용을 이루는 것을 발견하였다는 점에서 루소의 업적을 인정하면서
도 순수한 개인적 의지에 어떠한 제약도 가하지 않았다는 점이 루소의 한계라고 보았
다. 그러나 이것은 루소의 일반의지와 전체의지(volonté des tous)의 구별이 지니는 의

의지의 표현인 법의 지배를 제창한다.

루소는 국가의 통치에 이성적인 측면에서 법의 지배를 주장하는 한편, 감성적인 측면에서 도덕과 여론에 의한 통치가 그에 못지않게 중요하다고 인식했다. 더 나아가 루소는 정치체의 완성을 위한 기본적 법보다도 오히려 더욱 중요한 것이 있음을 지적한다.

이들[기본법, 민법, 형법] 세 가지 법률 이외에 네 번째 것으로서 대리석이나 청동에 새겨지는 것이 아니라, 시민들의 마음속에 깊이 새겨지는 또 하나의 가장 중요한 법률이 있다. 이것은 국가의 진정한 구성의 토대가 되는 것이요, 나날이 힘이 더욱 강해지는 것이요, 다른 법률이 낡아서 무효하게 될 경우에 그것을 재생시키거나 그 대신 역할을 하게 되는 것이요, 인민으로 하여금 그 제도 속에 남아 있게 하여 점차적으로 권위의 힘을 습관의 힘이 되도록 바꾸어가는 성질을 갖는다. 나는 지금 도덕, 관습, 특히 여론을 염두에 두고 말한다. 이것은 우리의 정치가들에게 잘 알려져 있지 않은 권력이지만 실제로 다른 모든 권력 행사의 성공도 여기에 달려 있다. 위대한 입법가는 개별 법규에만 몰두하고 있는 듯이 보이지만 실상은 남몰래 이것에 머리를 쓰고 있다. 그 까닭은 개별 법규들이 둥근 지붕을 지탱하고 있는 대들보라

미를 파악하지 못한 결과이다. Shlomo Avineri, *Hegel's Theory of the Modern State* (London: Cambridge University Press, 1972), pp. 183-84. 루소의 일반의지와 전체의지의 구별은 "Du contrat social ou principes du droit politique," *OC* III, pp. 371-72를 참조하라. 실상 루소가 개인주의자인가 아니면 전체주의자인가 하는 논란은 오늘날 진부한 것이 되어 버렸다. 그것은 루소 저작의 연관성을 무시한 결과라는 것이 대다수 루소 주석가의 견해이다. 그럼에도 불구하고 탈몬(Talmon)이 범한 이러한 오류는 사회계약론 가운데 일반의지에 대한 것으로 계속되어 왔을뿐더러, 역사적으로도 대혁명 당시 자코뱅당의 로베스피에르가 일반의지를 표방했지만, 실제로는 전체의지에 불과한 사실 등에서 찾아볼 수 있다. J. L. Talmon, *The Origins of Totalitarian Democracy* (Boulder, Colorado: Westview Press, 1985) 특히 pp. 38-49를 참조하라.

면, 관습과 도덕은 형성에 오랜 시일을 필요로 하지만 결국 그것을 지탱하는 확고부동한 초석을 이루기 때문이다.[5]

여론에 의한 통치가 바람직하다 하지만 모든 것이 극단으로 치우치면, '정치의 남용이라고 부를 수 있는' 혁명이 일어난다.[6] 여론에 의한 통치도 마찬가지다. 그 이유는 아무리 완벽한 정치 질서라도 그것이 시대에 맞지 않거나 더 이상 유효하지 않을 수 있기 때문이다. 더욱이 여론의 형성은 인민의 풍습과 도덕에 중요한 영향을 미친다.[7] 그러나 여론을 올바로 이끄는 것은 쉽지 않다.

사람들의 여론을 바로잡으면 도덕은 저절로 정화된다. 사람들은 언제나 선한 것 혹은 선하다고 생각하는 것을 사랑한다. 그러나 무엇이 선한 것이냐 하는 판단에 들어가면 오류를 범하기 쉽다. 따라서 우선 무엇보다도 이 판단을 정확히 하지 않으면 안 된다.[8]

선에 대한 올바른 판단의 주체는 시민의 형성과 밀접한 연관이 있다. 더욱이 시민은 참된 여론의 형성을 위한 전제일 뿐 아니라 일반의지를 개별적으로 표현하는 공식 절차인 선거와 투표의 의미를 결정짓는 인격의 주체이다.[9] 그러므로 정치체의 이상을 실현하기 위한 성원으로서 시민의 형성이 필수 과제이다. 시민의 형성이야말로 일반의지의 완전

---

5 "Du contrat social ou principes du droit politique," *OC* III, p. 394.

6 Ibid., p. 446.

7 Ibid., pp. 458-59.

8 Ibid., p. 458.

9 선거와 투표에 관한 루소의 논의에 대해서는 Ibid., pp. 439-43을 참조하라.

성을 보장하는 전제가 되며 주권을 유지하는 근본 관건이다. 실상 루소
가 의미하는 인민주권과 일반의지의 궁극적 보장은 시민의 존재 여부
에 달려 있다고 해도 지나친 말이 아니다.[10]

정치체의 본질은 복종과 자유가 조화된 가운데 있고, 신민과 주권자라는 말
은 동일한 것의 양면을 나타낼 따름인즉 양자의 관념은 시민이라는 한 단어
에 서로 합쳐 나타나 있기 때문이다.[11]

루소의 '잘 규율된 정치 질서'에 대한 논의는 여기서 그 핵심이 뒤바
뀐다. 이제 정치체의 완성은 일반의지의 지배라는 원칙 선언에서 거기
에 능동적으로 참여하는 주체적 인격의 문제로 전환된다. 다음 글은 정
치체의 성원이 정치 질서를 어떻게 규정짓는지를 보여주는 적절한 표
현이다.

신민은 공적인 평온을 찬양하지만, 시민은 개인의 자유를 찬양한다. 전자는
소유물의 안전을 택하지만, 후자는 인격의 안전을 택한다. 전자는 최선의 정
부란 가장 엄격한 정부여야 한다고 보지만, 후자는 가장 관대한 정부라고 규
정한다. 전자는 범죄가 처벌됨을 원하지만, 후자는 범죄가 예방되기를 원한
다. 전자는 인접국이 두려워할 국가가 되기를 좋아하며, 후자는 오히려 자기
국가가 무시되기를 바란다. 전자는 화폐가 유통되면 만족하지만, 후자는 인

---

10 루소가 "주권은 어떻게 유지되나?"(Comment se maintient d'autorité souver-
aine) 하는 문제와 관련시켜 논의하는 주된 사례가 시민과 연관된 것들임을 주목하라.
"Du contrat social ou principes du droit politique," *OC* III, Livre III, Ch. XII-
XIV, pp. 425-28. 이 문제는 또한 앞에서 논의한 대의제를 다른 각도에서 결정짓는 것
이기도 하다. 이러한 맥락에서 Ibid., Livre III, Ch. XV, pp. 428-29를 참조하라.
11 Ibid., p. 427.

민이 빵을 가질 것을 요구한다.[12]

더욱이 통치 체제의 형성은 원천적으로 국가의 성원과 밀접한 연관
을 갖고 있다. 정당한 정치체를 구성하는 문제는 국가의 성원에 달려
있다. 따라서 루소는 정당한 정치체를 수립하기 위한 능동적인 성원 곧
시민의 양성을 위한 구상을 모색한다. 이런 구상은 루소가 지향하는 교
육에 대한 이해에서 드러난다.[13]

루소의 교육은 소수의 특별한 재능을 지닌 지도자를 양성하는 데 있
다기보다 불특정한 다수를 대상으로 행해지는 것이다. 루소에게 더욱
중요한 대상은 플라톤적인 철인왕보다 오히려 절대다수의 사람들이기
때문이다.[14]

인류를 구성하는 것은 인민이다. 인민이 아닌 자는 중요하지 않으므로 고려
할 가치도 없다. 사람은 어떤 신분에 있을지라도 똑같은 사람이다. 따라서
가장 사람 수가 많은 신분이야말로 가장 존경할 만하다. … 모든 왕이나 철
학자가 제거되면, 곤란은 거의 알아차리지 못하게 되고 모든 일이 더 이상

---

12 Ibid., p. 419.

13 몇몇 비평가들의 말처럼 『에밀』과 『사회계약론』 사이에 어떤 근본적인 모순을 발
견할 만한 근거는 없다. 루소의 에밀이 고립된 개인으로 보이는 것도 사실이지만, 그보
다는 루소가 어느 개인의 문제에 집착한 것이 아니라 모든 진실한 정부가 근거해야 하
는 근본원리들에 관심을 기울였다는 점에 유의해야 한다. 이런 점에서 『에밀』과 『사회
계약론』은 이론적, 규범적 작품으로 유사점을 지니고 있다. 또한 양자는 모두 자유, 평
등한 인간 존재를 가능하게 하는 사회 형성을 추구하고 있으며, 새로운 이상사회의 실
현이라는 측면에서 서로 밀접하게 연결된다. 즉 『사회계약론』은 사회적 측면에서, 『에
밀』은 개인적 측면에서 동일한 목표를 추구한다. 따라서 사회 속에 살고 있는 자연인을
만든다고 하는 루소의 교육 목적은 자유로운 사람의 본성을 실현시키면서도 진정한 일
반의지를 보장하는 전제로서 시민의 형성에 놓인다.

14 Masters, *The Political Philosophy of Rousseau*, p. 98.

악화되지 않기 때문이다.[15]

모든 사람의 대등한 가치를 인정한 루소는 소수의 지도자나 특권층을 위한 교육을 원칙적으로 인정할 수 없었다. 더욱이 정치체의 완성은 이미 그 성원의 몫으로 넘어왔으며, 절대 다수를 차지하고 있는 성원은 인민이기 때문이다. 따라서 루소는 보편적인 인민 교육이 필요함을 역설했다.[16]

루소는 교육 계획을 제시하면서 종래와 상당히 다른 견해를 밝혔다.[17] 무엇보다도 교육의 일차적인 목표는 건전한 시민의 육성에 있다. 시민의 형성을 위해서는 공공교육이 절대적으로 필요하다.[18] 공공교육은 '인민 정부 혹은 합법적인 정부에 있어서 근본원리 가운데 하나'이다.[19] 루소는 공공교육의 중심 과제로 애국심을 들고 있다.

---

15 "Emile ou de l'éducation," *OC* IV, p. 509-10.

16 물론 이것은 인간의 평등에 대한 루소의 신뢰에 비춰볼 때, 쉽게 예상할 수도 있는 결론이다. 이것은 또한 근대에 들어와 널리 퍼진 대중 교육에 대한 호소이기도 했다. 더 이상의 논의는 다음을 참조하라. Featherstone, "Rousseau and Modernity," pp. 167-92. 에밀의 교육이 귀족적인 생활을 대상으로 하는 사교육의 형태를 띠고 있음에도 불구하고, 루소는 원칙적으로 모든 사람에게 가능한 개인의 인간적 행복에 대한 해결책을 제시하고 있음을 주목하라. Masters, *The Political Philosophy of Rousseau*, p. 103.

17 루소가 지향하는 교육의 궁극적인 목표는 『에밀』에서 밝혔듯이 자연과 사물 및 인간을 통합시킬 교육임은 잘 알려져 있다. 그러나 여기서는 어디까지나 시민에 대한 논의의 연속으로만 고찰한다.

18 루소는 플라톤의 『국가』가 정치에 관한 저작이라기보다 최초의 훌륭한 공교육에 관한 저작이라고 표현한다. 플라톤의 『국가』와 루소의 『에밀』이 갖는 저술상의 유사한 특징들에 대해서는 Masters, *The Political Philosophy of Rousseau*, p. 105, n.183을 참조하라. 물론 양자의 유사점에도 불구하고 그 결과는 판이하게 차이가 난다. 적어도 정치에 참여하는 시민의 논리는 더 이상 플라톤의 철인왕의 논리와 같을 수 없다.

19 "Discours sur l'économie politique," *OC* III, p. 261.

시민에게 선량해질 것을 말하는 것만으로는 부족하고, 선량하게 되도록 교육시켜야 한다. 애국심이 가장 효과적이다. … 자신의 개별 의지가 전반적으로 일반의지에 합치될 때 모든 사람은 덕스럽게 되어 자기가 사랑하는 사람이 원하는 것을 기꺼이 원하게 될 것이기 때문이다.[20]

루소에 의하면 가장 훌륭한 덕은 애국심에 의해 창출되었음이 분명하다.[21] 애국심은 고대 공화국의 덕과 마찬가지 역할을 수행할 수 있다.[22] 가장 경탄할 만한 덕 있는 행위들이 '이기심의 힘과 덕의 모든 미를 결합시킨 모든 정념 중에서도 가장 영웅적인 정념으로서 부드러우면서도 활력 있는'[23] 애국심에 의해 이뤄지기 때문이다. 애국심을 매개로 모든 사람은 자신의 개별 의지를 일반의지에 합치시킬 수 있다. 더 나아가 사람의 이기심은 애국심에 의해 고상한 덕으로 변형될 수 있다.

… 자기라는 개체를 국가와의 관계 속에서만 고려하고, … 자기 존재를 국가의 일부분으로서만 인식하면 언젠가 그들[시민]은 이 더욱 큰 전체[국가]와 자기를 동일시하게 되고 조국의 구성원으로 느낀다. 그들은 모든 고립된 사

---

20   Ibid., p. 254.

21   Ibid., p. 255.

22   흔히 애국심을 근대 민족국가의 등장과 함께 두드러진 현상으로 간주하여, 근대적인 현상으로 국한시켜 이해하려는 잘못을 범하고 있음을 보게 된다. 그러나 애국심은 고대 도시국가 이래 보편적인 현상으로 이해하는 태도가 바람직하다고 본다. 애국심은 보통 조국이라고 번역되는 la patrie의 역사적 성격과 밀접한 연관을 갖고 있다. 여기에 대해서는 라종일, 「산업사회와 시민윤리(1) ― 애국심에 관한 소고」, 『산업사회의 직업윤리』(아산사회복지사업재단, 1980), 69-87쪽을 참조하라. 루소 당시의 애국심에 대한 논의에 대해서는 김용직, 「J.-J. Rousseau의 애국주의 사상 연구」(서울대학교 대학원 석사학위논문, 1985)를 참조하라.

23   "Discours sur l'économie politique," OC III, p. 255.

람이 자기를 위해 갖게 되는 우아한 감정으로 조국을 사랑하며 위대한 목표
에 영구적으로 정신을 고양시켜 모든 악을 낳게 하는 위험스러운 성향을 고
상한 덕으로 변형시킬 수 있을 것이다.[24]

루소는 이런 현실에서 공적인 교육 제도의 설립이 불가능함을 역설
하였다.

공교육은 이미 존재하지도 않고, 더 이상 존재할 수도 없다. 조국이 없는 곳
에 시민이 있을 수 없기 때문이다. 조국과 시민이라는 두 개의 낱말은 근대
의 언어에서 말살되어야 한다.[25]

루소는 그 이유에 대해 다음과 같이 결론짓고, 시민의 양성이라는 과
제를 부여한다.

조국은 자유 없이, 자유는 덕이 없이, 덕은 시민이 없이 있을 수 없다. 만일
시민을 형성한다면 그 모든 것을 얻을 수 있으나, 그렇지 않다면 국가의 수
반들로부터 시작하여 사악한 노예들밖에 얻을 수 없다. 그런데 시민을 형성
한다는 것은 하루아침에 될 일이 아니다. 시민을 얻기 위해서는 어린아이 때
부터 교육시켜야 한다.[26]

---

24   Ibid., pp. 259-60.
25   "Emile ou de l'éducation," *OC* IV, p.250.
26   "Discours sur l'économie politique," *OC* III, p. 259. 루소는 그의 『에밀』에서 이
러한 교육과정을 그 이전의 어떤 사상가보다도 철저히 분석하였다. 주의할 것은 그것이
각개의 교육 방법에 대한 실제적인 사항들을 서술하는 데 목적이 있는 것이 아니라, 오
히려 유아에서부터 성인에 이르기까지 인간의 성장 과정에 존재하는 근본적인 원리를
묘사하는 데 중점을 두고 있다는 점이다. 루소에 있어서 모든 진실한 교육은 사회의 목

애국심을 통한 시민 교육에 덧붙여져야 할 것이 있다. 그것은 바로 종교적 유대이다. 루소에 의하면 사회적 통일을 깨뜨리는 것은 비록 그것이 종교일지라도 무가치하다. 사람을 자기와 모순되게 만드는 제도는 전부 무가치하다.[27] 더욱이 기독교는 복종과 예속에 적합한 종교로서[28] 정당한 정치체라 할 수 있는 공화국에는 부적합할 수밖에 없다. "왜냐하면 기독교와 공화국과는 도저히 서로 통할 수 없는 말이기 때문이다."[29]

그럼에도 불구하고 루소는 종교적 유대를 잘만 이용하면 애국심과 더불어 대단히 강력한 정치체의 통합을 이룩할 수 있음을 간과하지 않았다.[30] 정치와 종교는 국가의 창설에 상호 이용된다.[31] 종교적 유대는

적에 맞아야만 하기 때문에, 『에밀』에서 추구된 자연인도 결코 사회로부터 고립된 인간이라 볼 수 없다. 따라서 루소가 『에밀』에서 추구하는 사람은 『사회계약론』에서 제시된 정치적 권리를 실현하는 주체이다. 柳久雄 지음, 임상희 옮김, 『교육사상사 ─ 생활·노동·교육』(서울: 백산서당, 1985), 45-58쪽 참조.

27 "Du contrat social ou principes du droit politique," *OC* III, p. 464.

28 Ibid., p. 468.

29 Ibid., p. 467. 다만 루소는 기독교에 의한 정치체의 통합이 가능한 유일한 단서를 달고 있다. "참으로 그 사회가 평화롭고, 조화가 유지되려면 모든 시민이 한 사람도 예외 없이 다 같이 선량한 기독교인이어야 할 것이다. 하지만 불행하게도 거기에 한 사람이라도 야심가와 위선자가 있다면, … 필연코 이 같은 위인은 경건하고 선량한 자국민을 이용할 것이다." Ibid., p. 466.

30 루소의 『사회계약론』 말미에 전혀 동떨어진 듯한 「사회적 종교」 장이 소개됨을 주목하라. 콜레티는 아마도 이 문제를 깊이 있게 이해한 드문 학자일 것이다. 그러나 콜레티는 의도적인지 모르지만 이 장에서 유물론의 입장에서 마르크스와 연결되는 기독교 비판이라는 문제를 끌어냈을 뿐이지, 이것이 정치 공동체의 적극적 통합을 위한 요소임을 간과했다. 하지만 본문에서 논의되듯이 이 문제는 결코 쉽게 지나칠 수 없는 논제이다. 더욱이 기독교의 보편화로 인한 근대인의 분열을 극복하기 위한 과정에서 이 문제 해결은 매우 어렵지만 결코 지나칠 수 없는 문제이다. 루소는 천상과 지상이라는 기독교인의 이중 신분권이 지닌 심각한 문제점을 분명히 지적하는 동시에 타락한 기독교를 비판하고 '복음으로 복귀'를 주창한다. 필자는 이것이 일종의 '자연으로 복귀'와

애국심과 더불어 정치 공동체의 통합을 가져오는 중요한 요소이다.

모든 시민이 자신의 의무를 사랑하도록 만드는 종교를 갖는 것은 국가에 관한 문제가 된다. 그러나 이 [루소가 주장하는 사회적] 종교의 교리들은 그것을 믿는 사람이 타인에 대해서 가져야 할 도덕과 의무들을 제외하곤 국가나 그 성원에게 무관하다.[32]

루소는 사회적 유대를 강화하는 것으로 시민종교가 필요하다고 주장한다.[33] 다만 이러한 종교는 종교 교리라기보다는 오히려 선하고 충성스런 시민이 되기 위해 필수적인 사회적 정조를 가르친다. 따라서 시민종교의 교리는 지극히 단순하고 명확히 표현되어 누구나 알 수 있으며, 복잡한 설명이나 주석이 필요하지 않아야 한다.

같은 논리를 지닌다고 본다. 이런 측면에서 접근이 되었다면, 일종의 자연상태로서 '에덴의 이상'이 본격 논의될 수 있었을 것이다. 여기서는 루소가 전통 기독교를 대체하는 시민종교를 내세우는 단서를 소개하는 것으로 그친다.

31 "Du contrat social ou principes du droit politique," *OC* III, p. 384. 루소는 종교와 정치에 관한 베일리(Pierre Bayle)와 워버튼(Warbruton)의 견해에 대한 반박에서 이를 분명히 한다. 베일리가 어떤 종교도 정치단체에는 무용하다고 주장하는 반면, 루소는 종교적 근거 없이 건설된 국가가 하나도 없음을 실증할 수 있다고 반박한다. 또한 워버튼이 기독교는 국가에 있어서 가장 견고한 지주라고 말하지만, 루소는 기독교가 그 근본에 있어서 국가의 구성을 견고하게 만드는 데 유익한 점보다는 유해한 점이 더 많다는 것을 증명할 수 있다고 반박한다. Ibid., pp. 463-64.

32 Ibid., p. 468.

33 루소가 『에밀』에서 주장하는 양심에 근거한 자연종교는 어떤 의미에서 『사회계약론』에서 표현된 시민종교의 원천이다. Masters, *The Political Philosophy of Rousseau*, p. 88. 즉 「사부아르 신부의 신앙고백」에서 볼 수 있듯이, 『에밀』에서 나타나는 자연종교는 실질적으로 사회적 인간의 도덕적 의무를 재확립하는 자연법으로 환원된다. 또한 이러한 자연종교는 『사회계약론』에서 논의하는 시민종교의 뿌리이다. 루소의 자연종교에 대한 자세한 분석에 대해서는 Ibid., pp. 74-89를 참조하라.

강력하고 지성적이며 자비롭고 예언적이며 선견지명 있는 신성의 존재, 내
세의 삶, 정의로운 자들의 행복, 악한 자들의 처벌은 적극적 교리이다. 나는
소극적 교리로서 불관용이라는 단 하나를 들겠다.[34]

정당한 정치체 내의 시민에게 모든 사람이 동일한 신의 자녀임을 믿
는 것은 필연적이 아니다. 자기 적과 한 약속도 지켜져야만 하는 것이
아니다. 부정한 권력에 대한 복종을 암묵적으로 가르치는 기독교 교리
는 정당하지 않다. 실상 그토록 자주 인용되는 "각 사람은 위에 있는 권
력에 복종하라."[35]라는 기독교 교리에, 이제 정당한 권력이 아니면 복종
할 의무가 없음이 기독교의 가르침에 대한 루소의 정교한 수정이다.[36]
루소는 전통적으로 부정한 억압에 대한 저항 의지를 약화시켜 온 기독
교의 대표적인 교리를 수정함으로써 기독교인이 현실의 삶에 적극적으
로 동참할 수 있는 길을 열었다.[37]
　루소가 이 문제에 주목한 데는 상당한 이유가 있다. 이 문제를 도외
시하고는 시민사회에서 기독교인이 겪는 이중의 분리 현상[38]을 극복할
대안의 모색은 물론이고 문제의 올바른 접근조차 쉽지 않기 때문이다.
이와 관련해서 루소가 입법 제도는 평등의 유지에 항상 힘써야 한다고
주장한 구절을 주목할 필요가 있다.[39] 물론 평등이 바로 자유의 실현과

34　"Du contrat social ou principes du droit politique," *OC* III, pp. 468-69.

35　『신약성경』, 로마서 13장.

36　기독교의 박애 정신의 가르침에 따라 권력의 찬탈자가 '신의 뜻'이라는 이름으로
정당한 권위로 행세함을 루소가 비판하는 부분을 참조하라. "Du contrat social ou
principes du droit politique," *OC* III, pp. 466-67.

37　루소가 정통 기독교 교리에 대한 자신의 해석을 정당화하고 있는 견해에 대해서는
다음을 참조하라. "Lettres écrites de la montagne," *OC* III, 특히 pp. 685-710.

38　제1부 제2장 참조.

39　"Du contrat social ou principes du droit politique," *OC* III, p. 392.

직결되는 것은 아니다. 법의 한계는 자유의 전제가 되는 평등의 보장에 그치는 것이지 자유 자체를 보장하는 것은 아니다. 루소의 다음 글은 사람의 행복을 자유와 연관시키고 있음을 보여주는 적절한 표현이다.

… 인류가 번영을 누릴 자격이 있는 시대가 어떤 시대인가를 판단해야 할 것이다. 문학이나 예술이 융성하던 시대는 문화가 갖는 숨은 목적을 확실히 이해도 못 하고 치명적인 영향도 생각해 보지 못한 사람들에 의해 무조건 칭찬의 대상이 되어 왔다. "무식한 자들은 노예 상태의 시초인 것을 인도주의라고 불렀다." … 국가를 지배하는 자들의 외견상의 평화, 안일보다는 인민 전체의 행복을 더 중요시해야 한다. … 반란이나 내전은 국가의 지배자들을 당황케 하기는 하겠지만, 인민의 진정한 불행을 이루는 것은 아니다. … 인민의 항구적 상태에서만 인민의 진정한 번영 혹은 재해가 일어날 수 있다. 모든 것이 전제하에서 압박을 받아 분쇄될 때 망해 간다. 따라서 국가의 지배자들은 제 뜻대로 인민을 유린하여 '고독을 만들어두고는 그것을 평화라 부른다.' … 약간의 불안 상태는 오히려 정신의 반발력을 준다. 인류를 진실로 행복하게 만드는 것은 평화가 아니고 오히려 자유이다.[40]

이제 루소가 궁극적으로 의도하는 목표가 어디에 있는지를 알 수 있다. 그것은 평등의 원리에 기초한 이상적인 정치 공동체를 만드는 것 못지않게 주권자로서 그 성원인 시민의 자유를 적극적으로 고양시켜 행복을 보장하는 데 있다. 달리 말하자면 결국 사람을 자유롭게 하고 행복하게 만든다는 목표이다.

---

40 Ibid., p. 420n. 인용문 중 따옴표 안의 글은 타키투스의 원주임. Ibid.-p. 1485, n.3, n.4를 참조하라.

2

도덕적 자유

자유는 근대에 있어서 루소 외에 모든 계몽주의 사상가도 중요시한 개념이었다. 그들도 자유를 위해 전제 권력에 저항하였던 것은 사실이지만, 루소가 말하는 자유와 다른 의미로 해석한다. 루소는 그들이 말하는 자유 가운데 내포된 본질적인 자유의 상실과 극복하기 어려운 정신의 노예 상태를 볼 수 있었다. 그들은 자유의 위험한 적을 외적인 압제나 교회의 불관용에서 찾았을 뿐, 의지 자체를 포로로 하는 것과 같은 내면화된 노예 상태의 심각성을 간과했다고 볼 수 있기 때문이다.

루소의 근본 전제에 의하면, "사람은 자유롭게 태어난다."[1] 물론 자유가 사람의 본성이라는 것이 그리 자명한 것은 아니지만, 자유로운 것이 사람의 숙명적 필연임을 의미한다. 이것은 사람이 어떠한 경우에도 자유로운 결단의 밖으로 완전히 나갈 수 없음을 암시한다.

---

1 "Du contrat social ou principes du droit politique," *OC* III, p. 351.

자유를 포기함은 사람으로서 자질을 포기하는 것이요, 사람으로서 누릴 수 있는 제반 권리와 인간의 의무까지도 포기하는 것이다. 모든 것을 포기하는 자에 대해서는 어떠한 보상도 있을 수가 없다. 이러한 포기 행위는 사람의 본성에 어긋난다. 게다가 자신의 의지에서 모든 자유를 빼앗는다는 것은 자신의 행동에서 모든 도덕성을 제거해 버림을 의미한다.[2]

루소는 여기에서 자유가 사람의 가장 중요한 특질임을 밝히고 있다. 이런 자유는 의지의 정수이기도 하다.

모든 행동의 근원은 자유로운 존재의 의지 안에 있다. 그 이상으로는 거슬러 올라갈 수가 없다. 무의미한 것은 자유라는 낱말이 아니라 필연이라는 낱말이다. … 따라서 자유가 없이는 참된 의지란 없다. 따라서 이렇게 비물질적인 실체에 의해서 생명이 부여된 사람은 그 행동에 있어서 자유롭다.[3]

자유는 사람의 고유한 특질이므로 사람이 노예 상태에 머무는 것은 '사람됨'의 포기라고 할 수 있다.[4] 사람은 짐승과 달리 의지를 갖고 '원칙에 따라' 행동할 수 있기 때문이다. 더 나아가 자유의지는 개인에만 국한되는 것이 아니라 집합체로서 전체 인민에게 해당되는 것이기도 하다.

---

2 "Du contrat social ou principes du droit politique," *OC* III, p. 356.
3 "Emile ou de l'éducation," *OC* IV, p. 587.
4 이와 관련시켜 말하자면, 가령 원치 않고서 노예로 팔리는 경우에도 자신이 완전히 결단의 책임에서 벗어나는 것은 아니다. 루소는 『폴란드정부론』에서 농노에게 동정을 하면서도 그들의 정신의 비굴함과 나약함에 대해 꾸짖었다. 자유가 인간의 본성이라 할 때, 이는 지극히 당연한 것으로 보인다. 심지어 루소는 의지의 차원에서 "그것을 원하기 때문에 행한다."라고까지 하였다. Ibid., p. 605.

… 어떤 의지가 의지 주체의 불행에 동의하는 일은 의지의 본성을 벗어나는 일이다. 따라서 어떤 인민이 그저 복종하겠다고 약속하면 그 행위 자체에 의해서 인민은 파멸하고 인민의 자질을 상실한다. 주인을 인정하는 순간부터 주권자는 사라지고 정치체는 해체된다.[5]

더욱이 어떤 인민이 자유롭지 않으면 개별성원들도 자유롭지 않다. 또한 한 인민이 노예화되면, 인민의 구성원인 개인도 마찬가지이다. 루소는 이런 결과를 피하기 위해 모든 사람이 법에 복종함으로써 인민을 자유롭게 만든다는 역설적인 표현을 사용한다.

자유로운 인민은 복종하지만, 섬기는 것은 아니다. 자유로운 인민은 지도자들을 갖지만, 어떤 주인도 갖지 않는다. 자유로운 인민은 법률에 복종하지만, 법률에만 복종할 뿐이다.[6]

이것은 의지의 측면에서 고찰할 때 더욱 분명해진다. 정치체가 공공선을 자기 자신의 사적 이익에 종속시키는 전제군주에 의해 지배되면, 한 개인의 의지가 모든 다른 사람들의 의지 위에 군림한다는 결과를 가리킨다.

나는 법에 복종할 때 자유롭다. 그러나 내가 나의 동료 사람에게 복종을 강

---

5 "Du contrat social ou principes du droit politique," *OC* III, p. 369.
6 "Lettres écrites de la montagne," *OC* III, p. 842. 비롤리에 의하면, 법률에 복종이 자유에 대한 유일한 보장이라는 생각에 관한 한, 루소는 키케로에게 영향을 받았으리라고 본다. Viroli, *Jean-Jacques Rousseau and the 'well-ordered society'*, p. 154, n.103.

요당할 때 자유롭지 않다. 후자의 경우에 나는 단지 한 개인의 의지를 행하고 있기 때문이다. 그러나 내가 법에 복종할 때 나는 그것이 다른 사람의 것인 만큼 나의 것이기도 한 공공의지의 명령에 따라 행동한다.[7]

루소의 자유에 관한 생각은 홉스의 자유 개념과 전혀 다르다. 홉스의 자유는 주권이 언급하지 않는 것들 곧 법이 침묵하는 곳에서 표현된다. 홉스는 그리스와 로마의 정치학자들이 국가의 자유와 개인의 자유를 혼동하게 만들었다고 비판하는 반면, 루소는 동일한 저자들에게서 시민의 자유와 정치체의 자유의 동일성을 유추해 낸다.[8] 따라서 홉스가 국가의 자유와 개인의 자유를 구별한 것은 루소의 자유 개념에 적용될 수 없다.[9] 그러면 루소가 생각하는 자유 개념은 과연 무엇인가? 이 문제에 관해서는 무엇보다도 루소가 독립과 자유를 구분한 것을 염두에 두어야 한다.

독립과 자유를 결코 혼동해선 안 된다. 양자는 매우 상이하므로 실제로 상호 배타적이다. 누군가 자기가 좋아하는 것을 할 때, 그것은 종종 타인을 괴롭히는 것을 의미한다. 이것을 자유로운 상태라고 묘사하는 것은 정당할 수 없다. 자유는 자신의 의지를 행하는 데 있기보다는 오히려 타인의 의지에 복종당하지 않고, 심지어 타인의 의지를 자신의 의지에 복종시키지 않도록 하는 데 존재한다.[10]

---

7   "Des loix," *OC* III, p. 492.

8   "Du contrat social ou principes du droit politique," *OC* III, pp. 425-26.

9   Viroli, Jean-Jacques Rousseau and the 'well-ordered society', p. 155, n.105.

10   "Lettres écrites de la montagne," *OC* III, p. 841.

위의 글 후반부에서 볼 수 있는 의지와 연관된 자유의 문제는 시민사회에 있어서 주인과 노예 관계[11]의 문제와 깊이 연결된다. 루소의 의지의 자유에 관한 논의는 지배와 복종이 갖는 노예성을 극복하는 원리를 시사한다. 루소의 자유 문제는 단순히 개인 차원의 문제가 아니라 보편적인 차원에서 논의되는 측면이 강하다. 이런 맥락에서 루소는 사람이 각기 다른 상태에서 누리는 자연적 자유와 시민적 자유 및 도덕적 자유를 구분한다.[12]

먼저 자연적 자유는 자연상태에 있어서 미개인이 누리는 자유로서 각자의 힘에 의해서만 한계를 지을 수 있다. 그것은 사물 이외에 어느 것으로부터도 구속되지 않고 있다는 초보적인 자유로서 실제로 거의 의미가 없다. 자연인의 행복은 그 생활과 마찬가지로 단순하다. 그것은 고통이 없다는 소극적인 차원의 행복으로서 건강과 자유 및 필요한 것으로 이루어져 있다.[13]

이와 같은 자연적 자유와 행복은 자연상태에서 사회 상태로 이행되면서 다른 형태로 바뀌게 된다. 사회계약과 함께 사람은 자연상태에서 누리는 '모든 것에 대한 무제한의 권리와 자연적 자유'를 상실한다. 그러나 사람은 '그가 소유하는 모든 것에 대한 소유권과 시민적 자유'를 획득한다.[14] 양자를 대비하면 다음과 같은 차이가 있다.

자연적 자유는 무제한한 것으로 보인다. 하지만 그것의 유일한 보증은 개인의 힘에 존재한다. 그것은 실제로 대단히 취약하며 어느 순간에 예속으로 변형될지 모른다. 그 반면에 시민적 자유는 제한을 받으며,

---

11   앞의 제1부 제2장 참조.

12   "Du contrat social ou principes du droit politique," *OC* III, pp. 364-65.

13   "Emile ou de l'éducation," *OC* IV, p. 250.

14   "Du contrat social ou principes du droit politique," *OC* III, p. 365.

시민법과 타인의 권리들에 의해 규정된 대단히 엄격한 한계를 지닌다. 하지만 그것은 각 사람에게 사회적 연합이 절대적으로 확실하게 만드는 권리 곧 자신의 생명과 재산의 안전 및 보호를 보증한다.[15]

따라서 이런 자유는 자연상태의 자유에 비해 훨씬 더 안전하고 확실하다. 다만 여기에서 자유는 일반의지에 의해 제한을 받는 것으로 시민적 자유라 불린다. 이것은 일반의지의 산물인 법률에 복종함으로써 공공의 이익이나 행복을 위해 자신의 이익과 행복을 억제하게 만든다. 하지만 시민적 자유도 루소가 의미하는 참된 자유는 아니다.[16]

루소에 의하면 참된 자유는 바로 '사람으로 하여금 진실로 자신의 지배자가 되도록 하는'[17] 도덕적 자유이다. 도덕적 자유는 무엇보다도 내면적인 성질을 갖는다. 시민적 자유가 사회적 관계들과 연관을 갖는 반면에 도덕적 자유는 자신의 내면의 자아와 갖는 관계와 연관된다. 도덕적 자유를 획득하기 위하여 사람은 자기 내면의 정념들을 통제해야 하며, 스스로에게 부과한 법칙과 조화롭게 살아야 한다. 양심과 이성이라는 내면의 소리에 기꺼이 복종하는 사람만이 '참으로 자유롭다.' 즉 도덕적으로 자유롭다.[18] 이러한 자유는 욕망을 능력의 범위에 한정하는 것 곧 욕망의 절제 가운데 존재한다. 단순히 욕망의 충동에 따라서만 행동하는 것은 예속이지만, 자신이 부과한 규율에 복종하는 것은 자유이기 때문이다.[19]

---

15   Ibid., pp. 374-75.
16   자유주의의 한계를 극복하려는 노력은 소극적 자유(negative freedom)를 넘어 적극적 자유(positive freedom)를 제시한 벌린의 입장을 참조하라. 이사야 벌린 저, 박동천 역, 『이사야 벌린의 자유론』, 아카넷, 2006.
17   Ibid., p. 365.
18   "Emile ou de l'éducation," *OC* IV, p. 818.
19   "Du contrat social ou principes du droit politique," *OC* III, p. 365.

또한 덕 있는 사람은 자신의 정념을 뿌리 뽑는 데 성공한 사람이 아니라 정념을 통제하는 방법을 배운 사람이다. 루소에 따르면 어떤 정념이 허용되어야만 하고 다른 정념은 허용되지 않아야 한다는 것이 아니다. 정념이 사람을 지배할 때는 항상 비난할 만한 것이며, 이성에 의해 정념이 지배될 때는 선한 것이다. "정념을 느끼고 느끼지 않고는 우리의 통제를 초월한다. 그러나 우리는 자신을 통제할 수 있다. 자신의 통제하에 있는 모든 감각은 합법적이며, 우리를 통제하는 것은 범죄적이다."[20]

덕 있는 사람은 자신의 정념을 지배할 수 있고, 그가 달성할 수 있는 것에 적절한 자신의 욕망을 유지할 수 있는 사람이다. 사람은 '잘 질서 잡힌' 삶을 영위함으로써 자신의 참된 자연 곧 본성과 화해될 수 있다. 사람의 삶이 잘 균형 잡힐 때, 정념은 이성과 양심에 일치하여 자기에게 부과한 법률에 복종한다. '사람은 본래 정의와 질서를 사랑하는 선한 창조물이기'[21] 때문이다.

도덕적 자유를 지닌 사람, 그것은 결국 의지의 주체로서 개인의 이상이다. 그는 자신이 부과한 규율에 의해 구속을 느끼고 고통스러운 자기극복을 통하여 점차 실제적이고 생동감 있는 존재로 됨으로써 부르주아의 분열을 극복하기에 이른다. 부르주아의 위선과 동요, 존재와 외관의 분리와 반대로 그는 자기가 누구이며 무엇을 추구해야 하는지 알고 있다.

무엇이 되기 위하여, 자기 자신이 되기 위하여 또 항상 단일한 존재이기 위

---

20 "Emile ou de l'éducation," *OC IV*, p. 819.
21 "Lettre à l'Archevêque Christophe de Beaumont," *OC IV*, p. 935.

해서는 말하는 것과 행동하는 것이 일치되어야 한다. 취해야 할 태도를 분명히 결정하고 단호하게 그 태도를 고수하며 반드시 관철시켜야 한다.[22]

시민은 이처럼 엄격한 자기 규율에 의해 전적으로 통합된 자아를 창조하는 삶을 살아간다. 비록 덕이나 정의가 고통과 자기 극복을 끝없이 요구할지라도, 그것은 부르주아의 자아 상실을 대체하는 시민의 도덕적 자유를 고양시키게 될 것이다. 도덕적 자유는 자신의 내부의 정념들을 순화시키는 데 필요한 힘을 발견할 수 있는 사람의 특권이며, 이것은 덕 있는 사람만이 할 수 있다.

'덕'이란 단어는 힘을 의미하는 단어로부터 유래하며, 힘은 모든 덕의 토대이다. 덕은 자연에 의한 취약한 창조물의 유산이 아니라, 의지에 의한 강력한 창조물의 유산이다. 덕은 정당한 사람의 순전한 장점이다. 비록 우리가 신을 선하다고 부르지만, 신을 덕스럽다고 부르지 않는다. 신은 노력하지 않고도 선을 행하기 때문이다.[23]

참으로 사람은 도덕적 자유를 지님으로써만 진정한 자기 의지의 주체가 되고, 자신의 본성이 비로소 실현되어짐을 알게 된다. 그는 이제 본래의 자애심을 건강하게 회복한 선한 의지의 주체이다. 루소가 개인과 정치 공동체를 통합한 자아의 개념으로 제시하는 '공동체적 자아'의 구체적 현실태이다.[24]

---

22   "Emile ou de l'éducation," *OC* IV, p. 250.

23   Ibid., p. 817.

24   이 개념은 따로 고찰할 필요가 있을 정도로 루소의 중요한 용어이다. 그러나 필자는 가능한 한 추상적인 대상을 피하여 루소의 주된 관심사라 생각되는 실체로서 시민에

도덕적 자유의 주체로서 시민이 공공의 선을 위해 지켜야만 하는 규칙들을 자유로이 받아들이는 것은 당연한 일이다.[25] 바로 이 같은 유덕한 시민이 시민사회에 있어서 분열된 인간상 곧 부르주아의 노예성이 극복된 진정한 자유인의 현실태이다. 루소의 자유로운 사람이 행복하다는 것은 그가 타인의 의지에 지배받는 헛된 권력에 의존하지 않고 자기의 의지에 따라 행동할 수 있기 때문이다.

> 자기의 의지대로 행할 수 있는 사람이란 자기의 [힘]에다 타인[의 힘]을 보탤 필요가 없는 사람을 말한다. 따라서 모든 좋은 것 중에서도 최상의 것은 권력이 아니라 자유라는 결론이 나온다. '참된 자유인'은 자기가 할 수 있는 일만을 바라고, 자기 마음에 드는 것[만]을 행한다.[26]

이러한 자유를 추상적인 자유의 개념과 절대 동일시할 수 없다. 그것은 결국 '자유가 없으면 참된 의지가 있을 수 없으므로, 사람은 행위에 있어서 자유'[27]로워야만 한다는 구체적이고도 현실적인 요청으로 보아야 한다. 더 나아가 참된 자유인은 오직 자연에 의해 부과된 필연의 속박만을 인정하고,[28] 일체의 구속으로부터 해방되어 '잘 규제된 자유'[29]

대한 논의에 집중하고자 했다. 이와 관련해서 moi-commun에 대한 유익한 논의는 김경미, 「Rousseau 사상에 나타난 자유와 평등 ―특히 Moi-Commun의 개념을 중심으로」(서강대학교 대학원 석사학위논문, 1984) 및 Frank E. Manuel and Fritzie P. Manuel, *Utopian Thought in the Western World*(Cambridge, Mass.: Harvard University Press, 1979), pp. 440-47를 참조하라.

25 Plamenatz, *Man and Society*, Vol. 1, p. 391.

26 "Emile ou de l'éducation," *OC* IV, p. 309.

27 Ibid., pp. 586-87.

28 Ibid., pp. 320-21; Grimsley, "Rousseau and his reader," p. 232.

29 "Emile ou de l'éducation," *OC* IV, p. 321.

가운데 행복의 경지[30]를 즐기게 될 것[31]이라는 목적 규정을 내포한다. 모든 사람에게는 "선을 사랑하도록 양심이, 선을 알 수 있도록 이성이, 선을 선택하도록 자유가 부여되어"[32] 있으므로 자연과 조화된 자유와 행복을 누리는 정도는 각자의 가능성에 달려 있다.

비록 근대사회의 온갖 모순이 사람의 자연을 회복할 수 없을 만큼 뒤틀리게 해 왔지만, 도덕적 자유의 성취는 사람이 자신과 조화하도록 회복시킨다. 도덕적으로 자유로운 사람만이 진정한 자아일 수 있으며, 거짓된 외관으로부터 완전히 벗어나 있다. 더 나아가 사람의 자연(본성)에 적합한 자유는 소극적 차원에서 단순히 타인의 의지에서 독립적으로 살아가는 문제가 아니라, 적극적 차원에서 특별한 행동 양식을 통하여 개인의 자유로운 의지에 기초한 자발적인 행위를 통해 실현된다.

따라서 부르주아의 분열은 더 이상 흔적을 찾을 수 없게 되고, 각 개인은 오직 자기완성을 향하여 모든 주어진 능력을 사용할 것이다. 상상력을 비롯하여 사람의 타락을 가져온 모든 잠재된 완성능력이 이제 다시 반전하여 긍정적으로 작용하게 된다. 도덕적 자유의지의 주체로서 시민은 자신의 정념을 적절히 통제함으로써 새로운 자아와 새로운 현실을 정립할 방도를 적극적으로 모색한다. 시민은 그를 인류애로부터 벗어나게 만든 바로 그 이유 때문에 다시 인류애로 되돌아간다.

이기심을 타인에게로 확대시켜라. 그러면 그것은 덕으로 바뀐다. 사람의 마음에서 이런 덕이 뿌리를 내리지 않은 마음은 없다. … 사적 이익을 일반화시키면 시킬수록 공평해진다. 따라서 인류에 대한 사랑이란 정의에 대한 사

30　Ibid., p. 605.
31　Ibid., pp. 602-606.
32　Ibid., p. 605.

랑에 지나지 않는다. … 진리를 사랑하고, 진리를 인식하기를 바라면 … 항상 사욕을 멀리하도록 해야 한다. … 타인의 행복에 마음을 많이 쓰면 쓸수록 … 선악에 대한 판단을 잘못하는 일이 적어질 것이다. 그러나 어느 한쪽에만 치우치거나 부당한 선입견에만 의거한 맹목적인 선택은 … 절대 허용해선 안 된다. 어느 한 사람을 돕기 위해서 다른 사람을 해쳐서야 되겠는가? 그가 '만인의 최대 행복'에 협력하기만 하면, 더욱 큰 행복의 몫이 누구에게 가든 그것은 문제가 안 된다. … 각자는 종[인류]의 일부가 되어 있는 것이지, 어떤 개인의 일부가 아니기 때문이다.

연민의 정이 연약한 감정으로 치우치는 것을 막기 위해서는 연민의 정을 일반화시켜 그것을 인류 전체로 확대시켜야 한다. 그러면 그것이 정의와 일치될 때 우리 마음에 연민의 정이 일어날 것이다. 정의는 모든 덕 중에서 사람의 공통된 행복에 공헌하는 바가 가장 많기 때문이다. 이성적으로 보나 우리 자신에 대한 사랑으로나 우리는 이웃보다도 인류 자체에 대한 연민의 정을 더 많이 갖고 있어야 한다. 또한 악인에 대한 연민은 인류에 대해서는 극히 잔인한 일이다.[33]

덕 있는 사람으로서 시민은 정의를 적극적으로 실현하는 주체로서 인류에 대한 사랑을 회복한다. 근대사회에서 철저히 분열되었던 부르주아는 이제 자신의 모순을 극복하고 시민의 덕을 실현하게 된다. 비록 근대사회의 극단적 피해자로서 출발했지만 부르주아는 고통스런 자기극복의 과정을 통하여 도덕적 자유의 성취와 함께 시민사회를 새롭게 정립하는 가장 확고한 대들보가 되기를 바란다.

근대 부르주아사회에서 강요된 이기적인 본성을 극복하여 새로운 본

[33] Ibid., pp. 547-48.

성을 확보한 시민은 다시 참다운 정치체의 완성을 위한 작업에 다시 뛰
어든다. 따라서 근대문명은 자신이 가장 철저히 파괴했던 대상의 도움
으로 자체에 입힌 최악의 상처를 치유할 수 있다.[34]

루소가 본 근대성의 역설은 여기서 대단원의 막을 내린다. 완성능력
과 자유의지를 지닌 사람이 덕의 실현을 위해 적극적인 삶의 창조 과정
을 포기하지 않는 한, 인류의 역사는 결코 끝나지 않는다.

---

34   Berman, *The Politics of Authenticity*, p. 159.

5

국가연합과 평화 공동체

이 글은 필자의 논문, 「루소(Jean-Jacques Rousseau)의 평화사상 —국가연합 논의를 중심으로」[경희대학교 국제평화연구소, 『평화연구』, 제8권 1호(1989. 12.), 67-91쪽] 를 보완한 것이다.

루소의 국제 관계에 대한 인식은 그의 전체 사상 체계, 특히 사회계약 원리에 입각한 국내 정치 질서 수립과 밀접한 연관을 가지고 있다. 사회계약에 입각하여 수립된 국가야말로 정당하면서도 확고한 정치체이지만, 이후에 루소가 계속 관심을 둔 것은 어떻게 하면 국가를 그 대외 관계에 있어서도 견고히 유지시킬 수 있느냐 하는 점이었다.[1] 이 문제가 루소의 지속적인 관심사가 된 이유는 다음과 같다.

> 어떠한 정부일지라도 그 정부를 완성시킬 방법에 관하여 생각해 보면, 모든 혼란과 장애가 정부 조직 자체보다 그 대외 관계로부터 발생되고 있음을 바로 인식할 수 있으니 치안에 할애해야 할 거의 모든 노력을 자체 안전 확립에 쏟지 않을 수 없으며, 정부를 완성시키는 일보다도 여타의 정부에 저항할 수 있는 상태 유지에 더 많은 고려를 하지 않을 수 없게 되어 있다.[2]

이와 같은 이유로 루소는 한 국가의 완성을 위해서라도 대외 관계의 안정이 필수적이면서 인류 최대의 재앙인 압제와 전쟁은 서로 밀접한 연관이 있음을 인식하고, 그 근본 원인의 규명과 해결 방안을 모색한다. 루소는 이 문제가 국제법의 모든 문제로 직접 연결되는 것과 동시에 사회계약 원리에 입각한 국가 기본법 문제의 해명을 완성시킬 연구가 될 것이라고 보았다.[3]

---

1 "Du contrat social ou Principes du Droit Politique," OC III, p. 470.
2 "Extrait Du Projet de Paix Perpétuelle de Monsieur L'Abbé de Saint-Pierre," OC III, p. 564.
3 "Emile ou de l'éducation," OC IV, pp. 848-49. 이러한 작업이 이루어지는 경위에 대해서는 Ibid., p. 848. n.1, p. 1692를 참조하라.

1

국제 관계 현실

1 국제질서의 모순으로서의 전쟁상태

루소가 살던 시기뿐 아니라 그 이전에도 유럽에서는 크고 작은 분쟁이
끊이지 않을 정도로 국가 간 상호 대립과 갈등이 심각하였다. 루소는
먼저 인류가 어떻게 해서 전쟁의 위협에 시달리게 되었는지에 착안하
여 다음과 같은 결론을 내린다.

인류의 상태를 고찰하는 데 있어서 가장 먼저 주목하게 되는 사실은 인류를
항상 불안하게 하는 그 체제 내의 현저한 모순이다. 우리는 한 사회 내의 개
인과 개인 사이에 시민 상태에서 생활하며 법에 복종하지만, 여러 사회의 인
민과 인민 사이에 각자가 자연적 자유를 즐기고 있으므로 우리의 처지는 이
런 구별이 있기 전보다 더 악화되었다.

우리는 사회질서와 자연상태 내에서 동시에 살고 있으므로 둘 중 그 어느
편에도 있는 안전을 누리지 못하고 양쪽의 나쁜 점을 강요받는다. … 현재

우리가 처해 있는 혼합상태는 … 그 이상 있을 수 없는 최악의 상태에 놓여
져 있다. 이것이야말로 공공 재앙의 진정한 기원인 것 같다.[1]

인류는 한 사회 내의 동료 시민과 사회 상태하에서 법으로 성원 간
분쟁을 예방하는 대신, 여타의 사회 성원들과 여전히 자연적 자유를 즐
기고 있으므로 항상 분쟁의 여지가 있다. 인류 사회는 자연상태와 사회
상태가 병존하는 일종의 혼합상태가 존재함으로써, 보편적으로 적용될
어떤 원칙이나 규범을 세우기가 거의 불가능하다. 그 결과 개인은 어떠
한 보장도 없이 두 상태의 해악에만 노출된 채, 과거 어느 때도 겪지 못
한 압제와 전쟁의 불안 가운데 생활한다. 이것은 근본적으로 인류 사회
가 더 작은 여러 시민사회로 이뤄져 있고 그 크기에 따라 각 구성원이
갖는 사회적 유대의 차이에서 비롯된 결과이다.

모든 사회는 각자의 이해관계와 원칙을 가진 더 작은 사회들로 구성
되어 있으며, 인류 사회라는 커다란 사회도 다양한 시민사회를 개별 구
성원으로 하는 하나의 정치체로 볼 수 있다.[2] 또한 서로의 필요 곧 재
산, 생명, 자유의 보장을 위해 더 큰 사회에 결합되어 있는 구성원 각자
는 자신이 속한 시민사회에 더욱 긴밀히 결합될 수밖에 없다.[3]

이렇게 볼 때 결과는 분명하다. 즉 한 사회의 구성원이 몇몇 사람들
과 결합함으로써 사실은 전 인류의 적이 되는[4] 모순이 발생함으로써 어
떤 정치체의 완성을 위한 사회적 결속이 인류 전체로 보아서는 상이한
목표와 이해관계를 지닌 다른 정치체들과 충돌할 가능성이 있다. 루소

---

1 "Que L'État de Guerre naît de L'État Social," *OC* III, p. 610.

2 "Discours sur L'Économie Politique," *OC* III, p. 245.

3 Ibid., p. 248.

4 "Extrait Du Projet de Paix Perpétuelle," *OC* III, p. 564.

는 사회의 기원을 살펴보는 과정에서 어느 한 사회의 설립이 필연적으로 다른 사회의 설립을 유발시키며, 그 결과로 여러 정치체 간에 나타나게 되는 자연상태야말로 비할 데 없이 비참한 지경임을 강조한다.

> … 단 하나의 사회 설립이 다른 모든 사회의 설립을 불가피하게 하였으며 … 단합된 힘에 대항하기 위해서는 스스로도 단결하지 않으면 안 되었다. 사회는 급속히 증가 혹은 확대되어 머지않아 지구의 전 표면에 설립되었다. … 이처럼 서로 간에 여전히 자연상태에 머물고 있는[5] … 큰 정치체들 사이의 상태는 그 이전에 개인을 구성원으로 하는 상태에서 볼 수 있었던 것보다 훨씬 더 비참하게 되었다. 자연을 전율케 하고 이성에 어긋나는 민족 전쟁, 전투, 살육, 복수 및 유혈에의 영예를 덕의 대열에 끼워주는 모든 가공할 편견이 그런 상태에서 비롯된다. … 그리하여 자연상태에서 수 세기에 걸쳐 일어났던 것보다 더 많은 살육과 참화가 단 하루의 전투와 단 하나의 도시 점령에 의해 행해지게 되었다. 이것이 인류가 여러 사회로 분리됨으로써 예견되는 최초의 결과이다.[6]

루소는 순수한 자연상태에 관한 논의 가운데 이전의 사상가들과 달리 사람들 간 자연상태가 지극히 평화롭고 자유로운 상태라고 상정한 반면, 국가 간에 존재하는 자연상태는 전쟁상태와 다름없다고 본다. 그 이유는 양자가 지닌 상이한 성질에서 비롯된다.[7]

---

5 이런 상태는 정치체들 간에 존재하는 것일 뿐임을 유의할 필요가 있다. 또한 여기에서 언급된 자연상태는 단지 자연상태하의 자기보존권리와 밀접한 관련이 있음을 염두에 두어야만 한다. "Discours sur l'origine et les fondemens de l'inégalité parmi les hommes," *OC* III, p. 178, n.3, pp. 1351-52.
6 Ibid., pp. 178-79.
7 루소의 독특한 논의 방식은 언제나 사물의 본성에 따라 추측한다는 것인데, 루소는

… 사람의 힘과 크기에는 자연에 의해 주어진 한계가 있다. … 그 반면에 국가는 인위체이므로 어떠한 확정된 한계도 없으며, 국가에 적당한 크기는 정해져 있지 않기 때문에 언제라도 그 크기를 증대시킬 수 있고 자기보다 강한 국가가 존재하는 한 취약함을 느끼게 된다. 자국의 안전과 보존을 위해서는 모든 인접 국가보다 강력해질 것이 요구된다. 자국의 힘을 증대, 배양, 행사하기 위해서는 모든 인접 국가의 희생이 따라야 한다. … 사람의 불평등은 자연에 의해 정해진 한계가 있지만, 사회의 불평등은 어느 한 사회가 그 밖의 모든 사회를 병합할 때까지 무한히 확대될 수 있다.[8]

사람과 국가 사이의 근본적인 성질의 차이가 국가 간의 분쟁을 더욱 위험스럽게 만들고 있는 요인이다. 또한 국가의 구성을 자세히 살펴보면 각국이 아무리 그 자체 보존능력을 갖추고 있어 자신을 고정시키려 해도 헛된 일이니, 그 이유는 인접 국가의 확장이나 위축 혹은 강화나 약화에 따라 자국의 대소, 강약이 결정되기 때문이다.[9] 더욱이 모든 국가는 일종의 원심력을 갖고 있어 끊임없는 상호작용 가운데 인접 국가의 희생으로 자신을 확대해 가려는 경향이 있으므로,[10] 국가 간에 언제나 갈등과 분쟁이 야기되고 전쟁 위험이 상존한다.

이를 다음과 같이 정당화한다. "내가 이제 서술하려는 일들은 여러 가지 방식으로 있을 수 있는 것이기 때문에 추측 이외에는 선택의 여지가 없다 … 그러나 이러한 추측도 사물의 본성으로부터 추출할 수 있는 가장 있을 법한 추측이며, 그것이 진실을 발견하기 위한 유일한 방법일 경우에는 이치로 바뀌게 된다." "Discours sur l'origine et les fondemens de l'inégalité," OC III, p. 62.

8   "Que L'État de Guerre naît de L'État Social," OC III, pp. 604-605.

9   Ibid., p. 605.

10   "Du contrat social ou Principes du Droit Politique," OC III, p. 388.

2 유럽 사회의 부정적 현실

루소는 정치체의 본성에 관한 고찰을 통하여 모든 국가가 근본적으로 팽창 지향적이기 때문에 필연적으로 전쟁의 위기에 처하게 됨을 지적하는 한편, 유럽 사회의 현실에 대한 비판적 통찰에 근거하여 전쟁의 원인에 관한 폭넓은 분석으로 이를 뒷받침한다.

　루소는 당시 유럽이 아시아나 아프리카와 달리 현실적으로 공통된 유대를 지닌 '유럽 인민의 사회'[11]를 이루고 있음에 주목하고, 이런 사회가 언제나 존재하였던 것은 아니지만 그것을 형성한 여러 유대로 여전히 유럽 사회를 유지한다고 본다. 즉 로마제국 시절의 정치적, 시민적 유대, 로마의 시민 제도 및 법전과 같은 법적, 제도적 유대, 기독교라는 종교적 유대 외에도 혈연적, 지리적, 문화적 유대 등이 유럽 국가들을 하나의 사회로 결속시킨다.[12]

> … 이와 같이 유럽 열국 간에는 같은 종교, 같은 국제법, 풍습, 문학, 상공업 및 이들 모두의 필연적 귀결인 일종의 균형에 의하여 그들 국가를 결합시키고 있는 일종의 체제가 형성되어 있다. 이런 균형은 실제로 누가 그것을 보존하려고 애쓰지 않아도 대다수 사람이 생각하는 것만큼 그리 쉽사리 무너지지 않는다.[13]

유럽 인민 간에는 비록 불완전하지만 인류 사회라고 하는 일반적이고 이완된 유대보다는 훨씬 더 긴밀한 사회적 유대가 존재하며, 이와

11　"Extrait Du Projet de Paix Perpétuelle," *OC* III, p. 565.

12　Ibid., pp. 565-67.

13　Ibid., p. 565.

같은 유럽 사회의 불완전함이 그 구성원의 조건을 더욱 악화시킨다.[14] 그 이유는 유럽 인민들의 오랜 통합으로 말미암아 권리와 이해관계가 복합적으로 얽혀 있어 모든 국가에 영향을 미칠 정도로 제반 문제가 서로 밀접히 연관되어 있기 때문이다. 그 결과로 유럽 국가들 사이의 분열이 그토록 치명적으로 되고, 그 사이에 야기된 분쟁도 거의 내란과 같은 잔인성을 띠게 된다. 루소는 당시의 유럽 인민 간에 원칙으로는 인류애로, 실제 행동에서는 잔인함으로 가득 찬 기묘한 이중적인 모습이 한편으로 유럽 사회의 긴밀한 유대로 연결되고, 다른 한편으로 유럽 국가 간의 끊임없는 살육 전쟁으로 귀결되는 모순을 낳는 원인임을 지적한다.[15]

전쟁에 관한 루소의 견해에 주목할 점이 있다. 루소에 의하면 전쟁은 사람 사이에 존재하지 않고 국가 사이에 존재하며, 전쟁을 일으키는 것은 사물의 관계이지 결코 사람 상호 간의 관계가 아니다.[16] 또한 전쟁상태는 단순한 인적 관계로부터 발생될 수 없고 물적 관계에서만 발생되는 것이므로, 개인적 전쟁 곧 사람 대 사람의 싸움은 항구적 재산권이 없는 자연상태나 모든 것이 법률의 권위하에 놓여진 사회 상태에 있어서도 있을 수가 없다.[17]

따라서 전쟁이란 사람과 사람 간의 관계가 아니라 국가와 국가 간의 관계이고, 전쟁에서 개인과 개인 간의 대적 관계는 우연이며, 사람이나 시민으로서가 아니라 단순히 병사로서 적이 된다. 즉 조국의 한 성원으

---

14   Ibid., pp. 573-74.

15   Ibid., p. 568.

16   "Que L'État de Guerre naît de L'État Social," *OC* III, p. 604.

17   "Du contrat social ou Principes du Droit Politique," *OC* III, p. 357; "Que L'État de Guerre naît de L'État Social," *OC* III, p. 602.

로서 원수가 된 것이 아니라 조국을 방어하는 처지에서 원수가 된다. 결국 이렇게 볼 때 한 국가가 적으로 삼을 수 있는 것은 다른 국가일 뿐이지, 그 국가의 인민이 아니다. 상이한 성질을 지닌 사물 사이에는 어떤 진정한 관계가 성립될 수 없기 때문이다.[18]

개인 간에 진정한 전쟁이란 존재하지 않았고 존재할 수도 없다면, 전쟁은 누구와 누구 사이에 야기되는 것이며, 실제로 적이라고 불리는 자는 누구인가? 그것은 공공인격이다.[19]

그러면 공공인격이란 무엇인가? 그것은 사회계약으로 존재하게 된 주권자라고 불리는 정신적 존재인데, 그 주권자의 모든 의사는 법률이란 명칭을 지니고 있다. … 전쟁의 결과에서 볼 때 가해자는 주권자이고 피해자는 국가라고 말할 수 있다.[20]

루소는 이와 같은 맥락에서 전쟁과 전쟁상태를 구분한다.

나는 국가 간의 전쟁이란 모든 가능한 수단으로써 전국을 타파하거나, 최소한 약화시키려고 표출된 지속적인 상호 성향의 결과라고 부른다. 이 성향이 행동화된 것이 엄밀한 의미에서의 전쟁이며, 그 성향이 결과를 수반하지 않으면 전쟁상태이다.[21]

홉스와 달리 루소는 전쟁상태란 사람에게 자연적이 아님을 분명히

---

18 "Du contrat social ou Principes du Droit Politique," *OC* III, p. 357.
19 "Que L'État de Guerre naît de L'État Social," *OC* III, p. 608.
20 Ibid.
21 Ibid., p. 607.

하지만, 전쟁상태에 관한 그의 또 다른 정의는 더욱 깊은 논의를 요구
한다. 그에 의하면 전쟁상태는 한편이 주인이고 다른 한편이 노예라는
단순한 사실이 존재함으로써[22] 정복자와 피정복자는 언제나 전쟁상태
에 머무른다.[23] 즉 정복자는 피정복자에 대하여 폭력을 행사하는 상태
에 머물러 있을 따름이지 그를 지배할 어떤 정당한 권리도 획득한 것은
아니므로, 그들 사이에는 여전히 전쟁상태가 지속된다.[24]

　루소가 볼 때 '법률이나 통치자 없는 사회 및 우연히 형성, 유지되는
모든 결합은 매우 사소한 환경의 변화에도 견디지 못하고 투쟁과 불화
로 타락하게 되는 것이 필연적'[25]이므로 유럽 국가 간에 서로 얽혀 있는
권리나 주장을 판단할 영구적인 공통 규칙이나 권한 있는 중재자가 존
재하지 않는 한, 유럽 국가 간의 상태는 전쟁상태로 귀착될 수밖에 없
다.[26]

　또한 몇몇 국가 간 부분 조약으로 이룩된 유럽의 평화도 일시적인 휴
전에 불과하고,[27] 전쟁의 연장[28]과 다르지 않다. 이런 부분 조약은 조약
체결 당사국 이외에 공동으로 그것을 보장할 어떤 존재도 없으며 어떤
상위자도 인정하지 않는 국가 간의 조약에서 부당하게 침묵을 당한 사
정이 변경되어 당사국이 새로운 힘을 획득하게 되면 새로운 전쟁의 근

22　Ibid., p. 608.

23　"Discours sur l'origine et les fondemens de l'inégalité," OC III, p. 179.

24　"Du contrat social ou Principes du Droit Politique," OC III, p. 358. 그 외에 홉
스와 루소의 전쟁상태에 관한 논의에 대해서는 Stanley Hoffmann, "Rousseau on War
and Peace," American Political Science Review, Vol. 57(June 1963), pp. 317-26을
참조하라.

25　"Extrait Du Projet de Paix Perpétuelle," OC III, p. 568.

26　Ibid.

27　Ibid.

28　"Que L'État de Guerre naît de L'État Social," OC III, p. 606.

원이 되는 것이 틀림없기 때문이다.[29]

그 외에 유럽 공법도 그것이 합의에 의해 제정 혹은 승인된 것이 아니며 어떤 원칙도 없이 시간과 장소에 따라 부단히 변화하므로 최강자의 권리로 조정될 수밖에 없는 모순된 규칙으로 가득 차 있으므로 각국이 정당하기를 원하는 경우에도 전쟁은 불가피하다.[30] '동맹, 조약, 인간의 약속 등은 모두 약자{강자}를 강자{약자}에게 얽매이게 할 수는 없는 것'[31]이며, '정의와 진리는 언제나 최강자의 이익에 복종할 수밖에 없는 것이 철칙'[32]이기 때문이다. 게다가 국제법의 존재를 인정하더라도 이를 실질적으로 뒷받침해 줄 강제력이나 제재 수단이 결여된 현실에서 국제법은 자연법보다도 효력을 보장받기 어려운 일종의 망상에 불과하다. 자연법은 적어도 개인의 내면을 규율하는 측면이 있지만, 국제법은 당사국의 효용 외에는 어떠한 보장도 없고 국제법의 결정도 당사국의 이해관계가 일치하는 한에서만 존중될 뿐이다.[33] 심지어 국가 간에서는 자연법도 사람 사이에서 작용하는 모든 활력을 거의 상실하게 되었다.

… 시민법이 시민의 공통 규범이 되었기 때문에 자연법은 이제 각종 사회에서만 행해질 뿐이다. 그와 같은 사회 간에 자연법은 국제법이라는 이름으로 묵시적 협약으로 완화됨으로써 교역을 가능하게 하고 자연적 연민을 대신한다. 이러한 자연적 연민은 그것이 사람과 사람 사이에 있어서 지니고 있던

---

29 "Extrait Du Projet de Paix Perpétuelle," *OC* III, p. 568.

30 Ibid., pp. 568-69.

31 "Projet de Constitution pour la Corse," *OC* III, p. 903.

32 "Que L'État de Guerre naît de L'État Social," *OC* III, p. 609.

33 Ibid., p. 610.

모든 활력을 사회와 사회 사이에서는 거의 다 상실하여 … 오직 몇몇 위대한
세계주의자의 정신 속에서만 남아 있을 뿐이다.[34]

따라서 일종의 세력균형 상태로 유지되는 유럽의 정치 질서도 그 실
상을 살펴보면 불완전하다. 즉 자기 힘으로 그러한 균형을 깨뜨릴 결정
적인 능력이 없다고 느끼는 국가들이 유럽의 균형 유지를 위한다는 구
실로 개별 목적을 숨기고 있을 뿐이라고 루소는 당시의 유럽 정치 질서
전반에 대해 비난한다.[35] 루소는 세력균형에 의한 평화가 결코 근본적
인 해결이 되지 못함을 역설하며,[36] 유럽 사회가 지닌 제반 모순이 국가
간에 전쟁을 일으키게 하는 원인임을 지적하는 한편, 또 다른 전쟁의
원인으로 유럽 각국에 내재하는 요인을 지적한다.

좀 더 은폐되어 있는 만큼 현실적인 또 하나의 다른 전쟁의 씨앗은 사물이
그 본성은 반하는데 그 외형은 조금도 변하지 않는 데 있다. 즉 실제로는 세
습 국가이면서도 외형상으로는 선거제가 존재하는 경우, 군주제에 의회나
국민의회가 존재하고 공화제에 세습군주가 존재하는 경우, 타국에 예속된
국가가 외형상 여전히 자주성을 보유하는 경우, 어떤 동일한 주권자에 귀속
된 여러 국가에서 승계 질서가 다른 경우, 끝으로 모든 정치체는 항상 변해
가는 경향이 있는데[37] 그 같은 진행 과정을 저지시킬 수 없는 경우 등이 그
예다.[38]

---

34 "Discours sur l'origine et les fondemens de l'inégalité," *OC* III, p. 178.
35 "Extrait Du Projet de Paix Perpétuelle," *OC* III, p. 570.
36 Ibid., pp. 570–73.
37 이 문제와 관련된 정치체의 타락 경향과 붕괴에 대해서는 "Du contrat social ou
Principes du Droit Politique," *OC* III, pp. 421–25를 참조하라.
38 "Extrait Du Projet de Paix Perpétuelle," *OC* III, p. 569.

루소는 앞에서 살펴본 국가 간 전쟁의 원인 외에 각국에 내재된 분규의 씨앗이 덧붙여져 인류로 하여금 단결함으로써 파멸되고 그토록 아름다운 사회 원리를 설파하면서도 인간의 피로 손을 물들게 하는 전쟁을 그치지 않게 만드는 보편적인 원인 및 특수한 원인을 이루고 있으므로,[39] 근본적인 해결 방안을 모색한다. 이런 작업은 루소에 앞서 영구평화안을 논의하였던 생피에르 신부(Abbé de Saint-Pierre)의 저술을 비판적으로 검토하는 데에서부터 시작된다.

---

39   Ibid.

2

국가연합 원리와
영구평화 이상

1 생피에르의 영구평화안에 대한 루소의 비판

루소는 그에 앞서 유럽의 군주 연합에 의한 영구평화안을 구상한 생피
에르의 서술을 요약 및 발췌하는 과정에서 은연중 자신의 구상을 부각
시킨다.[1] 생피에르가 구상한 영구평화안의 기본 입장은 전쟁의 폐해와

---

[1] 루소는 이러한 작업이 우연히 시작된 것임을 밝히고 있지만("Extrait Du Projet de
Paix Perpétuelle," OC III, p. 574), 여러 가지 면으로 보아 우연이라고 하기 어렵다.
그 이유는 그가 필생의 과업으로 삼고 있던 「정치제도론」의 구상에 이미 한 국가의 기
본법을 다룬 『사회계약론』과 더불어 국가 간의 기본법을 다룬 국제법의 원리가 포함되
고 있기 때문이다("Du contrat social ou Principes du Droit Politique," OC III, p.
470; "Emile ou de l'éducation," OC IV, pp. 848-49, 848. n.1, p. 1692; J.-J. Rous-
seau, "Les Confessions," OC I, pp. 404-408 참조). 다만 문제가 되는 것은 「생피에르
영구평화안」 가운데 어느 것이 루소 자신의 견해인가를 구별하는 일이지만, 이에 대해
서는 다음과 같은 루소의 글을 통하여 그의 집필 의도를 엿볼 수 있게 된다.
　"… 번역한다는 것뿐만 아니라 필요에 따라 자신의 생각을 보태도 상관없었으므로,
이 저서 속에 여러 중대한 진리를 … 생피에르 신부의 이름으로 써넣을 수 있었다. 그
렇지만 이 일은 그리 간단하지 않았다. … 결국 가장 유익한 방법을 취하기로 했다. 그

평화의 이점을 열거한 후 군주들을 설득하여 전 유럽 군주의 연합을 만
들어 영구평화를 확보하고자 하였다.[2]

　그의 구체적인 방안의 중심은 군주의 지위와 영토를 현상대로 유지
시키는 전제하에 유럽의 평화를 도모하는 것이다. 실제로 국가연합의
근본 조항 제2항에는 국내 반란의 진압에 대해 연합의 원조를 제공할
것, 제3항에는 국왕의 신체 및 대권을 보호하기 위해 연합의 전력을 다
할 것, 제4항에는 국왕의 영토에 대한 현상 유지가 규정되고 있다.[3]

　생피에르는 이러한 계획으로 군주들의 이익 및 이성에 호소하고 그
들을 계몽시킴으로써 국가연합을 실현하고 평화를 영구히 확보할 수
있다고 믿었을 정도로 합리적이고 낙천적인 신념을 갖고 있었다. 그러
나 계몽주의 시대의 한 사상가로서 생피에르가 지닌 이런 합리주의적

것은 저자의 사상과 나의 사상을 분리해서 쓰는 것이었다. 그러기 위해서 그의 견해에
깊이 파고 들어가 그것을 설명하고 부연하여 본래의 가치를 나타내는 데 노력을 조금도
아끼지 않는 것이었다. 그렇기 때문에 내 저술은 완전히 구분된 두 부분으로 나뉘게 되
었다. 1부는 … 원저자의 여러 가지 방안을 서술하기로 하고, 2부에서는 1부에 서술된
방안에 대한 나의 비판을 전하려 한 것이다"("Les Confessions," OC III, p. 408, 422-
23). 이와 함께 루소는 「생피에르 영구평화안 발췌문」 서두에서 " … 내 자신이 입증할
수 없는 것은 결코 주장하지 않을 것이니, 독자들도 그대로 반박할 수 없는 것은 결
코 부정하지 말기를 바라는 바이다"("Extrait Du Projet de Paix Perpétuelle," OC III,
p. 564)라는 말을 함으로써, 그것이 단순한 요약이나 발췌의 형식이 아니라 자신의 추
론이 덧붙여진 글임을 분명히 한다.
2 「생피에르 영구평화안」 1권, 2권의 표제에는 "왕가를 훨씬 유리하게 그 보좌 위에
확립시키기 위하여"라는 말이 삽입되어 있다. 3권은 당시의 프랑스 섭정 도르린공에게
헌정되었다. 초본은 루이 15세에게 헌정되고 '일반적으로 현재 및 장래의 모든 사람,
특히 모든 군주, 모든 왕가에 한없이 유리한' 계획임이 표제에 쓰여 있다. 이러한 사실
은 그의 계획이 특히 군주를 대상으로 하고 있음을 여실히 보여준다. 田畑茂二郎 外,
「ルソーの 平和思想」, 桑原武夫 編, 『ルソー硏究』, 168쪽.
3 Sylvester J. Hemleben, Plans for World Peace through six centuries(1943), pp.
59-60; 위의 글, 168쪽에서 재인용.

성향은 루소가 비판하는 표적이 된다. 루소는 생피에르의 영구평화안이 인류에 유익하기는 하지만 실현 불가능한 계획만이 포함되어 있을 뿐이며, 앙리4세(Henri quatre)가 신중한 계획을 세우고 오랜 준비 끝에 무력으로 달성하고자 한 것을 생피에르는 단 한 권의 책으로 이룩할 수 있는 것처럼 주장한다고 비판하였다.[4]

루소는 생피에르가 주장하는 제도 전반에 대한 토대 및 모든 정치적 궤변의 근거로서 완전한 이성이라는 그릇된 권리를 잘못 받아들인 것임을 지적하고, 그 근본적인 원인은 생피에르가 사람을 현재 있는 그대로의 존재로 보지 않고 모든 사람을 자신과 같은 존재로 간주하려 했던 데서 비롯된 것이라고 한다. 그 결과로 생피에르는 그와 같은 시대의 사람들을 위하여 노력하고 있다고 생각하지만, 실제로는 가공인물들을 위해 노력하였을 뿐이다.[5]

더욱이 루소는 생피에르가 군주주권을 용인하고 군주를 인민의 반란으로부터 지키려고 한 것을 쉽게 받아들일 수 없었으므로, 생피에르의 글을 발췌하는 과정에서 인민의 반란 진압에 국가연합의 원조를 제공하는 규정을 삭제하였다. 또한 루소는 생피에르의 글을 비판하면서 '군주의 폭정으로부터 신민들을 보장함이 없이 신민들의 반란으로부터 군주를 보장할 수 없는 것'[6]이라고 함축성 있는 구절을 삽입시켜 놓았다. 루소는 생피에르의 제안이 군주에 의해서 수용될 리가 없다고 생각하지만, 생피에르의 영구평화안이 군주들의 연합에 의해 성공한다고 가정하여 군주의 폭정에 대한 인민의 정당한 반란도 군주 연합에 의해 저

---

4 "Jugement sur le Projet de Paix Perpétuelle de M. L'Abbé de Saint-Pierre," *OC* III, p. 595, 599: "Extrait Du Projet de Paix Perpétuelle," *OC* III, p. 563.

5 "Les Confessions," *OC* I, p. 422.

6 "Jugement sur le Projet de Paix Perpétuelle," *OC* III, p. 593.

지될 것임을 우려했다.[7] 루소는 이처럼 생피에르의 영구평화안에 대한
비판적 입장을 고수하며 국가연합에 관한 구상을 제시한다.

2 국가연합의 기본 이념과 구성 원칙

먼저 루소가 생각하는 국가연합의 구상은 어디에서 비롯된 것이며, 또
그것에 대한 루소의 문제의식은 무엇인지 알아보면 다음과 같다.

… 결국 이러한 [자연상태와 사회 상태가 혼합됨으로써 생긴] 불합리에 대
한 일종의 대책, 즉 각국이 대내적으로 자신의 지배자로 있으면서 대외적으
로 모든 부당한 침략자에 대하여 무장하게 하는 동맹과 연합에 의한 대책을
검토해 보자. 어떻게 하면 건전한 연합 사회를 확립할 수 있으며, 이것을 영
속시키기 위해서는 무엇을 해야 하고 [각국의] 주권을 손상시킴이 없이 연
합의 권리를 어느 정도까지 확장시킬 수 있는가?[8]

---

7   田畑茂二郎 外, 「ルソーの 平和思想」, 169쪽: "Jugement sur le Projet de Paix Per-
pétuelle," *OC* III, p. 600을 참조하라.
8   "Emile ou de l'éducation," *OC* IV, p. 848. 이 점에 관한 루소의 구상은 그의 저술
가운데 미완성으로 남은 「정치제도론」에서 완결될 것이라고 몇몇 저술에서 언급되고
있으나 결국 그 작업이 이루어지지 못했음은 알려진 바와 같다. 그중 대표적인 구절의
예를 소개하면 다음과 같다. "… 나는 이후에 거대한 인민이 갖는 대외적 힘과 작은 국
가가 갖는 훌륭한 질서 및 용이한 통치를 어떻게 결합시킬 수 있는지 살펴보겠다." "Du
contrat social ou Principes du Droit Politique," *OC* III, p. 43. "이 점을 나는 이 책
의 속편에서 다루고자 하는데, 그 대외 관계를 논함에 있어서 연합 문제에 직면하게 될
것이다. 이 연합 문제는 전적으로 새로운 문제로서 그에 관한 여러 새로운 원칙을 세워
나가야 할 것이다." Ibid., n.2, p. 1489; "Emile ou de l'éducation," *OC* IV, p. 848.
폴란드인에게 권하는 글에서도 이 구상이 보인다. "… 한마디로 대국과 소국의 장점을
결합시키는 유일한 형태인 연합정부제도(Système des Gouvernements fédératifs)를

　　루소는 인류가 현재 처해 있는 모순을 제거하고 국가 간의 전쟁상태를 종식시키기 위한 방안으로 국가연합을 구상한다.[9] 그런데 루소가 연합 형태를 구상하면서 동맹이나 연방국가 형태가 아닌 국가연합을 채택하게 되는 것은 어떤 이유인가? 그것은 아마도 루소가 구성국의 주권에의 위협은 없지만 그 결속력이 약하고 영속성이 없는 동맹에 만족할 수 없었으며, 그 반면 결속력이 매우 강하고 영속성이 있는 연방국가는 구성국의 주권을 침해할 위험성이 있음을 보았기 때문이다.[10] 따라서 국제 조직과 그 구성국의 주권과의 조화를 고려하여 루소가 채택할 수밖에 없었던 것은 양자의 중간 형태라 할 국가연합이다.[11]

　　… 만일 이러한 위태로운 모순을 제거시킬 어떤 방법이 존재한다면, 그것은 일종의 정부 연합 형태에 의한 것일 수밖에 없는데, 그 형태는 개인을 결합시키는 것과 유사한 유대로 인민들을 결합시킴으로써 개인과 인민을 모두 법의 권위에 복종케 하는 것이다. 게다가 이런 정부 형태는 그것이 대국과 소국이 갖는 장점을 동시에 지니고 있어서, 그 세력이 대외적으로는 가공스럽고 대내적으로는 법률이 엄격히 시행되고 있으며 신민, 군주, 외국인을 균

확대, 완성시키도록 전념하시오." "Considérations sur le Gouvernement de Pologne et sur sa Réformation Projettée," *OC* III, p. 971.

9　그러나 루소는 자신의 평화 사상의 핵심으로 국가연합 개념을 제기해 놓고도, 그 것을 더욱 발전시켜 하나의 완성된 형태로 내놓지 않았다. 따라서 루소의 국가연합에 대한 구체적인 원칙은 정확히 알 수 없다. 최상용, 「미완의 평화사상 ― 루소의 국가연합」, 이호재 편, 『한반도평화론 ― 한국인의 평화철학과 한반도평화의 조건과 방법』(서울: 법문사, 1989), 89쪽.

10　연방과 국가연합의 차이점에 관해서는 김명기, 「연방국가, 국가연합, 체제연합의 비교연구」, 민병천 편, 『전환기의 통일문제』(서울: 대왕사, 1990)를 참조하라.

11　C. E. Vaughan, *The Political Writings of J.-J. Rousseau*, Vol. 1(Cambridge: Cambridge University Press, 1915), pp. 95-102; 田畑茂二郎 外, 「ルソーの 平和思想」, 160쪽에서 인용.

등하게 포용할 수 있는 유일한 형태라는 점에서 다른 어떤 형태보다도 바람직한 것으로 보인다.[12]

루소는 이와 같이 국가연합에 의해 인류가 처한 모순을 해결할 수 있다고 주장한다. 물론 루소가 언급하는 연방과 국가연합의 의미가 오늘날 통용되는 의미와 일치한다고 보기는 어렵다. 연방과 국가연합의 의미는 그것을 규정하는 연구 방법과 접근에 따라 제각기 정의된다.

우선 연방(federation; federal state; Etat fédéral)이나 연방제 혹은 연방주의(federalism)란 용어는 라틴어인 foedus에서 유래된 것으로 조약, 규약, 연맹, 동맹 등을 뜻한다. foedus의 근원적 의미는 '당사자 간의 상호 신뢰적 합의' 곧 '신뢰적 약속'이다.[13] 이 '신뢰적 약속' 혹은 '신뢰적 합의'로부터 연방국가의 결합 근거인 헌법, 국가연합의 결합 근거인 조약이 유래된 것으로 알려진다.

그러나 근대 이후 서구의 역사적 사례를 통하여 현실적인 양태로 등장한 연방국가의 정의에 대해서는 학문적인 차원에서 명확히 합의된 바가 없다. 따라서 연방 개념은 매우 다양한 의미로 사용되고 있으나, 그 접근 방법에 따라 정치학적 정의와 법학적 정의로 크게 구분된다.

정치학적 정의의 한 예를 들자면 연방이란 "수 개의 분리된 정부가 단일한 경제적 혹은 사회적 구조를 규율하기 위하여 분화된 책임을 분배하는 것이 원인이 되어 성립하며, 두 수준의 정부는 대부분 다양한

---

12 "Extrait Du Projet de Paix Perpétuelle," *OC* III, p. 564.

13 W. H. Riker, "Federalism," F. I. Greenstein and N. W. Polsby, ed. *Governmental Institutions and Processes*(Massachusetts: Addison Wesley, 1975), p. 99; H. C. Black, *Black's Law Dictionary*, 5th ed.(St. Paul: West, 1979), p. 549; 김명기, 「연방국가, 국가연합, 체제연합의 비교연구」, 68쪽.

방법으로 상호 협조한다."[14] 그 반면에 법학적 정의는 2개 혹은 그 이상
의 주권국가가 결합하여 국제법의 주체가 되는 '복합국가(複合國家)의
한 형태이다.'[15] 전자는 연방의 권한 분배, 기능, 활동에 주목하는 반면,
후자는 연방의 국제법상 주체인 법인격에 주목한다. 물론 양자는 상호
밀접히 연관되어 있는 부분이 더 많아서 절충적 정의도 가능하다. 필자
는 지금까지 살펴본 연방에 관한 정의를 종합하여 연방이란 '복수의 국
가들이 각국의 주권을 양도하여 단일국가를 구성할 목적으로 조약 체
결 혹은 헌법 제정을 통하여 결합한 정치 공동체'라고 정의를 내린다.[16]

이와 함께 연방 개념과 대비시켜 논의되는 국가연합(confederation ;
confédération)의 개념을 살펴볼 필요가 있다. 연방 개념과 마찬가지로
국가연합 개념도 학자에 따라 다양한 측면에서 정의된다.

국가연합이란 '회원국들이 각기 자신의 주권을 보유하면서도 조약에
의해 기구를 창설하고 그 기구를 위해 자신의 주권을 전적이고 배타적
으로 행사하는 것에 대한 제한을 받아들이는 국가들의 연합'이다.[17] 또
한 "국가연합은 국제조약에 의해 결합된 독립 주권국가들의 연합이다.
이들은 방위나 상호 협조의 목적을 위하여 결합한 것이며, 각국의 독립

---

14   J. A. Corry, "Constitutional Trends and Federalism," A. R. M. Lower and oth-
ers, *Evolving Canadian Federalism*(Durham : N. P., 1958), pp. 121-122 ; 김명기,
「연방국가, 국가연합, 체제연합의 비교연구」, 70쪽.

15   G. Schwarzenberger, *A Manual of International Law*, 5th ed.(London : Ster-
vens, 1967), pp. 56-57, G. V. Glahn, *Law Among Nations*, 3rd ed.(New York :
Macmillian, 1976), p. 66 ; 김명기, 「연방국가, 국가연합, 체제연합의 비교연구」, 72쪽.

16   박호성, 「북한 통일정책 연구의 쟁점 : '연방제' 통일방안을 중심으로」, 『북한연구
학회보』 제8권 2호(2004년 겨울), 22쪽.

17   *Dictionnaire de politique*(Paris : Larousse, 1979), p. 65 ; 정성장, 「남북연합의 제
도적 장치 및 운영 방안」, 신정현 외, 『국가연합 사례와 남북한 통일과정』(서울 : 한울아
카데미, 2004), 221쪽.

성을 유보한다. 이러한 국가연합은 구성 국가들의 사회일 뿐이며, 구성 국가들의 국민에 대해 어떤 권한을 갖지 못한다."[18] 앞에서 살펴본 연방의 경우와 비교하면, 이런 정의는 국가연합의 정치학적 정의에 가깝다.

국가연합의 개념을 국제법적 측면에서 정의내리는 경우도 볼 수 있다. 즉, 국가연합은 '복수의 국가가 공동의 이익을 위하여 국제법상 독립국가의 자격을 보유하면서 상호 대등한 지위에서 결합하고, 공동의 기구를 통해 외교 기타 일정한 사항을 협의하여 그에 관한 기능을 공동으로 행사하는 국가 결합 형태'이다.[19]

연방과 국가연합은 주권의 소재, 결합의 근거, 결합의 안정성, 국제법상 권리의무의 주체, 대내외적 통치권의 행사 등에서 두드러진 차이가 나타난다.[20] 그러나 양자는 차이점 못지않게 공통점도 있다. 즉, 연방과 국가연합은 복수의 국가들이 결합하는 형태라는 점에서 공통점을 지닌다. 양자는 각 구성국들이 결합하는 과정에서 상호 종속적인 지위에 처하지 않고 대등한 입장에서 결합한다는 점에서도 공통점을 지닌다.[21]

더 나아가 양자는 근본적으로 상호 배척하는 국가결합의 형태라고 볼 수 없다. 즉, 국가연합과 연방의 특성으로 언급되는 '결합의 정도에

---

18   R. S. Chavan, An Approach to International Law(New Delhi: Stering Publish-ers, 1983), p. 46; 김명기, 「연방국가, 국가연합, 체제연합의 비교연구」, 78쪽.

19   Glahn, Law Among Nations, p. 66; 공용득, 「북한의 '연방제' 연구 —중앙과 지방정부의 관계를 중심으로」, 한국외국어대학교 대학원 박사학위논문(2003. 8.), 29쪽.

20   김명기, 「연방국가, 국가연합, 체제연합의 비교연구」, 80-87쪽; 공용득, 「북한의 '연방제' 연구 —중앙과 지방정부의 관계를 중심으로」, 30-33쪽.

21   독자적인 주권을 지닌 각 구성국이 연합 혹은 연방의 형식으로 결합된 국가에 스스로 주권을 양도함으로써 얻게 되는 보상 내지 혜택에 관한 논리적 설명은 루소의 '사회계약' 원리를 참조하라. 박호성, 「루소(Jean-Jacques Rousseau)의 평화사상 —국가연합 논의를 중심으로」, 78-83쪽.

따른 차이'를 다른 관점에서 보자면 결합의 연속성 혹은 단계적 발전의 가능성이라는 친화성과 직결되어 있다.[22] 이러한 친화성은 복수의 국가들이 결합된 형태로서 국가연합이 결성된 후 상호 필요를 충족시키기 위해 '결합의 정도가 높아질수록' 연방으로 이행할 가능성이 있기 때문이다. 근대 이후에 나타난 역사적 사례[23]와 마찬가지로 국가연합에서 연방으로 이행 여부는 각국이 처한 대내외 조건과 환경에 따라 속도의 차이는 있을 수 있어도 국가연합 구성국들의 결정에 따라 이뤄지는 정치적 선택의 문제일 뿐이다.

루소는 당시에 국가연합을 구성하는 유럽의 19개 구성원을 다음과 같이 제시한다.[24] 1) 신성로마제국 황제 2) 러시아 황제 3) 프랑스 왕 4) 스페인 왕 5) 영국 왕 6) 네덜란드 연합국 7) 덴마크 왕 8) 스웨덴 9) 폴란드 10) 포르투갈 왕 11) 로마 교황 12) 프로이센 왕 13) 바이에른 선거후와 제휴국 14) 팔라티나 선거후와 제휴국 15) 스위스와 제휴국 16) 교회 선거후와 제휴인 17) 베네치아 공화국과 제휴국 18) 나폴리 왕 19) 사르데냐 왕. 그 외에 제노바 공화국, 모데나 공국, 파르마 공국 같은 몇몇 소규모 국가들과 위의 목록에서 빠진 다른 국가들은 약소국끼리 결합함으로써 연합을 형성할 것이며, 신성로마제국 백작들의 합동 투표와 비슷한 선거권을 갖게 될 것이다.

루소는 연합 계획이 실행되기까지 수시로 여러 사건이 발생함에 따라 필연적으로 성원을 재조정해야 하지만, 그런 사건이 연합 체제의 기

---

22 정성장, 「남북한 통일과정에 대한 새로운 접근: 연합에서 연방으로」, 『황해문화』, 2004년 가을호(인천: 새얼문화재단, 2004), 163-164쪽.

23 1781-1787년의 미합중국, 1815-1848년의 스위스연합, 1815-1866년의 독일연합 등이 그 역사적 사례이다.

24 장 자크 루소 저, 박호성 옮김. 루소 전집 8권, 『생피에르 영구평화안 발췌』(서울: 책세상, 2015), 295-297쪽.

초에 대해 아무것도 변경시키지 못할 것이라고 주장한다. 어떤 구성국도 하나의 조직체로 결합된 다른 모든 국가에 저항하는 상황이 불가능하며, 어떤 부분적인 동맹이 결성되어 거대한 국가연합에 대항할 수도 없기 때문이다. 그러나 어떻게 그런 연합이 결성될 수 있는가?

본래 국가연합과 연방에 대한 구상은 중세 이후 유럽에서 끊이지 않는 전쟁상태를 종식시키는 평화 질서를 구축하기 위한 대안으로 모색되었으나 근대에 이르기까지 그 누구도 현실화시키지 못했다. 그러나 근대에 들어와 이론적 차원에서 유럽의 영구평화를 실현시키는 방안으로 생피에르와 루소를 거쳐 국가연합의 기본 이념과 구성 원칙에 대한 초기 구상이 이루어지고, 루소 이후 칸트(Immanuel Kant)의 연방에 대한 구상으로 이어진다. 물론 주권국 간의 연합이라고 해도 군주국 간 연합을 주장하는 생피에르의 국가연합안과 인민주권 국가 간 연합을 주장하는 루소의 국가연합 사이에는 외적인 명칭상의 유사점보다 내용적인 차이점이 훨씬 더 크다.

루소는 자신이 주장하는 국가연합의 설립 근거를 계약론적 관점에서 제안한다. 이것은 루소가 모든 사회관계를 계약으로 환원시키는 논거로서 제시하는 "사람들 사이의 모든 정당한 권위의 기초는 계약일 수밖에 없다"[25]라는 기본 전제에서 비롯된다. 다만 여기에서 문제가 되는 것은 개인이 아닌 국가가 계약의 당사자가 될 수 있느냐 하는 점이다. 이에 대해서는 논의가 분분한 만큼, 무엇보다도 루소 자신의 견해를 정확히 파악해 볼 필요가 있다.

··· 이러한 정치체가 사회계약을 침범하지 않는 범위 내에서도 타자와 계약

---

25 "Du contrat social ou Principes du Droit Politique," *OC* III, p. 355.

을 맺을 수 없음을 의미하는 것은 아니다. 이 정치체는 외부와의 관계에 있어서는 단순한 하나의 존재, 하나의 개인이 되기 때문이다. 그러나 정치체 혹은 주권자는 계약의 신성[26]에 의해서만 자신의 존재를 얻은 것이므로 타자에 대한 경우에 있어서조차 이 기본적 계약 행위에 저촉되는 어떤 것도 보증하면 안 된다. 예컨대 자신의 일부분을 양도하거나 다른 주권자에게 복종시키는 것과 같은 행위는 안 된다.[27]

정치사회가 구성원 간의 계약에 의해 설립되고 그 목적은 어디까지나 구성원의 보존과 번영[28]에 있는 것처럼, 국가를 그 구성원으로 하는 국가연합도 각 구성국의 보존과 번영에 그 기본적인 목적이 있다. 이런 연합의 성격은 앞에서 언급한 사회계약의 기본 이념을 구현할 수 있어야 할 것이다.[29] 그에 따라 국가연합의 기본 성격이 규정된다.

… 이 연합은 어떠한 강대국도 그것에 저항하지 못할 만큼 보편적이어야 하고, 모든 구성국을 구속하는 법률과 규칙을 제정할 수 있는 사법재판소를 가지며, 각국을 … 공동 의결에 복종시킬 수 있는 강제력이 있어야 하며, 끝으로 구성국이 자신의 개별 이익과 [연합의] 일반 이익이 배치된다고 하여 임의로 탈퇴하는 것을 막기 위해 확고하고 지속적일 것이 필요하다.[30]

---

26 사회계약의 신성함에 관해서는 시민종교의 적극적 교리(dogmes positifs)를 논하는 가운데 잘 나타나 있다("Du contrat social ou Principes du Droit Politique," *OC* III, pp. 460-69 및 p. 468, n.6, pp. 1505-506 참조).

27 Ibid., pp. 362-63.

28 Ibid., p. 420.

29 Ibid., pp. 360-61; "Émile ou de l'éducation," *OC* IV, p. 840.

30 "Extrait Du Projet de Paix Perpétuelle," *OC* III, p. 574.

루소가 볼 때 어떤 확고한 연합을 구성하기 위해서는 모든 구성국이 상호 결속되어 있어 어떠한 국가도 단독으로 대항하거나 연합 전체에 해를 끼칠 수 있는 부분결사체가 활동하지 못할 만큼 충분한 대비책이 필요하다.[31] 이런 대비책이 없으면 그 연합자체가 유명무실해질 것이며, 각 구성국은 외형상 연합에 복종하고 있는 것처럼 보여도 실제로는 독립되어 있는 것과 마찬가지로 자국의 이익만을 추구할 것이기 때문이다. 모든 사회는 공통된 이해관계에 의해 설립되고 모든 분열은 대립된 이해관계로부터 발생하므로,[32] 국가연합도 각 구성국의 행위를 규율하는 강제력에 의하여 연합에 공고성을 부여하는 일이 전적으로 필요하다. 물론 국가연합에 의해 각 구성국을 강제하는 것이 각국의 주권을 침해하는 것은 아닌가 하는 의문도 제기될 수 있다. 하지만 이것은 문제가 되지 않는다.

공동의 재판소에 대한 각국의 복종에 관해 말하자면, 그것이 주권의 제반 권리를 약화시키기는커녕 오히려 그 반대로 강화시킴이 분명하다. … 서로 대등한 분쟁에 있어서 군주들[구성국가들]은 연합의회의 판결에 복종하고, 타국의 재물을 약탈하는 위험스러운 권력을 스스로 포기함으로써, 자기의 진정한 권리를 확보하고 자신이 갖고 있지 않는 권리를 포기할 뿐이다. 더욱이 타국이나 자기가 소속된 어느 단체에만 복종하는 것과 각국이 차례로 그 주재자가 되는 단체에 복종하는 것 사이에는 매우 큰 차이가 있다. 후자의 경우 각국에 주어진 보장에 의해 자신의 자유를 확보하는 것일 뿐이니, 자유는 지배자의 손에 넘어가면 잃게 되지만 연합자의 수중에서는 강화되기 때

---

31   Ibid., p. 573.
32   Ibid., p. 569.

문이다.[33]

위와 같은 주장은 일견 그릇되고 불합리한 추론에 의한 결론처럼 보일지도 모른다. 하지만 이런 결론을 단순한 억측이나 편견에 의한 것이라고 보기 어렵다. 루소는 '정치체의 진수가 복종과 자유의 일치에 있음'[34]을 인식하고, 이 같은 논리를 그의 사회계약 원리에 의해 해명하고 있으므로 국가연합에의 복종에 의해 각국의 권리가 오히려 강화된다는 역설적인 주장도 동일한 논리로 정당화한다.

국가연합을 설립하는 협약 행위는 각국의 주권 행사에서 비롯되어 이 행위에 의해 설립된 국가연합은 사회계약을 기반으로 하는 제반 원칙을 수립한다. 국가연합은 각 구성국의 안녕과 보존을 위한 '합법적이고, 공평하며, 일반적인 목적을'[35] 부여받아 그에 합당한 각국 간의 권리와 의무에 관한 제반 규칙을 세운다. 사회계약의 성질상 국가연합의 모든 행위는 각 구성국을 '전혀 차별함이 없이 의무와 이익에 동등하게 참여시키는'[36] 것이어야 하기 때문이다.

한편 각 구성국의 입장에서 볼 때, 각국은 국가연합의 "전체 성원에게 자신을 양도하는 것이지 어떤 개별 성원에게도 자신을 양도하는 것이 아니다."[37] 모든 국가는 여타 국가에게 양도해 준 것과 동일한 권리를 각기 요구할 수 있으므로 각국은 '자기가 상실한 모든 것의 등가물을 획득하게 될 뿐 아니라, 현재 자신이 소유하고 있는 것을 보존하는

33　Ibid., pp. 583-84.
34　"Du contrat social ou Principes du Droit Politique," OC III, p. 427.
35　Ibid., p. 375.
36　Ibid.
37　Ibid., p. 361.

데 더 큰 힘을 얻게'[38] 된다. 실제로 국가연합의 설립에 의해 각국이 장
차 누리게 될 이점은 이전보다 나을 것이 분명하다.[39]

각국은 국가연합에게 자신의 권리를 양도하였다기보다 일종의 유리
한 교환을 한다. 각국은 이 교환을 통해 '불확실하고 불안정한 존재 방
식 대신에 더욱 확실하고 나은 존재 방식을, 자연적 독립 대신에 자유
를, 타자를 해칠 힘 대신에 자신의 안전을, 타자에게 정복될 가능성이
있는 자기의 힘 대신에 사회적 결합으로 절대 침해되지 않는 권리를 각
각 바꾸어 얻게 되기'[40] 때문이다. 심지어 각국이 국가연합의 설립과 더
불어 양도하게 되는 주권 자체도 국가연합에 의해 계속 보호받으며,
각 구성국이 국가연합의 설립 근거인 '근본 협약에만 따르고 있다'[41]고
볼 수 있다. 이 시점에서 각국은 국가연합에 복종하고 있으면서도 여전
히 자유로울 수 있으니, '자기가 만든 법률에의 복종은 자유'[42]이기 때
문이다.

결국 각 구성국이 국가연합에 복종함으로써 누리게 되는 자유란 이
상과 같은 논거에 의해 정당화될 수 있으나, 여기에는 기본 전제가 있
다. 즉 사회계약 원리에 의하여 설립될 국가연합이 반드시 일반의지의
지도하에 인도되어야만 이런 결론이 가능하다는 점이다. 이처럼 루소
는 일관된 문제의식으로 국가연합과 구성국 주권의 조화라는 난제를
큰 충돌 없이 해결할 수 있었다.

---

38 Ibid.
39 이에 관하여는 "Extrait Du Projet de Paix Perpétuelle," *OC* III, pp. 587-88을 참
조하라.
40 "Du contrat social ou Principes du Droit Politique," *OC* III, p. 375.
41 Ibid.
42 Ibid., p. 365.

3 국가연합에 의한 영구평화의 비판적 실현

국가연합에 의해 각국은 이전보다 더 확실하고 안정된 평화를 누릴 수 있을 것이 분명한데도 이를 채택하지 않는 이유는 무엇인가? 왜 군주들은 자신의 이익이 그처럼 명백함에도 불구하고 그러한 혜택을 받기를 거절하는가? 이 문제는 영구평화안의 성패를 가름하는 결정적인 요소로서 군주들의 사적 이익 곧 연합 당사자의 이익과 관련시켜 검토할 문제다. 군주의 사적 이익을 저해함이 분명하면 연합의 공공 이익을 아무리 내세워도 소용이 없기 때문이다.[43]

루소에 의하면 군주가 언제나 자신을 타락시키는 방법을 사용하는 것은 지나친 이기심으로 말미암은 큰 형벌이며 그토록 격렬한 정념이 거의 언제나 군주를 자신이 의도하는 목적에서 벗어나게 만든다.[44] 그에 따라 군주는 진정한 이익과 외형적 이익을 구별하지 못하고 외형적 이익의 추구에 몰두한다. 전자는 국가연합에 의한 영구평화안에 존재하는 반면, 후자는 군주를 법의 지배에서 벗어나게 하여 우연의 지배에 복속시키는 군주의 적대적인 독립 상태에 존재한다.[45]

따라서 비록 보편적이고 영구적인 평화로부터 커다란 이익을 얻을 수 있음이 명백하고 이의가 없을지라도 끊임없이 사물의 외형에 기만당하고 있는 군주[46]는 평화 제안을 거부할 것이다. 더욱이 설령 몇몇 군

---

43 "Extrait Du Projet de Paix Perpétuelle," OC III, p. 580.

44 "Jugement sur le Projet de Paix Perpétuelle," OC III, p. 592. 인간의 본성을 논할 때 자애심(amour de soi)과 이기심(amour propre)에 대한 루소의 구별은 특히 유의할 필요가 있다. 이에 관해서는 "Discours sur l'origine et les fondemens de l'inégalité," OC III, p. 154, n.15, p. 219; "Emile ou de l'éducation," OC IV, p. 322를 참조하라.

45 "Jugement sur le Projet de Paix Perpétuelle," OC III, p. 592.

주가 진정한 이익 곧 영구평화안을 수락하더라도 모든 군주의 견해가
일치하여 영구평화가 확립되리라는 보장은 없다. 그 이유는 군주의 내
면을 지배하는 것은 연합 전체의 공공 이익을 추구하는 일반의지라기
보다 자신의 사적 이익을 추구하는 개별 의지이기 때문이다. 이런 결론
은 사람의 내면을 규율하는 의지의 종류 및 그 활동을 살펴보면 더욱
분명해진다.

   … 모든 행정관의 인격 내에는 본질적으로 상이한 세 가지 의지가 구별된다.
   첫째는 각자의 개인적 이익만을 추구하는 개인 고유의 의지이고, 두 번째는
   군주의 이익에만 부합되는 행정관 공통의 의지이다. … 완전한 법률하에서
   개별적, 개인적 의지는 존재하지 않아야 하고 정부에 고유한 단체의지는 극
   히 종속적이어야 함으로써 일반의지 혹은 주권자의 의지가 언제나 지배적이
   되고 다른 모든 의지의 유일한 규율이 되어야 한다. 하지만 자연적 질서에
   따른다면 이들 여러 상이한 의지가 집중되면 될수록 더욱 활동적으로 된다.
   따라서 일반의지는 언제나 가장 약하고, 단체의지는 그 다음이며, 개별 의지
   가 다른 무엇보다도 앞선다. … 이것은 사회질서가 요구하는 것과 정반대의
   순서이다.[47]

---

46   이에 관해서는 다음과 같은 적절한 예가 있다. "… 군주는 언제나 자신의 계획을
순환시키고 있다. 즉 그는 부유해지기 위하여 명령하기를 원하고, 명령하기 위하여 부
유해지기를 원하고 있으니, 군주는 이 둘 중에 그가 소유하지 못하고 있는 것을 얻기
위하여 양자를 교대로 희생시키게 될 것이다. 하지만 현재 그가 분리해서 추구하고 있
는 것은 결국 양자를 함께 획득하게 되어야만 가능할 수 있다. 왜냐하면 인간과 사물의
지배자가 되려면 제국과 황금을 동시에 소유해야만 되기 때문이다." Ibid., p. 594. 군
주가 겪게 되는 근본적인 모순에 관해서는 이 책의 앞부분을 참조하라.
47   "Du contrat social ou Principes du Droit Politique," OC III, p. 401 ; "Emile ou
de l'éducation," OC IV, p. 845.

루소는 결과적으로 군주의 행동을 좌우하게 만드는 것이 사람 내면에 고유한 상이한 의지의 활동에서 비롯된다고 한다. 더욱이 루소가 볼 때 군주정치만큼 개별 의지가 우세를 차지하고 여타의 의지를 손쉽게 지배하는 것은 없으며,[48] '확실한 지침이 없는 이성은 애매모호한 일에 있어서 언제나 사적 이익을 좇아 복종하기'[49] 때문에, 군주가 자신의 사적 이익을 회생시켜 연합 전체의 공동 이익을 추구할 가능성은 거의 없다.

이를테면 모든 군주의 사적 이익과 연합의 공동 이익이 합치되기 위해서는 각자는 그가 기대할 수 있는 최대 이익을 공동 이익에서 발견할 수 있어야 한다. 이렇게 되려면 모든 군주의 인식과 이해관계가 일치되어야 한다는[50] 전제가 불가피하므로 그것은 어디까지나 우연한 결과에 의한 것일 수밖에 없으며, 설령 그러한 일치가 가능할지라도 그것을 보증함은 불가능하다. 개별 의지는 그 본성에 있어서 편파성을 지향하고 있는 반면, 일반의지는 평등성을 지향하고 있기 때문이다.[51] 게다가 이것을 한층 더 어렵게 만드는 것은 일반의지가 언제나 옳다 하더라도 그것을 인도하는 판단이 항상 옳다는 보장이 없다는 점이다.[52]

이와 같은 점에서 영구평화안은 군주들의 사적 이익과 조화되기 어려울 뿐 아니라, 어떤 면으로는 정면으로 대립되기까지 한다. 모든 군주는 겉으로 공공의 이익을 내세우고 있으면서도 실제로 오로지 자신

---

48 "Du contrat social ou Principes du Droit Politique," *OC* III, p. 409.

49 "Extrait Du Projet de Paix Perpétuelle," *OC* III, p. 569.

50 "Jugement sur le Projet de Paix Perpétuelle," *OC* III, p. 595.

51 "Du contrat social ou Principes du Droit Politique," *OC* III, p. 368; "Emile ou de l'éducation," *OC* IV, p. 843.

52 "Du contrat social ou Principes du Droit Politique," *OC* III, p. 380; "Discours sur L'économie Politique," *OC* III, pp. 247-48. 또한 개별 의지와 일반의지의 일치가 어려움은 루소가 매우 고심한 핵심 과제 중의 하나이다. 이에 관해서는 "Du contrat social ou Principes du Droit Politique," *OC* III, p. 383 등 참조.

의 영예를 드높이는 데 몰두하고 있기 때문이다.

> 군주들과 그들의 임무를 위임받은 자들이 전념하는 모든 일은 오직 두 가지
> 목적에만 관련이 있어서 대외적으로 자신의 지배를 확장하고 대내적으로 그
> 지배를 한층 더 절대적인 것으로 만들기 위함이다. 그 외에 다른 모든 계획
> 은 이 둘 가운데 어느 하나에 관련되어 있거나 핑계 구실로 사용될 뿐으로
> 공공의 복지, 신민의 행복, 국가의 영광 등이다.[53]

　　루소는 군주의 개별 의지가 대내적으로 지배를 공고히 하고 대외적
으로 지배를 확장하는 데 집중되어 있음을 지적하는 한편, 양자는 서로
밀접한 연관 속에서 군주의 사적 이익 추구를 위한 구실을 제공하게 될
것임을 지적한다.

> 한편으로는 전쟁과 정복, 다른 한편으로는 전제정치의 발달, 이 양자가 서로
> 상부상조하고 있음은 쉽게 이해가 된다. 그에 따라 노예 같은 인민으로부터
> 다른 인민을 정복하기 위한 재산과 사람을 마음껏 차출하고 있으며, 전쟁은
> 재산 착취를 위한 구실뿐 아니라 인민을 돌보기 위하여 대군이 필요하다는
> 또 다른 구실을 제공한다. 결국 정복 군주는 적에 대하는 것 못지않게 자국
> 신민에 대해서도 동일한 전쟁을 하고 있으며, 정복 인민의 상태는 피정복 인
> 민의 상태보다 나을 게 없음을 누구나 잘 알고 있다.[54]

---

53 "Jugement sur le Projet de Paix Perpétuelle," *OC* III, p. 592.
54 Ibid., p. 593. 루소는 이러한 해악이 대신들에 의해 더욱 심각해짐을 적나라하게
묘사하고 있다. "… 대신들(Ministres)의 이익은 언제나 인민의 이익과 상반되고, 군주
의 이익과도 거의 언제나 상반되고 있어서 … 대신들이란 자기가 필요한 인물이 되기
위하여, 또한 그들 없이는 해결할 수 없는 곤경에 군주를 빠뜨리기 위하여, 그리고 만
약 불가피하다면 자신의 지위보다도 국가를 멸망시키기 위하여 전쟁을 필요로 하고 있

　따라서 국가연합에 의해 영구평화를 확립함은 군주로부터 복수할 수 있는 권리, 이를테면 필요할 때 부정해질 수 있는 권리를 박탈해 버린다는 것이고 세상을 전율시키는 압제와 폭정의 위협을 제거하며 그들 명예의 원천이 되는 정복의 영광을 포기시키는 일이 된다. 또한 영구평화의 확립은 군주에게 압제와 전쟁의 구실을 더 이상 허용하지 않기 때문에 자기의 모든 부당한 방편의 원천을 그로 말미암아 상실하게 되므로, 군주는 결국 자신으로 하여금 '공평하고 평화적이 되도록 강요하는'[55] 영구평화안을 반대할 명분을 찾기에 급급하다.

　이런 이유로 국가연합에 대한 군주들의 의사가 합치되지 않으면 그에 대신하는 것은 무력에 의한 것일 수밖에 없으며, 여기서 문제가 되는 것은 설득이 아니라 강제이다.[56] 영구평화를 확립하기 위한 국가연합과 같이 모두에게 유익한 것은 군주의 사적 이익과 언제나 상충되어 힘으로써만 도래될 수 있을 뿐이기 때문이다.[57] 이런 맥락에서 루소는 '최후의 전쟁이 될' 영구평화를 위한 전쟁의 불가피함조차 인정한다. 루소는 당시 끊임없는 살육 전쟁에 시달리던 유럽의 현실에 비추어 볼 때, 최후의 희망이 될 영구평화란 어차피 인류에게 가공스럽고 격렬한 방법에 의해서만 이룩될 수 있다고 보았기 때문이다.[58]

다. 그들은 전쟁이 있어야만 공공의 필요라는 구실하에 인민을 착취하고, 자신의 수하들을 취직시키며, 시장에서 폭리를 취하고, 비밀리에 추악한 독점을 할 수가 있게 된다. 또한 전쟁이 있어야만 자신의 감정을 충족시키고, 서로 모함할 수도 있으며, 자신에 반대하는 어떤 위험한 음모가 꾸며지고 있을 경우 군주를 궁정으로부터 유인하여 그를 독점하기 위해서는 전쟁이 필요한 것이다. 영구평화에 의하여 대신들은 이러한 모든 방편의 원천을 상실하게 될 것이다"(Ibid., p. 595.)

55　Ibid., p. 580.
56　Ibid., p. 595.
57　Ibid., p. 599.
58　Ibid., p. 600.

그렇다면 결국 국가연합에 의한 영구평화의 실현이란 불가능한가? 이와 관련해 다시 논의되어야 할 사항은 국가연합의 구성국에 관한 문제로서 더욱 중요한 것이 연합을 이루는 구성국의 수가 아니라 그 내용이라고 볼 때, 과연 국가연합의 보편 이상과 조화 가능성이 있는 구성국의 내용 곧 정체는 어떤 것일까 하는 점이다.[59]

국가연합을 이루기 위해서는 무엇보다도 구성국 간의 의사와 이해관계가 일치되어야 한다는 전제가 충족되어야 함은 앞에서 본 바와 같다. 연합 의사가 있더라도 구성국이 자기의 사적 이익만을 추구한다면 평화적 결합이 불가능하기 때문이다. 따라서 국가연합을 수립하고자 하는 모든 구성국은 외형적 이익에 기만되지 않고 진정한 이익을 추구하는 국가이어야 한다. 이러한 국가는 일반의지가 지배하는 국가, 법의 지배를 받는 국가 곧 공화국이다.[60]

이렇게 볼 때, 국가연합의 구성은 결국 일반의지의 지배하에 진정한 이익을 추구하는 공화국을 대상으로 한다는 잠정적인 결론을 얻을 수 있다. 더욱이 일반의지의 지배를 받는 구성국에서는 군주의 자의적이고 변덕스런 정념에 의해 국가연합의 공공 이익을 저해할 위험성이 없으므로, 그만큼 국가연합의 수립에 의해 자국의 진정한 이익이 실현됨을 인식할 가능성이 높아진다.

---

59 루소의 국가연합에 대한 더 이상의 논의는 쉽지 않다. 그 이유는 앞에서도 설명했듯이, 루소가 국가연합에 대한 자신의 구상을 발전시킨다는 약속을 이행하지 못했기 때문이다. 다만 루소가 논의한 것 가운데, 주권의 침해 없이 국가연합의 권리를 어떻게 확장할 수 있을까 하는 점은 중요한 시사점을 주고 있다. 이 문제에 관하여 최상용은 루소가 국제기구로서 국가연합의 중요성보다는 국가주권의 침해가 없어야 한다는 데에 역점을 두고 있다고 지적한다. 최상용, 「미완의 평화사상—루소의 국가연합」, 89쪽.

60 루소가 일컫는 공화국은 특정한 정체를 의미하는 것이 아니라, 그 자체가 법인 일반의지에 의하여 지배되는 모든 합법적인 정부를 다 지칭한다. "Du contrat social ou Principes du Droit Politique," *OC* III, pp. 379-80.

　결국 루소가 주장하는 국가연합에 의한 영구평화를 실현하기 위해서
는 각 구성국에 있어서 인민주권의 확립이 선결 과제가 될 수밖에 없다.
암브로시우스(St. Ambrose)의 경구처럼, '정의가 없이는 평화가 없기'
때문이다.

　그러나 국가연합이 공화국만을 대상으로 하면 곧 영구평화가 확립될
것이라는 주장은 성급한 결론이다. 루소에 의하면 공화국도 외국 문제
를 다룰 때는 공평할 수가 없으므로 선한 정치를 베풀고 있는 어떤 공
화국이 부정한 전쟁을 수행하는 경우가 있기 때문이다.[61]

　모든 국가는 타국의 희생으로 확대하려는 성향을 필연적으로 지니게
됨으로써 전쟁의 가능성을 언제나 갖고 있으며 공화국도 예외는 아니
다. 단지 대외 전쟁은 필연적으로 국내의 압제를 초래할 것이라는 인식
에 기초한 인민이 주권을 갖는 공화국은 전쟁을 일으키는 데 훨씬 더
신중하고 더욱이 정복 전쟁에 대해서는 매우 저항적이라는 점에서[62] 군
주국가와 다르다.

　정복의 결과 정복 인민의 상태가 피정복 인민의 상태와 마찬가지로
비참한 현실에 직면하게 되는 만큼, 정복 전쟁에 대한 인민의 혐오감은
군주보다 훨씬 더 클 수밖에 없으므로 평화에 대한 기대도 군주보다 인
민에게 클 수밖에 없다. 이렇게 볼 때 인민이 주권을 갖는 공화국 간의
연합이야말로 당연히 전쟁에 대한 억지력이 강하고 영구평화를 위한
굳건한 초석이 되겠지만, 바로 여기에 커다란 문제가 제기된다.

61　"Discours sur L'économie Politique," *OC* III, p. 246.

62　Ibid., p. 268. 이와 관련해서 검토될 수 있는 것이 국가연합과 애국심에 관한 문제
이다. 대체로 보아 양자는 상호 배타적인 성향을 지닌다고 할 수 있으면서도 상당한 정
도로 서로 밀접한 유대 속에 연결된다는 것이 루소의 관점이라고 하겠다. 국가연합과 애
국심에 관해서는 田畑茂二郎 外, 「ルソーの 平和思想」, 162-64쪽 참조. 또한 애국심이 일
반의지를 보장하기 위한 공공교육의 핵심이 될 수밖에 없다는 점도 유념할 필요가 있다.

인민의 의지 곧 일반의지의 지배를 받는 국가연합의 형성을 위해서
는 결국 군주가 아닌 인민이 주권을 갖지 않을 수 없고, 이는 곧 유럽의
당시 구질서에 대한 정체 변혁 내지 혁명을 기본적으로 요구하는 까닭
이다. 이러한 결론이 루소로 하여금 영구평화안을 채택하는 데 주저하
게 만들었음은 다음 글에 잘 나타난다.

> 어떠한 연합 연맹도 (각국의) 혁명들에 의하지 않고 달리 수립될 수 없으니,
> 이 원칙에 입각해 생각한다면 유럽연맹이 바람직한지 아니면 두려워해야
> 하는 것인지 누가 감히 단언할 수 있을까? 유럽연맹은 아마 미래의 수 세기
> 동안 그것이 예방할지 모르는 해악보다 더 큰 해악을 단번에 초래할지도 모
> 른다.[63]

결국 루소는 국가연합에 의한 영구평화를 실현하기 위해서는 각 구
성국에 있어서 인민주권의 확립이 선결 과제가 될 수밖에 없다는 인식
에 이르렀으며, 이것은 동시에 거의 모두가 전제군주국으로 구성된 당
시 유럽 사회의 혁명을 요구한다는 엄청난 과제 앞에 몸서리치는 전율
을 느끼게 된 것으로 보인다. 당시의 유럽 현실에 비추어 볼 때, 그것은
어쩌면 불가능한 주문이 될 수밖에 없었으며 이후의 역사로 넘겨져 해
결을 기다리는 운명이었다.[64] 이후 역사는 계속 진행된다.

---

63 "Jugement sur le Projet de Paix Perpétuelle," *OC* III, p. 600.

64 흔히 인식되고 있는 것과는 달리, 국제평화 사상에 있어서 루소는 뚜렷한 위치를
차지하고 있다. 물론 루소 이전에도 많은 사상가들이 국제평화의 긴요함을 역설하였으
며, 그러한 호소가 때로 인간의 심금을 울리기는 하였지만, 그 어느 것도 실천적인 이
론으로 제기되었다고 보기는 어렵다. 다만 근대에 이르러 국제평화의 확립을 위한 구체
적인 제안을 하였던 생피에르의 경우는 그 이전의 사상가들과 분명히 구별되는 점이 있
었다. 그러나 루소는 국가연합의 구성국 문제에서 결정적인 차이점을 보여준다. 루소에

이르러 국가연합의 구성은 계몽군주 국가들의 연합이 아닌 공화국의 형식을 갖춘 국가, 좀 더 구체적으로는 인민주권 국가들의 연합으로 극적인 전환을 하게 된다. 이것을 매개로 해서 후에 칸트의 영구평화에 대한 논의가 이어질 수 있었다. 실로 루소는 생피에르와 칸트의 영구평화안을 발전적으로 연계시키는 중요한 역할을 담당하였다. 이와 관련된 루소와 칸트의 입장을 간단히 살펴보려면 Stanley Hoffmann, "Rousseau on War and Peace," pp. 331-33을 참조하라.

: 참고문헌

Rousseau, Jean-Jacques. éd. par Bernard Gagnebin et Marcel Raymond. *Oeuvres complètes*. 5 Vols. Paris: Gallimard(Bibliothèque de la Pléiade), 1978-95.

Rousseau, Jean-Jacques. éd. par Charles Porset, *Essai sur l'origine des langues où il est parlé de la mélodie et de l'imitation musicale*. Bordeaux: Ducros, 1970.

Rousseau, Jean-Jacques. éd. par Michel Launay. *Lettre à M. D'Alembert sur son article Genève*. Paris: Garnier-Flammarion, 1967.

Rousseau, Jean-Jacques. "Essai de traduction de la Jerusalem delivree." *La Nouvelle Revue Française*, No. 461(Juin 1991), pp. 67-77.

Rousseau, Jean-Jacques. *Correspondance complète de Jean-Jacques Rousseau 50 Tomes*. éd. par R. A. Leigh. Genéve: Institut de musée Voltaire & Voltaire Foundation, 1965~.

Rousseau, Jean-Jacques. *Political Writings*. ed. and tr. by Frederick Watkins. New York: Thomas Nelson, 1953.

Rousseau, Jean-Jacques. *The Basic Political Writings*. tr. by Donald A. Cress. Indianapolis: Hackett Publishing Company, 1987.

Rousseau, Jean-Jacques. *Politics and the Arts: Rousseau's Letter to M. d'Alembert on the Theatre*. tr. by Allan Bloom. New York: Cornell University Press, 1960.

Rousseau, Jean-Jacques. *The Social Contract and Discourse on the Origin of Inequality*. ed. & tr. by Lester G. Crocker. New York: Washington Square Press, 1967.

Rousseau, Jean-Jacques. *Emile*. tr. by Barbara Foxley. London: Everyman's Library, 1911.

Rousseau, Jean-Jacques. *The Social Contract and Discourses*. ed. and tr. by G. D. H. Cole. London: J. M. Dent & Sons Ltd., 1955.

Rousseau, Jean-Jacques. *The Government of Poland*. tr. by Willmoore Kendall. Indianapolis: Hackett Publishing Company, 1985.

Rousseau, Jean-Jacques. *La Nouvelle Héloîse: Julie, or the Eloise. Letters of Two Lovers, Inhabitants of a Small Town at the Foot of the Apls*. tr. & abrid. by Judith H. McDowell. University Park: The Pennsylvania State University Press, 1968.

루소 저, 박옥줄 역. 『사회계약론―정치적 권리의 원리』. 서울: 박영사, 1982.

장 자크 루소 지음, 박호성 옮김. 루소 전집 8권 『사회계약론 외』. 서울: 책세상, 2015.

Avineri, Shlomo. *Hegel's Theory of the Modern State*. London: Cambridge

University Press, 1972.

Barker, Ernest. tr. *The Politics of Aristotle*. New York: Oxford University Press, 1962.

Barker, Ernest. *Social Contract: Essays by Locke, Hume, and Rousseau*. New York: Oxford University Press, 1962.

Berdyaev, Nicolas. tr. by R. M. French. *Slavery and Freedom*. New York: Charles Scribner's Sons, 1944.

Berman, Marshall. *The Politics of Authenticity: Radical Individualism and the Emergence of Modern Society*. New York: Atheneum, 1970.

Besse Guy. *Jean-Jacques Rousseau, l'apprentissage de l'humanité*. Paris: Editions sociales, 1988.

Bodenheimer, Edgar. *Jurisprudence: The Philosophy and Method of the Law*. Revised Edition. Cambridge, Mass.: Harvard University Press, 1974.

Bodin, Jean. tr. by M. J. Tooley. *Six Books of the Commonwealth*. Oxford: Basic Blackwell, 1951.

Burgelin, Pierre. *La Philosophie de l'existence de J.-J. Rousseau*. Paris: Universitaires de France, 1952.

Burns, Edward Mcnall. *Western Civilizations: Their History and Their Culture*. Vol. 2. New York: W. W. Norton & Company, Inc., 1963.

Camp, Wesley D. ed. *Roots of Western Civilization(Vol. II): From the Enlightenment to the 1980's*. New York: John Wiley & Sons, 1983.

Cassirer, Ernst. ed. & tr. by Peter Gay. *The Question of Jean-Jacques Rousseau*. New York: Columbia University Press, 1954.

Chapman, John. *Rousseau — Totalitarian or Liberal?* New York: Columbia University Press, 1956.

Cobban, Alfred. *Rousseau and the Modern State*. London: George Allen & Unwin Ltd., 1934.

Colletti, Lucio. tr. by John Merrington and Judith White. *From Rousseau to Lenin: Studies in Ideology and Society*. New York: Monthly Review Press, 1972.

Colletti, Lucio. tr. by Lawrence Garner. *Marxism and Hegel*. London: NLB, 1973.

Conford, Francis Macdonald. tr. *The Republic of Plato*. New York: Oxford University Press, 1964.

Copleston, Frederick, S. J. *A History of Philosophy Vol. 6 Modern Philosophy Part I The French Enlightenment to Kant*. New York: Image Books, 1964.

d'Entrèves, A. P. *Natural Law: An Introduction to Legal Philosophy*. London: Hutchinson & Co. Ltd., 1970.

Derathé, Robert. *Jean-Jacques Rousseau et la Science Politique de son Temps*. Paris: Presses Universitaires de France, 1950.

Dunn, John. *Democracy: The Unfinished Journey—508 BC to AD 1993*. London: Oxford University Press, 1992.

Einaudi, Mario. *The Early Rousseau*. Ithaca, New York: Cornell University Press, 1967.

Feuerbach, Ludwig. tr. by George Eliot. *The Essence of Christianity*. New York: Harper & Brothers Publisher, 1957.

Fitzgerald, Ross. *Comparing Political Thinkers*. Sydney: Pergamon Press, 1980.

Goldmann, Lucien. trans. by Henry Mass. *The Philosophy of the Enlighten-*

ment: The Christian Burgess and the Enlightenment. London: Routledge & Kegan Paul Ltd., 1968.

Goldschmidt, Victor. *Anthropologie et politique: Les Principes du système de Rousseau.* Paris: J. Vrin, 1983.

Guérin, Daniel. intro. by Noam Chomsky, tr. by Mary Klopper. *Anarchism: From Theory to Practice.* New York: Monthly Review Press, 1970.

Hegel, G. W. F. Prefaces by Charles Hegel, tr. & intro. by J. Sibree, new intro. by C. J. Friedrich. *The Philosophy of History.* New York: Dover Publications, Inc., 1956.

Hobbes, Thomas. ed. by C. B. Macpherson. *Leviathan.* Middlesex: Penguin Books Ltd., 1968.

Kelsen, Hans. *What Is Justice?: Justice, Law, and Politics in the Mirror of Science.* Berkeley: University of California Press, 1960.

Leigh, R. A. *Rousseau After Two Hundred Years: Proceedings of the Cambridge Bicentennial Colloquium.* New York: Cambridge University Press, 1982.

Locke, John. ed. by J. W. Gough. *The Second Treatise of Government — An Essay Concerning the True Original, Extent and End of Civil Government and A Letter Concerning Toleration.* Oxford: Basil Blackwell, 1976.

Macpherson, C. B. *The Political Theory of Possessive Individualism: Hobbes to Locke.* London: Oxford University Press, 1962.

Masters, Roger D. *The Political Philosophy of Rousseau.* Princeton: Princeton University Press, 1976.

Miller, James. *Rousseau: The Dreamer of Democracy.* New Haven: Yale University Press, 1984.

Plamenatz, John. *Man and Society*. Vol. 1. Burnt Mill: Longman House, 1963.

Ra, Jong-Yil. *The Points of Departure*. Seoul: Yejin Press, 1992.

Skinner, Quentin. *The Foundations of Modern Political Thought*. Vol. Two: *The Age of Reformation*. New York: Cambridge University Press, 1978.

Stankiewicz, W. J. ed. *In Defense of Sovereignty*. New York: Oxford University Press, 1969.

Strauss, Leo & Cropsey, Joseph. *History of Political Philosophy*. Third Edition. Chicago: University of Chicago Press, 1987.

Strauss, Leo. *Natural Right and History*. Chicago: The University of Chicago Press, 1953.

Talmon, J. L. *The Origins of Totalitarian Democracy*. Bouler, Colorado: Westview Press, 1985.

Vinh-De, Nguyen. *Le Problème de L'homme chez Jean-Jacques Rousseau*. Québec: Presses de l'Université du Québec, 1991.

Viroli, Maurizio. tr. by Derek Hanson. *Jean-Jacques Rousseau and the 'well-ordered society'*. New York: Cambridge University Press, 1988.

Volpe, Galvano della. tr. by John Fraser. *Rousseau and Marx*. London: Lawrence and Wishart, 1978.

Watkins, Frederick. tr. & ed. *Rousseau: Political Writings*. New York: Thomas Nelson and Sons, 1953.

桑原武夫 編, 『ルソー研究』. 東京: 岩波書店, 1951.

松平齊光, 『フランス啓蒙思想の研究』. 東京: 有斐閣, 1958.

柳久雄 지음, 임상희 옮김. 『교육사상사─생활·노동·교육』. 서울: 백산서당, 1985.

平田淸明 엮음, 장하진 옮김. 『사회사상사─비판적 사회인식의 발생사』. 서울: 한울, 1982.

G. W. F. 헤겔 지음, 이동춘 옮김. 『법의 철학─자연법과 국가학』. 서울: 박영사, 1987.

G. W. F. Hegel, 임석진 옮김. 『정신현상학 1』. 칠곡: 분도출판사, 1980.

김용민. 『루소의 정치철학』. 고양: 인간사랑, 2004.

만프레트 리델 지음, 황태연 옮김. 『헤겔의 사회철학』. 서울: 한울, 1983.

박호성 편역. 『루소 사상의 이해』. 고양: 인간사랑, 2009.

서보혁·강혁민 엮음. 『평화개념 연구』. 서울: 모시는사람들, 2022.

시드니 폴라드 저, 이종구 역. 『진보란 무엇인가─진보사관과 진보적 사회사상』. 서울: 한마당, 1983.

신정현 외. 『국가연합 사례와 남북한 통일과정』. 서울: 한울아카데미, 2004.

요하임 리터 지음, 김재현 옮김. 『헤겔과 프랑스혁명』. 서울: 한울, 1983.

이사야 벌린 저, 박동천 역. 『이사야 벌린의 자유론』. 서울: 아카넷, 2006.

임효선. 『삶의 정치사상』. 서울: 한길사, 1990.

김경미. "Rousseau 사상에 나타난 자유와 평등─특히 Moi-Commun의 개념을 중심으로." 서강대학교 대학원 석사학위논문, 1984.

김명기. "연방국가, 국가연합, 체제연합의 비교연구." 대학통일문제연구소협의회 연구총서 2, 민병천 편, 『전환기의 통일문제』. 서울: 대왕사, 1990, 66-95쪽.

김민하. "John Locke와 J.-J. Rousseau의 정치사상에 관한 비교연구." 『중앙대 논문집』, 제21집(1977. 12.), 121-29쪽.

김영작. "Nationalism의 국제정치상의 위상: 루소의 정치사상을 중심으로." 『국제

정치논총』, 제23집(1983), 61-89쪽.

김용직. "J.-J. Rousseau의 애국주의 사상 연구." 서울대학교 대학원 석사학위논
문, 1985.

김홍명. "루소와 정치적 상상."『한국정치학회보』, 제15집(1981), 1-11쪽.

라종일. "산업사회와 시민윤리―애국심에 관한 소고." 아산사회복지사업재단 제2
회 복지사회심포지움 발표논문(1980. 11.), 69-87쪽.

라종일. "역사상의 문명과 반문명." 인류사회재건연구원 편,『인류사회재건의 대
화』. 서울: 경희대학교출판국, 1986, 97-100쪽.

라종일. "종합문명시대의 정치." 인류사회재건연구원 편,『종합문명의 시대』. 서
울: 경희대학교출판국, 1989, 57-81쪽.

박호성. "루소의 평화사상―국가연합 논의를 중심으로." 경희대 국제평화연구소,
『평화연구』 8권 1호(1989. 12.), 67-91쪽.

박호성. "루소(Jean-Jacques Rousseau)의 정치사상―시민사회와 개인의 문제를
중심으로." 경희대학교 대학원 박사학위논문, 1993.

박호성. "북한 통일정책 연구의 쟁점: '연방제' 통일방안을 중심으로."『북한연구학
회보』(2004년 겨울), 1-31쪽.

정성장. "남북한 통일과정에 대한 새로운 접근: 연합에서 연방으로."『황해문화』
2004년 가을호. 인천: 새얼문화재단, 2004, 163-64쪽.

최상용. "미완의 평화사상―루소의 국가연합." 이호재 편.『한반도평화론―한국
인의 평화철학과 한반도평화의 조건과 방법』. 서울: 법문사, 1989, 84-93쪽.

최진혁. "21세기 지방자치의 현대적 경향―영국과 프랑스의 지방자치의 진화."
『한국지방자치학회보』 27권 3호(통권 91호). 2015 가을, 1-30쪽.

Barber, Benjamin R. "Rousseau and the Paradoxes of the Dramatic Imagina-
tion." *Daedalus*. Vol. 107, No. 39(1978), pp. 79-92.

Bloom, Allan. "Jean-Jacques Rousseau." Leo Strauss and Joseph Cropsey. *History of Political Philosophy*. Third Edition. Chicago: The University of Chicago Press, 1987, pp. 561-62.

Burgelin, Pierre. "Le social et le politique chez Rousseau." *Etudes sur le contrat social de J.-J. Rousseau — proceedings of the seminar held at Dijon 3-6 May, 1962*. Paris: Société les Belles Lettres, 1964, pp. 165-76.

Charvet, John. "Rousseau and the Ideal of Community." *History of Political Thought*. Vol. 1, No. 1(Spring 1980), pp. 69-80.

Cotta, Sergio. "La position du problème de la politique chez Rousseau." *Etudes sur le contrat social de J.-J. Rousseau — proceedings of the seminar held at Dijon 3-6 May, 1962*. Paris: Société les Belles Lettres, 1964, pp. 177-90.

Dehaussy, Jacques. "La dialectique de la souveraine liberté dans le contrat social." *Etudes sur le contrat social de J.-J. Rousseau — proceedings of the seminar held at Dijon 3-6 May, 1962*. Paris: Société les Belles Lettres, 1964, pp. 119-41.

Featherstone, Joseph. "Rousseau and Modernity." *Daedalus*. Vol. 107, No. 3(1978), pp. 167-92.

Gossman, Lionel. "Time and History in Rousseau." ed. by H. T. Mason, *Studies on Voltaire and the Eighteenth Century*. Vol. XXX. Oxford: Voltaire Foundation, Taylor Institution, 1964, pp. 311-49.

Hoffmann, Stanley. "Rousseau on War and Peace." *American Political Science Review*. Vol. 57(Jun. 1963), pp. 317-26.

Melzer, Arthur M. "Rousseau and the Problem of Bourgeois Society." *American Political Science Review*. Vol. 74(Dec. 1980), pp. 1018-33.

Peled, Yoav. "Rousseau's Inhibited Radicalism: An Analysis of His Political Thought in Light of His Economic Ideas." *American Political Science Review*. Vol. 74(Dec. 1980), pp. 1034-45.

Ra, Jong-Yil. "Concept of Cilization as a Political Ideology: Toward the Unity of Civilization and of Mankind." *The Reconstruction of Human Society*. Vol. 4, No. 1(Oct. 1979), pp. 39-52.

Wokler, Robert. "A Reply to Charvet: Rousseau and the Perfectibility of Man." *History of Political Thought*. Vol. 1, No. 1(Spring 1980), pp. 81-90.

: 찾아보기